国家卫生健康委员会"十三五"规划教材

全国中医药高职高专教育教材

供医学美容技术等专业用

美容礼仪与人际沟通

第 3 版

主　编　位汶军　夏　曼

副 主 编　都玉华　邢　岩　汪淑敏

编　　委　（按姓氏笔画排序）

邢　岩（黑龙江护理高等专科学校）

刘　洋（南阳医学高等专科学校）

刘琬一（黑龙江护理高等专科学校）

李潇潇（四川中医药高等专科学校）

位汶军（山东中医药高等专科学校）

汪淑敏（安徽中医药高等专科学校）

张　红（江苏医药职业学院）

郝美玲（黑龙江中医药大学佳木斯学院）

姜安娜（山东中医药高等专科学校）

都玉华（黑龙江中医药大学佳木斯学院）

夏　曼（南阳医学高等专科学校）

符秋霞（江西中医药高等专科学校）

蒋　丹（四川国际标榜职业学院）

人民卫生出版社

图书在版编目（CIP）数据

美容礼仪与人际沟通/位汶军，夏曼主编. —3 版
. —北京：人民卫生出版社，2019
　ISBN 978-7-117-28482-0

　Ⅰ.①美… 　Ⅱ.①位…②夏… 　Ⅲ.①美容-商业服
务-礼仪-高等职业教育-教材②美容-人际关系学-高
等职业教育-教材 　Ⅳ.①F719.9

　中国版本图书馆 CIP 数据核字（2019）第 133751 号

人卫智网　www.ipmph.com　医学教育、学术、考试、健康，
　　　　　　　　　　　　　　购书智慧智能综合服务平台
人卫官网　www.pmph.com　人卫官方资讯发布平台

美容礼仪与人际沟通
第 3 版

主　　编：位汶军　夏　曼
出版发行：人民卫生出版社（中继线 010-59780011）
地　　址：北京市朝阳区潘家园南里 19 号
邮　　编：100021
E - mail：pmph @ pmph.com
购书热线：010-59787592　010-59787584　010-65264830
印　　刷：保定市中画美凯印刷有限公司
经　　销：新华书店
开　　本：787×1092　1/16　　印张：13
字　　数：300 千字
版　　次：2010 年 6 月第 1 版　　2019 年 9 月第 3 版
　　　　　2025 年 6 月第 3 版第 11 次印刷（总第 17 次印刷）
标准书号：ISBN 978-7-117-28482-0
定　　价：42.00 元

《美容礼仪与人际沟通》数字增值服务编委会

修 订 说 明

为了更好地推进中医药职业教育教材建设,适应当前我国中医药职业教育教学改革发展的形势与中医药健康服务技术技能人才的要求,贯彻落实《国家中长期教育改革和发展规划纲要(2010—2020年)》《医药卫生中长期人才发展规划(2011—2020年)》《中医药发展战略规划纲要(2016—2030年)》精神,做好新一轮中医药职业教育教材建设工作,人民卫生出版社在教育部、国家卫生健康委员会、国家中医药管理局的领导下,组织和规划了第四轮全国中医药高职高专教育、国家卫生健康委员会"十三五"规划教材的编写和修订工作。

本轮教材修订之时,正值《中华人民共和国中医药法》正式实施之际,中医药职业教育迎来发展大好的际遇。为做好新一轮教材出版工作,我们成立了第四届中医药高职高专教育教材建设指导委员会和各专业教材评审委员会,以指导和组织教材的编写和评审工作;按照公开、公平、公正的原则,在全国1400余位专家和学者申报的基础上,经中医药高职高专教育教材建设指导委员会审定批准,聘任了教材主编、副主编和编委;确立了本轮教材的指导思想和编写要求,全面修订全国中医药高职高专教育第四轮规划教材,即中医学、中药学、针灸推拿、护理、医学美容技术、康复治疗技术6个专业83门教材。

第四轮全国中医药高职高专教育教材具有以下特色:

1. 定位准确,目标明确 教材的深度和广度符合各专业培养目标的要求和特定学制、特定对象、特定层次的培养目标,力求体现"专科特色、技能特点、时代特征",既体现职业性,又体现其高等教育性,注意与本科教材、中专教材的区别,适应中医药职业人才培养要求和市场需求。

2. 谨守大纲,注重三基 人卫版中医药高职高专教材始终坚持"以教学计划为基本依据"的原则,强调各教材编写大纲一定要符合高职高专相关专业的培养目标与要求,以培养目标为导向、职业岗位能力需求为前提、综合职业能力培养为根本,同时注重基本理论、基本知识和基本技能的培养和全面素质的提高。

3. 重点考点,突出体现 教材紧扣中医药职业教育教学活动和知识结构,以解决目前各高职高专院校教材使用中的突出问题为出发点和落脚点,体现职业教育对人才的要求,突出教学重点和执业考点。

4. 规划科学,详略得当 全套教材严格界定职业教育教材与本科教材、毕业后教育教材的知识范畴,严格把握教材内容的深度、广度和侧重点,突出应用型、技能型教育内容。基础课教材内容服务于专业课教材,以"必须、够用"为度,强调基本技能的培养;专业课教材紧密围绕专业培养目标的需要进行选材。

5. 体例设计,服务学生 本套教材的结构设置、编写风格等坚持创新,体现以学生为中心的编写理念,以实现和满足学生的发展为需求。根据上一版教材体例设计在教学中的反馈意见,将"学习要点""知识链接""复习思考题"作为必设模块,"知识拓展""病案分析(案例分析)""课堂讨论""操作要点"作为选设模块,以明确学生学习的目的性和主动性,增强教材的可读性,提高学生分析问题、解决问题的能力。

6. 强调实用,避免脱节 贯彻现代职业教育理念。体现"以就业为导向,以能力为本位,以发展技能为核心"的职业教育理念。突出技能培养,提倡"做中学、学中做"的"理实一体化"思想,突出应用型、技能型教育内容。避免理论与实际脱节、教育与实践脱节、人才培养与社会需求脱节的倾向。

7. 针对岗位,学考结合 本套教材编写按照职业教育培养目标,将国家职业技能的相关标准和要求融入教材中。充分考虑学生考取相关职业资格证书、岗位证书的需要,与职业岗位证书相关的教材,其内容和实训项目的选取涵盖相关的考试内容,做到学考结合,体现了职业教育的特点。

8. 纸数融合,坚持创新 新版教材最大的亮点就是建设纸质教材和数字增值服务融合的教材服务体系。书中设有自主学习二维码,通过扫码,学生可对本套教材的数字增值服务内容进行自主学习,实现与教学要求匹配、与岗位需求对接、与执业考试接轨,打造优质、生动、立体的学习内容。教材编写充分体现与时代融合、与现代科技融合、与现代医学融合的特色和理念,适度增加新进展、新技术、新方法,充分培养学生的探索精神、创新精神;同时,将移动互联、网络增值、慕课、翻转课堂等新的教学理念和教学技术、学习方式融入教材建设之中,开发多媒体教材、数字教材等新媒体形式教材。

人民卫生出版社医药卫生规划教材经过长时间的实践与积累,其中的优良传统在本轮修订中得到了很好的传承。在中医药高职高专教育教材建设指导委员会和各专业教材评审委员会指导下,经过调研会议、论证会议、主编人会议、各专业编写会议、审定稿会议,确保了教材的科学性、先进性和实用性。参编本套教材的近 1 000 位专家,来自全国 40 余所院校,从事高职高专教育工作多年,业务精纯,见解独到。谨此,向有关单位和个人表示衷心的感谢! 希望各院校在教材使用中,在改革的进程中,及时提出宝贵意见或建议,以便不断修订和完善,为下一轮教材的修订工作奠定坚实的基础。

人民卫生出版社有限公司

2018 年 4 月

全国中医药高职高专院校第四轮规划教材书目

教材序号	教材名称	主编	适用专业
1	大学语文(第4版)	孙 洁	中医学、针灸推拿、中医骨伤、护理等专业
2	中医诊断学(第4版)	马维平	中医学、针灸推拿、中医骨伤、中医美容等专业
3	中医基础理论(第4版)*	陈 刚 徐宜兵	中医学、针灸推拿、中医骨伤、护理等专业
4	生理学(第4版)*	郭争鸣 唐晓伟	中医学、中医骨伤、针灸推拿、护理等专业
5	病理学(第4版)	苑光军 张宏泉	中医学、护理、针灸推拿、康复治疗技术等专业
6	人体解剖学(第4版)	陈晓杰 孟繁伟	中医学、针灸推拿、中医骨伤、护理等专业
7	免疫学与病原生物学(第4版)	刘文辉 田维珍	中医学、针灸推拿、中医骨伤、护理等专业
8	诊断学基础(第4版)	李广元 周艳丽	中医学、针灸推拿、中医骨伤、护理等专业
9	药理学(第4版)	侯 晞	中医学、针灸推拿、中医骨伤、护理等专业
10	中医内科学(第4版)*	陈建章	中医学、针灸推拿、中医骨伤、护理等专业
11	中医外科学(第4版)*	尹跃兵	中医学、针灸推拿、中医骨伤、护理等专业
12	中医妇科学(第4版)	盛 红	中医学、针灸推拿、中医骨伤、护理等专业
13	中医儿科学(第4版)*	聂绍通	中医学、针灸推拿、中医骨伤、护理等专业
14	中医伤科学(第4版)	方家选	中医学、针灸推拿、中医骨伤、护理、康复治疗技术专业
15	中药学(第4版)	杨德全	中医学、中药学、针灸推拿、中医骨伤、康复治疗技术等专业
16	方剂学(第4版)*	王义祁	中医学、针灸推拿、中医骨伤、康复治疗技术、护理等专业

教材序号	教材名称	主编	适用专业
17	针灸学(第4版)	汪安宁 易志龙	中医学、针灸推拿、中医骨伤、康复治疗技术等专业
18	推拿学(第4版)	郭翔	中医学、针灸推拿、中医骨伤、护理等专业
19	医学心理学(第4版)	孙萍 朱玲	中医学、针灸推拿、中医骨伤、护理等专业
20	西医内科学(第4版)*	许幼晖	中医学、针灸推拿、中医骨伤、护理等专业
21	西医外科学(第4版)	朱云根 陈京来	中医学、针灸推拿、中医骨伤、护理等专业
22	西医妇产科学(第4版)	冯玲 黄会霞	中医学、针灸推拿、中医骨伤、护理等专业
23	西医儿科学(第4版)	王龙梅	中医学、针灸推拿、中医骨伤、护理等专业
24	传染病学(第3版)	陈艳成	中医学、针灸推拿、中医骨伤、护理等专业
25	预防医学(第2版)	吴娟 张立祥	中医学、针灸推拿、中医骨伤、护理等专业
1	中医学基础概要(第4版)	范俊德 徐迎涛	中药学、中药制药技术、医学美容技术、康复治疗技术、中医养生保健等专业
2	中药药理与应用(第4版)	冯彬彬	中药学、中药制药技术等专业
3	中药药剂学(第4版)	胡志方 易生富	中药学、中药制药技术等专业
4	中药炮制技术(第4版)	刘波	中药学、中药制药技术等专业
5	中药鉴定技术(第4版)	张钦德	中药学、中药制药技术、中药生产与加工、药学等专业
6	中药化学技术(第4版)	吕华瑛 王英	中药学、中药制药技术等专业
7	中药方剂学(第4版)	马波 黄敬文	中药学、中药制药技术等专业
8	有机化学(第4版)*	王志江 陈东林	中药学、中药制药技术、药学等专业
9	药用植物栽培技术(第3版)*	宋丽艳 汪荣斌	中药学、中药制药技术、中药生产与加工等专业
10	药用植物学(第4版)*	郑小吉 金虹	中药学、中药制药技术、中药生产与加工等专业
11	药事管理与法规(第3版)	周铁文	中药学、中药制药技术、药学等专业
12	无机化学(第4版)	冯务群	中药学、中药制药技术、药学等专业
13	人体解剖生理学(第4版)	刘斌	中药学、中药制药技术、药学等专业
14	分析化学(第4版)	陈哲洪 鲍羽	中药学、中药制药技术、药学等专业
15	中药储存与养护技术(第2版)	沈力	中药学、中药制药技术等专业

续表

教材序号	教材名称	主编	适用专业
1	中医护理(第3版)*	王 文	护理专业
2	内科护理(第3版)	刘 杰 吕云玲	护理专业
3	外科护理(第3版)	江跃华	护理、助产类专业
4	妇产科护理(第3版)	林 萍	护理、助产类专业
5	儿科护理(第3版)	艾学云	护理、助产类专业
6	社区护理(第3版)	张先庚	护理专业
7	急救护理(第3版)	李延玲	护理专业
8	老年护理(第3版)	唐凤平 郝 刚	护理专业
9	精神科护理(第3版)	井霖源	护理、助产专业
10	健康评估(第3版)	刘惠莲 滕艺萍	护理、助产专业
11	眼耳鼻咽喉口腔科护理(第3版)	范 真	护理专业
12	基础护理技术(第3版)	张少羽	护理、助产专业
13	护士人文修养(第3版)	胡爱明	护理专业
14	护理药理学(第3版)*	姜国贤	护理专业
15	护理学导论(第3版)	陈香娟 曾晓英	护理、助产专业
16	传染病护理(第3版)	王美芝	护理专业
17	康复护理(第2版)	黄学英	护理专业
1	针灸治疗(第4版)	刘宝林	针灸推拿专业
2	针法灸法(第4版)*	刘 茜	针灸推拿专业
3	小儿推拿(第4版)	刘世红	针灸推拿专业
4	推拿治疗(第4版)	梅利民	针灸推拿专业
5	推拿手法(第4版)	那继文	针灸推拿专业
6	经络与腧穴(第4版)*	王德敬	针灸推拿专业
1	医学美学(第3版)	周红娟	医学美容技术等专业
2	美容辨证调护技术(第3版)	陈美仁	医学美容技术等专业
3	美容中药方剂学(第3版)*	黄丽平 姜 醒	医学美容技术等专业

续表

教材序号	教材名称	主编	适用专业
4	美容业经营与管理（第3版）	申芳芳	医学美容技术等专业
5	美容心理学（第3版）*	陈　敏　汪启荣	医学美容技术等专业
6	美容外科学概论（第3版）	贾小丽	医学美容技术等专业
7	美容实用技术（第3版）	张丽宏	医学美容技术等专业
8	美容皮肤科学（第3版）	陈丽娟	医学美容技术等专业
9	美容礼仪与人际沟通（第3版）	位汶军　夏　曼	医学美容技术等专业
10	美容解剖学与组织学（第3版）	刘荣志	医学美容技术等专业
11	美容保健技术（第3版）	陈景华	医学美容技术等专业
12	化妆品与调配技术（第3版）	谷建梅	医学美容技术等专业
1	康复评定（第3版）	孙　权　梁　娟	康复治疗技术等专业
2	物理治疗技术（第3版）	林成杰	康复治疗技术等专业
3	作业治疗技术（第3版）	吴淑娥	康复治疗技术等专业
4	言语治疗技术（第3版）	田　莉	康复治疗技术等专业
5	中医养生康复技术（第3版）	王德瑜　邓　沂	康复治疗技术等专业
6	临床康复学（第3版）	邓　倩	康复治疗技术等专业
7	临床医学概要（第3版）	周建军　符逢春	康复治疗技术等专业
8	康复医学导论（第3版）	谭　工	康复治疗技术等专业

* 为"十二五"职业教育国家规划教材

第四届全国中医药高职高专教育教材建设指导委员会

第四届全国中医药高职高专医学美容技术专业教材评审委员会

前　言

礼仪是人类社会活动的行为规范和人们在社交活动中应该遵守的行为准则,礼仪作为一种文化现象,属于上层建筑领域。它随着社会经济的发展而变化,随着人类文明的进步而不断发展和完善。美容礼仪与人际沟通属于职业礼仪沟通范畴,是美容服务人员在进行美容医疗和健康服务过程中,为了塑造个人和组织良好形象而形成的被大家公认的和自觉遵守的行为规范和准则。

社会的文明程度主要通过礼仪来体现,礼仪规范着每个人的行为,所以国民是否按礼仪规范立身处世,直接反映着国家文明程度的高低。因此,美容专业人员学习礼仪知识,培养优良的礼仪修养,塑造良好的自我形象已是现代社会进步的必然要求。

本教材的编写是根据全国中医药高职高专教育第四轮第二批规划教材启动医疗美容技术专业的专业需要来完成的。本教材分上、下两篇。上篇从理论和实践两方面全面、系统地介绍了美容专业人员应当掌握的礼仪常识和形体美的训练方法;下篇主要介绍了人际沟通的概念、理论和沟通技巧,以便帮助读者理解和分析各种沟通现象,揭示人际沟通的规律。为体现新时期"纸数融合"的教材编写指导思想,本教材配有数字增值服务,扫描书中的二维码即可学习每一章的教学课件、重点难点、知识测试及教学大纲、复习思考题答案要点和模拟试卷,以充分调动学生的学习积极性,让学生学起来更容易、更省时。

本书结构完整,图文并茂,内容通俗易懂,理论与实际紧密结合,注重科学性、思想性、指导性和实用性,可供全国高等职业院校医疗美容技术专业使用,也可作为临床医护人员提高自身素质、加强人文修养的参考书。

本次参加教材编写的编者都是工作在医疗美容技术专业的一线教师,他们运用多年的教学和临床实践经验,并结合时代需求编写本教材。

本教材的编写工作得到全体编者及其所在单位的大力支持,在此谨表示诚挚的谢意!本教材在编撰过程中,编者参考和引用了大量有关礼仪方面的书籍,在此一并致以诚挚的谢意。

尽管全体编者在编写过程中对书稿内容认真讨论、仔细斟酌、反复审校,书中还是难免存有疏漏之处,恳请专家、同行以及广大师生和读者惠予指正。

《美容礼仪与人际沟通》编委会

2019 年 3 月

目　录

美容礼仪概述

学习要点

1. 熟悉礼仪的发展简史。
2. 掌握礼仪的基本概念,礼仪的类别、特点、作用,美容礼仪的含义、原则。
3. 掌握怎样学习美容礼仪等。

第一节　礼　仪　概　述

一、礼仪发展简史

礼仪首先产生于人的自然本性,是人类寻求满足自身欲望与实现欲望的条件之间动态平衡的需要。人对欲望的追求是人的本能,人们在追寻实现欲望的过程中,人与人之间难免会发生矛盾和冲突,为了避免这些矛盾和冲突,就需要为"止欲制乱"而制礼。

其次,礼仪起源于俗,为天、地、人的统一体。人类为了生存和发展,要与大自然抗争,不得不以群居的形式相互依存,但又必须相互制约。在群体生活中,男女有别,老少有异,需要一种被所有成员共同认定、保证和维护的社会秩序。人类要妥善处理好这种社会秩序,就逐步积累和自然约定出一系列规范,这就是最初的礼仪。例如,最初人类是赤身裸体的,为了保暖遮羞便以衣蔽体,继之形成了穿衣的习俗;而后随着社会的进步,对穿衣有了不同的要求,或男女有别,或场合有分,这就逐渐形成了穿衣的礼仪。其他各种不同形式的礼仪也都如此相袭而成。

原始宗教的祭祀活动是最早也是最简单的以祭天、敬神为主要内容的"礼"。这些祭祀活动在历史发展中逐步完善了相应的规范和制度,正式成为祭祀礼仪。随着人类对自然与社会各种关系认识的逐步深入,仅以祭祀天地、鬼神、祖先为礼,已经不能满足人类日益发展的精神需要和调节日益复杂的现实关系。于是,人们将事神致福活动中的一系列行为,从内容和形式扩展到了各种人际交往活动,从最初的祭祀之礼扩展到社会各个领域的各种各样的礼仪。

礼仪的发展经过了 5 个重要阶段:

1. **礼仪的起源阶段**　这一阶段约在公元前 21 世纪的夏朝产生之前。综合考古学、民族学的材料可以发现,这一时期我国的原始民族在游牧生活中已经形成了一些对后世颇具影响的礼仪规范。原始的政治礼仪、宗教礼仪、婚姻礼仪等在这一时期均有雏形。据考证,距今约 2.5 万年前的山顶洞人,就有了礼的观念和实践。山顶洞人缝制衣服以遮羞御寒,把贝壳串起来,挂在脖子上来满足审美的要求。族人死了,要举行宗教仪式,并在死人身上撒赤铁矿粉。这种宗教仪式便包括了参与者在活动过程中的交际礼仪。

到了新石器时代晚期,人际交往礼仪已初成规模。根据半坡遗址和姜寨遗址提供的民俗学资料表明,那个时代的人们在交往中已经注重尊卑有序、男女有别了。在房子里,家庭成员按照长幼席地而坐,老人坐上边,小辈坐下边;男人坐左边,女人坐右边。他们用两根中柱把主室分为两个半边,右边中柱是女柱,左边中柱是男柱,男女成年时在各自的柱子前举行成人仪式。这种礼仪在今天的纳西族中仍然传承。

炎黄时期,传统礼仪已渐至严密,且逐渐被纳入礼制的范畴。这一时期是我国原始社会后期,是私有制、阶级和国家逐渐形成的时期,因而反映在礼仪上,也是由氏族社会的交际礼仪向阶级社会的交际礼仪逐步过渡的时期。历史上有过“礼理起于大一,礼事起于遂皇,礼名起于黄帝”之说。《商君书·画策》说:“神农之世,男耕而食,妇织而衣,刑政不用而治,甲兵不起而王。神农既后,以强胜弱,以众暴寡,故黄帝为君臣上下之义,父子兄弟之礼,夫妇匹配之合,内行刀锯,外用甲兵,故时变也。”足见当时社交礼仪之盛。

尧舜时代,国家已具雏形。同时,民间交际礼仪得到了进一步的发展。延续几千年的重要礼节加拜、揖、拱手等,此时已广泛地运用于社交活动之中了。据文献记载,尧舜时代的礼仪已经具有了系统性。《尚书·虞书·舜典》说:“慎徽五典,五典克从;纳于百揆,百揆时叙”。即为官者必须五典完美。所谓“五典”,是指父义、母慈、兄友、弟恭、子孝等五常,或说父子有亲、君臣有义、夫妇有别、长幼有序、朋友有信。《通典》认为,“自伏羲以来,五礼如彰,尧舜之时,五礼咸备”。“五礼”即吉礼、凶礼、军礼、宾礼、嘉礼。

2. 礼仪的形成阶段　这一阶段大约在公元前 21 世纪到公元前 771 年的夏商西周时期。

从夏朝建立起,中国社会进入了奴隶制社会。由于大规模地利用奴隶劳动,使生产力比原始社会有了更大的发展,与之相适应,社会文化也得到了较大的发展。在这一阶段,奴隶主阶级为了维护本阶级的利益,巩固自己的统治地位,制定了比较完整的国家礼仪和制度,提出了极为重要的礼仪概念,如“五礼”等,确定了崇古重礼的传统。

在西周,出现了中国历史上第一部记载“礼”的书籍,这就是《周礼》。人们通常认为,传世的《周礼》和《仪礼》是周公的遗典,它们与其释文《礼记》一起,统称“三礼”,是关于各种礼制的百科全书。其中,《周礼》偏重政治制度,《仪礼》偏重行为规范,《礼记》偏重对礼的各个分支做出符合统治阶级需要的理论说明。这“三礼”所涉及的各种礼制的总和,涵盖了中国古代“礼”的主要内容。

3. 礼仪的变革阶段　这一阶段约在公元前 771 年到公元前 221 年的春秋战国时期,是我国由奴隶制向封建制转变的过渡时期。

这一时期,三代之礼在许多场合废而不行。一些新兴利益集团开始创造符合自己利益和巩固其社会地位的新礼。学术界百家争鸣,以孔子、孟子、荀子为代表的思想家们系统地阐述了礼的起源、本质和功能等问题，第一次从理论上全面而深刻地阐述了礼的起源、本质与功能，发展和革新了礼仪理论，形成了一套完整的礼仪制度。孔子认为"不学礼，无以立"。他要求人们用道德规范约束自己的行为，做到"非礼勿视，非礼勿听，非礼勿言，非礼勿动"，倡导"仁者爱人"，强调人与人之间要有同情心，要互相关心，彼此尊重等。孟子更继承发扬了孔子的"仁学"，主张"以德服人""舍生取义"，讲究"修身"和培养"浩然正气"等。荀子主张"隆礼""重法"，提倡礼法并重，指出"礼之于正国家也，如权衡之于轻重也，如绳墨之于曲直也。故人无礼不生，事无礼不成，国无礼不宁"，更进一步指出了礼仪的重要性，也确定了我国"崇古重礼"的文化传统。

4. 封建礼仪的形成、强化和衰落阶段　这一阶段大约从公元前221年的秦汉时期到公元1911年的清末。这一时期礼仪的重要特点是：尊君抑臣、尊父抑子、尊夫抑妻、尊神抑人，而且礼仪制度被打上了严格的等级制度的烙印，其主要作用仍是维护封建社会的等级秩序，为统治阶级的利益服务。西汉初期，叔孙通协助汉高祖刘邦制定了朝廷礼仪，突出发展了礼仪的仪式和礼节。董仲舒把儒家礼仪概括为"三纲五常"（三纲即君为臣纲，父为子纲，夫为妻纲；五常即仁、义、礼、智、信），他"罢黜百家，独尊儒术"的建议，使儒家礼教成为定制。宋代，礼制更进一步发展进入了"揭礼"盛行的阶段，提出了"三从四德"的道德礼仪标准（"三从"即在家从父、出嫁从夫、夫死从子；"四德"即妇德——一切言行都要符合忠、孝、节、义，妇言——说话要小心谨慎，妇容——容貌打扮要整齐美观，妇功——要把侍奉公婆和丈夫作为最重要的事情来做）。各代封建王朝都继承了上述礼制，且不断地深入发展，形成了一套完整的封建礼仪体制。封建礼仪集政治、法律、道德于一身，是封建统治阶级统治人民的工具。

5. 现代礼仪阶段　这一阶段大约从1912年民国初期直到现在。这是中国现代礼仪的形成和发展时期。这一时期大致经历了两个阶段：

一是半封建半殖民地时期的礼仪。1840年鸦片战争后，中国沦为半封建半殖民地社会。封建礼仪加上西方资本主义的道德观，形成了独特的"大杂烩"式的半封建半殖民地礼仪。

二是1949年新中国成立，新型的社会关系和人际关系确立，标志着中国的礼学和礼仪进入了一个崭新的历史时期。

社会主义社会，劳动人民成为国家的主人，礼仪不再具有特权性，人与人之间是平等的。"礼"成为避免冲突、维持社会秩序的行为规范，成为精神文明的重要组成部分。江泽民同志指出："弘扬中国古代优良道德传统和革命道德传统，吸取人类一切优秀道德成就，努力创建人类先进的精神文明。"并进一步提出了"以德治国"的治国安邦大法，道德礼仪教育已成为社会主义精神文明建设不可缺少的重要内容。改革开放以后，随着中国同世界各国交流的日益增多，西方的礼仪文化以更快的速度传入我国，使我国的礼仪规范又增加了许多新的内容，更加符合国际惯例的要求。

现代礼仪通常被人们认为是国家政府机构或社会团体在正式活动中所采取的一种行为规范。各个国家的礼仪礼节，与本国的社会制度、民族的风俗习惯、人民的文化素质以及社会的物质文明和精神文明程度等是密切相关的，它应当符合特定历史条件下的社会道德规范。社会主义制度下的礼仪礼节属于道德范畴，是社会主义精神文明、社会主义公共道德中极其重要的组成部分。

现代礼仪是在中国传统礼仪的基础上，取其精华、去其糟粕，继承和发扬了中华民族在礼仪方面的优良传统;同时又要适应改革开放,在新的层次上同国际礼仪接轨,符合国际通行原则,是具有时代特色的社会主义的礼仪规范。

随着社会的不断发展,随着社会生产方式和生活方式的不断变革,随着人们思想观念的不断变更,礼仪礼节也随之而变革和发展,从而更有效地约束人们的言行,成为新的礼仪形式。唯有如此,才能真正使现代礼仪不但有所继承,而且还有所发展。

知识链接

西方礼仪的渊源

西方的礼仪主要是在日常社交活动中形成的规范行为,在古希腊和古罗马的诗歌中,在荷马的史诗《奥德赛》中,在中世纪斯堪的纳维亚有关上帝和英雄的古老传说中都有记述。斯堪的纳维亚古代史诗《伊达》就详尽地叙述了当时用餐的规矩。其中提到,举杯敬酒大有学问,一旦失礼就得受罚。在《爱的艺术》这部诗作中,古罗马的年轻诗人奥维德告诫与自己同年龄的人,用餐时不可狼吞虎咽,也不可贪嗜杯中物。晚期的一些著作则为人们规定了一整套的行为规范。1976年汉堡出版的麦兰杰斯的著作《论接待权贵和女士的礼仪——兼论女士如何对男性保持雍容态度》就是一例。西班牙人佩特斯·阿尔冯希于1204年出版了第一部《行为准则》。此后,相继有了王室贵族及资产阶级社会所应遵循的行为准则。

二、礼仪的基本概念

礼仪是在人际交往中约定俗成的行为规范与准则,是对礼貌、礼节、仪表、仪式等具体形式的统称,是个人内在修养和素质的外在表现。

礼貌是在人际交往中通过仪表、语言、动作等表现出的对交往对象的谦虚、恭敬与友好。它主要表现出一个人的品质与素养。

礼节是人们在社交场合表现尊重、友好、祝颂、哀悼等惯用的形式。礼节实际上是礼貌的具体表现,如行礼就是向人表示礼貌的一种具体表现形式。而这种礼貌的表现形式则反映了一个人良好的品质素养。

仪表是人的外表,如容貌、服饰、姿态等。

仪式是在一定场合举行的有专门程序规范的活动,如发奖仪式、开幕仪式、签字仪式等。

礼貌、礼节、仪式等是礼仪的具体表现形式,没有礼节就谈不上礼貌,有了礼貌就必然伴有具体的礼节形式。礼仪是由一系列具体表现礼貌的礼节所构成,它不像礼节只是一种做法,而是表示礼貌的一个系统完整的过程。

礼仪所研究的领域是人类的行为,由于人类行为的可变性,所以这个领域中所研究的行为含义也将是可变的、发展的。

三、礼仪的类别

礼仪是博大精深的文化系统,渗透在我们生活的各个方面,因此其种类繁多,只有分门别类地去研究才能充分地掌握和利用,才能更好地发挥礼仪的应有功能。但其中各类内容常相互渗透,往往难以界定清楚,因此对礼仪的分类只能做大概的划分,可大致分为人生礼仪、交际礼仪、公共礼仪、职业礼仪、习俗礼仪、政府礼仪、涉外礼仪、宗教礼仪八大类。

1. **人生礼仪**　是指贯穿人的一生,尤其是人生的几个重要阶段应遵守的准则与规范。主要有:出生礼、生日礼、婚礼、葬礼等。

2. **交际礼仪**　是指人们在交往过程中应遵守的准则与规范。主要有:致意、问候、介绍、交谈、拜访、接待、宴会、舞会、聚会、馈赠等社会活动的礼仪。

3. **公共礼仪**　是指人们在社会活动尤其是在公共场所中应遵守的准则与规范。主要有:仪表、仪容、仪态、通信礼仪、饮食礼仪、居住礼仪、聚会礼仪、应酬礼仪、就餐礼仪、求职应聘礼仪、办公室礼仪、会议礼仪、仪式礼仪,以及在商店、剧院、体育馆、旅馆等公共场所应遵守的行为规范等。

4. **职业礼仪**　是指人们在社会活动尤其是在公共场所中应遵守的准则与规范。主要有:公务员礼仪、商务人员礼仪、教师礼仪、医护礼仪、演员礼仪、军人礼仪、宾馆服务员礼仪、导游礼仪等。

5. **习俗礼仪**　是指与各民族传统风俗习惯有关的礼仪。主要有:节日庆贺、婚丧嫁娶、祭祖扫墓、敬神娱乐等方面的礼仪。

6. **政府礼仪**　是指国家政府为维护自身尊严,协调各方面关系而推行的礼仪。主要有:升国旗礼仪、重要领导人追悼大会礼仪、重大事件庆典礼仪、纪念大会礼仪等。

7. **涉外礼仪**　是指国际交往中的有关礼仪。主要有:国家领导人出访、接待礼仪,外交庆贺、馈赠、援助、慰问、凭吊等礼仪。

8. **宗教礼仪**　指各种宗教特有的准则和规范。主要有:佛教礼仪、道教礼仪、伊斯兰教礼仪、基督教礼仪等。

课堂互动

礼仪、礼貌、礼节的关系

礼仪、礼貌、礼节都是人们在社交中表现出来的尊敬和友好的行为,三者本质上是一致的,但又有自身的特殊含义和要求。它们之间既有联系,又有区别。

同学们分组讨论,发表自己对礼仪、礼貌、礼节之间关系的见解。请问还有哪些礼仪的类型在本教材中没有列出?

四、礼仪的特点和作用

(一)礼仪的特点

1. **共同性与差异性**　礼仪是全人类共同的需要,它早已跨越国家和民族的界限,不分国别、性别、年龄、阶层,只要人类存在着交往活动,人们就需要通过礼仪来表达彼此的情感和尊重。尽管不同国家和不同民族对于礼仪内容的理解不同,重视的程度不同,反映的形式也不同,但对礼仪的需要却是共同的。例如,问候、打招呼、礼貌用语、各种庆典仪式、签字仪式等,大体是世界通用的。又如,在欢迎外国元首正式访问的仪式上放21响礼炮,对政府首脑放19响礼炮,既不能多也不能少,否则就会引起国际纠纷。

然而,由于民族信仰、习俗、地理环境和交通条件等因素的影响,不同国家、不同地区和不同民族有着不同的发展历史,各个国家、地区和民族都有一些自己的、区别于他域的礼仪表达方式。因此,礼仪也因区域、民族的不同而表现出形式上的差异性。

俗话说:"十里不同风,百里不同俗。"不同的国家、民族,同一国家的不同地方,也有着不同的礼仪,甚至截然相反。如关于"老"的理解,中西方之间差异很大。在中国人看来,"老"象征着经验丰富,是对人的一种尊重,而在西方人却适得其反。如美国一所大学的中国留学生在欢迎他的大学校长的母亲时,尊称她为"老夫人",结果,"老夫人"却拂袖而去。因为"老"对她而言,是"魅力丧失,风韵不存"之意。又如,在宴请方面,中国人请客时桌子上的食物如果被客人一扫而光,主人的面子会很不好过,因为这表明饭菜不够丰盛;而在西方女主人见此情景定会欢欣鼓舞,如果看见盘子里剩下不少菜,反而会垂头丧气,因为剩菜说明其烹调水平有待提高。

2. 时代性与传承性 礼仪具有鲜明的时代特点,一个时代的社会风貌、政治背景、文化习俗等都会对礼仪的形成或流行产生影响。因此,礼仪也不是一成不变的。随着社会的进步、时代的发展,礼仪也随之变化,并在实践中不断完善,被赋予新的内容,形成一种具有时代特色的礼仪规范。西藏在和平解放前基本上是农奴制度。那时,农奴主外出,农奴既要备马,又要跪伏在马的一侧,供主人当"阶梯"。这对当时所有人来说是天经地义的礼节。而农奴制被推翻以后,就不可能再有这样的礼节,如果有,在法律上被视为违法,在礼仪上将被视为无礼。

20世纪初,在欧美如果有一位少妇外出遛狗将被视为有失风度,有辱礼节。但是,20年以后,欧美遛狗成风,成为有风度的少妇的一种行为。

由此可见,礼仪作为一种行为规范,不是一成不变的,而是随着时代发展的。每个国家的当代礼仪都是在本国古代礼仪的基础上传承、发展起来的。作为一种人类的文明积累,礼仪将人们在交际应酬中的习惯做法固定下来、流传下去,并逐渐形成自己的民族特色。一种礼仪一旦形成,便会被一代一代地继承下去,这就是礼仪的传承性。对于既往的礼仪文化遗产,正确的态度应当是有扬弃,有继承,也有发展。

3. 公德性与约束性 公德即社会公共道德。它是在一定社会范围内长期以来逐渐形成的一种被社会认可的行为规范。礼仪与公共道德不违背的特征称为礼仪的公德约束性。

礼仪虽然没有法律的强制力,但在人们生活中却具有一种无形的约束力,通过家族、邻里、亲友、社会的舆论监督,往往迫使人们自觉地遵守。

4. 通俗性与实用性 礼仪是由风俗习惯形成的,大多数没有明文规定,但又被社会生活中的每一个成员所认同、遵循。它简单明了,不需要高深的理论,人人都可通过耳闻目睹来掌握,这便是礼仪的通俗性。礼仪是一门实用性很强的学科,规则简明,实用易学。所以,随着国际交往、人际交往的发展,各种礼仪也在不断地被加以总结、提高并趋于系统化、理论化和规范化。

(二)礼仪的作用

1. 沟通协调作用 礼仪是开启社交之门的"金钥匙",是人们交际生活中的礼节和仪式。热情的问候、友善的目光、亲切的微笑、文雅的谈吐、得体的举止等,可使人们成功地交流与沟通,有利于扩大社会交往,进而取得事业成功。古人认为:"世事洞明皆学问,人情练达即文章。"这句话,讲的其实就是交际的重要性。一个人只要同其他人打交道,就不能不讲礼仪。运用礼仪,除了可以使个人在交际活动中充满自信、胸有成竹、处变不惊之外,其最大的好处就在于它能够帮助人们规范彼此的交际活动,更好地向交往对象表达自己的尊重、敬佩、友好与善意,增进大家彼此之间的了解与信任。假如人皆如此,长此以往,必将促进社会交往的进一步发展,帮助人们更好地取得交际成功,进而造就和谐、完美的人际关系,取得事业的成功。

2. 美化塑造作用　礼仪是人类生活经验的总结。礼仪讲究和谐,重视内在美和外在美的统一,使美好心灵与美丽仪表、优美的举止形成一个有机的整体,使人们注意塑造良好的形象,充分展示个人良好教养的美好风采。个人形象,是一个人仪容、表情、举止、服饰、谈吐、教养的集合,而礼仪在上述诸方面都有自己详尽的规范。因此,学习和运用礼仪将有益于人们更好、更规范地设计和维护个人形象,更好、更充分地展示个人良好的教养与优雅的风度。当个人重视了自身的美化,大家都能以礼相待时,人际关系会更加和睦,生活将变得更加温馨。这时,美化自身便会发展为美化生活。这也是礼仪所发挥的美化塑造作用。

3. 维护教育作用　礼仪是整个社会文明发展程度的标志。从某种意义上说,在维护社会秩序方面,礼仪起着法律所起不到的作用。如果人们都能够知礼、守礼,讲文明,守纪律,将有助于家庭的和睦,有利于维护社会的稳定。礼仪蕴含着丰富的文化内涵,是一种高尚、美好的行为方式。它潜移默化地熏陶着人们的心灵。一方面,它通过评价、劝阻、示范等教育形式纠正人们不正确的行为习惯,使人们成为通情达理的模范公民。另一方面,遵守礼仪原则的人客观上起着榜样作用,无声地影响和教育着周围的人,人们在耳濡目染之中接受教育,净化心灵,陶冶情操,匡正缺点,端正品行。大家相互影响,互相促进,就会共同推进社会主义精神文明建设。

案例分析

案例1:中国某医疗设备厂准备与美国客商合作。经过详细考察,美国客商对企业的发展和管理很满意,他已经决定要与该厂长期合作。双方决定第二天正式签订协议。厂长请美国客商到车间参观。参观过程中,厂长在车间的墙角吐了一口痰,然后连忙用鞋擦去,油漆地面留下了一片痰迹。第二天一早,美国客商叫翻译留下一封信后就不辞而别了。

分析:一个厂长的卫生习惯可以反映一个工厂的管理素质。况且,该厂生产的是用于治疗疾病的输液管等医疗设备,良好的卫生习惯尤其重要,因为人命关天。厂长的表现使得美国客商对工厂的卫生环境乃至产品质量产生了怀疑,所以不愿意合作。

案例2:周恩来总理是中华礼仪的典范,曾有人说过"整个世界是通过周恩来认识新中国的","不少人是通过周恩来认识中国共产党的"。周总理在45岁时,仍为自己制定了七条"我的修养要则",一直身体力行,恪守到老,成为我们学习的典范。

分析:学习礼仪知识和自我形象塑造是非常重要的。古今中外的礼仪知识博大精深,只要坚持学习,用心领会,注意积累,就会使自己的礼仪知识日渐丰富,为自己的职业生涯打下坚实的基础。

五、礼仪的基本原则

礼仪的基本原则是对礼仪实践的高度概括,也是人们交际成功的关键和基础。人们只有熟悉和掌握了礼仪的原则,才能更好地运用礼仪,规范自己的言行,减少社交失误。文明社会给人们创造出一种安定、和谐的气氛,使人们心情舒畅。这是因为人们都注意遵守交往的礼仪原则。在不同的时间和场合,针对不同的对象,人们采用的礼仪有所不同。但其所遵循的基本原则是一致的。

（一）自律、遵守的原则

学习和应用礼仪，最重要的是要自我约束、自我控制、自我反省、自我检点，要树立一种道德信念，规范行为准则，不断提高自我礼仪素养，自觉按礼仪规范去做。任何人，不论身份高低、职务大小、财富多少，都有自觉遵守、应用礼仪的义务，否则就会受到公众的谴责，交际就难以成功。

如孙中山先生在辛亥革命胜利后，当上了临时大总统。有一次，他身穿便服，到参议院出席一个重要会议。然而，大门前执勤的卫兵，见来人衣着简单，便拦住他，并厉声叫道："今天有重要会议，只有大总统和议员们才能进去，你这个大胆的人要进去干什么？快走！快走！否则，大总统看见了会动怒，一定会惩罚你的！"孙中山听罢，不禁笑了，反问道："你怎么知道大总统会生气的？"一边说着，一边出示了自己的证件。卫兵一看证件，才知道这个普通着装的人竟是大总统。惊恐之下，卫兵扑倒在地，连连请罪。孙中山急忙扶卫兵起身，并幽默地说："你不要害怕，我不会打你的。"这个故事孙先生为我们树立了位高守礼的典范。

（二）敬人、适度的原则

敬人的原则是指人们在交际活动中，对交往对象既要互谦互让、互尊互敬、友好相待、和睦共处，更要将对交往对象的重视、恭敬、友好放在第一位。古人云："敬人者，人恒敬之。"要做到敬人之心常存，既不可伤害他人的尊严，更不能侮辱对方的人格。

敬人必须注意技巧，特别要注意做到把握分寸，合乎规范。这是因为凡事过犹不及，假如做得过了头或做得不到位，都不能正确地表达自己的自律、敬人之意。

遵循适度的原则首先是要感情适度。在与人交往时，既要彬彬有礼，又不能低三下四；既要热情大方，又不能轻浮谄媚。其次是指谈吐适度。在与人交谈时，既要诚挚友好，又不能虚伪客套；既要坦率真诚，又不能言过其实。再次是要举止适度。在与人相处时既要优雅得体，又不能夸张造作；既要尊重习俗，又不能粗俗无礼。

上海某影院曾经发生这样一件事：年末，影院领导把员工包括离退休人员及其家属都请到电影院来参加一个茶话会。会议前，专门制作了这些员工的生活录像片，会上放给大家看。每个人尤其是离退休职工非常感动。原因很简单，这些人一辈子干的工作就是给别人放电影，从来未感受到自己上银幕是什么滋味。今天，他们有机会在给人们放了一辈子电影的电影院里看到自己走上了银幕，感受到影院的领导没有忘记他们。因此，这也很自然地加深了他们对自己单位的感情，同时也使在职职工感到很振奋，使团体的凝聚力大增。

（三）真诚、宽容的原则

真诚是人与人相处的基本态度，是一个人外在行为与内在道德的统一。真诚的原则就是要求人们在人际交往中，务必待人以诚，表里如一，言行一致。缺乏真诚、口是心非的人，即使在礼仪方面做得无可指责，最终还是得不到别人的尊重和信任。在社会交际中，只要真诚以待，使每个人都能感受到你所做的一切都是真诚的，就同样能赢得他人的信任和礼遇。

芝加哥人茅谈在林肯竞选期间频频发出尖刻的批评。而林肯当选总统后，却为茅谈在大饭店举行了一次欢迎会，虽然茅谈尖刻地批评过林肯，但是林肯还是很有风度地对茅谈说："你不应该站在那里，你应该过来和我站在一起。"当天的欢迎宴会林肯给了茅谈很大的荣耀,之后,茅谈便成了林肯的得力助手。

宽容的原则是要求人们在交际活动中运用礼仪时,既要严于律己,更要宽以待人,多容忍他人,多体谅他人,多理解他人,而不要求全责备,过分苛求,咄咄逼人。在社会人际交往中,每个人的思想、品格及认识问题的水平总是有差别的,我们不能用一个标准去要求所有的人,而应宽以待人,这样才能化解生活中的人际冲突。

（四）平等、从俗的原则

平等是建立良好人际关系的基础,礼仪交往的核心是尊重交往对象、以礼相待,对任何交往对象都必须一视同仁,给予同等程度的礼遇。不允许因为交往对象之间在年龄、性别、种族、文化、职业、身份、地位、财富以及与自己的关系亲疏远近等方面的不同,就厚此薄彼,区别对待,给予不平等的待遇。这便是社交礼仪中的平等原则。

由于国情、民族、文化背景的不同,在人际交往中,实际上存在着"十里不同风,百里不同俗"的现象。对这一客观存在的现象要有正确的认识,不要自高自大,唯我独尊。必要时,应当入乡随俗,与绝大多数人的习惯做法保持一致,切勿自以为是,指手画脚,随意批评,否定他人的习惯性做法。

在实践中贯彻平等原则,不仅需要平等观念,而且还要讲究艺术。英国著名戏剧家、诺贝尔文学奖获得者萧伯纳有一次访问前苏联,在莫斯科街头散步时,遇到了一位聪明伶俐的小女孩,便与她玩了很长一段时间。分手时,萧伯纳对小姑娘说:"回去告诉你妈妈,今天和你一起玩的是世界有名的萧伯纳。"小姑娘望了望萧伯纳,学着大人的口气说:"回去告诉你妈妈,今天同你一起玩的是苏联小姑娘安妮娜。"这使萧伯纳大吃一惊,立刻意识到自己太傲慢了。后来,他常回忆起这件事,并感慨万分地说:"一个人不论有多大的成就,对任何人都应该平等相待,要永远谦虚。这就是苏联小姑娘给我的教训,我一辈子也忘不了她!"

第二节　美容礼仪与修养

一、美容礼仪的含义

美容礼仪,属职业礼仪范畴,是美容服务人员在进行美容医疗和健康服务过程中,为了塑造个人和组织的良好形象而形成的被大家公认的和自觉遵守的行为规范和准则。它是一般礼仪在美容服务活动中的运用和体现。它既是美容服务人员修养素质的外在表现,也是职业道德的具体表现。

二、美容礼仪的原则

从事美容活动的黄金规则,可用正直、礼貌、个性、仪表、善解人意和机智来具体表述。

1. 正直　指通过言行表现出诚实、可靠、值得信赖的品质。当个人或公司被迫或受到诱惑,想要做不够诚实的事时,这就是对正直进行考验的时候。美容活动的一条黄金规则就是:你的正直应是毋庸置疑的,不正直是多少谎言也掩饰不了的。

2. 礼貌　指人的举止模式。当与他人进行交往时,良好的礼貌可以向对方表明自己是否可靠,行事是否正确、公正。粗鲁、自私、散漫是不可能让双方的交往继续发展的。

3. 个性　是指在服务活动中表现出来的独到之处。

4. 仪表　仪表是一个人教养、性格内涵的外在表现,要做到衣着整洁得体,举止落落大方,这些都是给人留下良好印象的重要因素。

5. 善解人意　这是良好的美容服务中最基本的一条原则。如果事先就考虑到即将与之交谈、写信或打电话联系的对方可能有的反应,就能更谨慎、更敏锐地与对方打交道。

6. 机智　每个人都极有可能对某些挑衅立即做出反应,或者利用某些显而易见的优势。如果我们一时冲动,则会悔之不已。不过本条黄金规则更深的内涵是:有疑虑时,保持沉默。

课堂互动

小王是一个美容师,他有很多优点,但也有一些不尽如人意的地方。例如,他喜欢吃大饼卷大葱,吃完后,不知道去除口腔异味。有时说话急促,风风火火的,经常没听懂或没听完客户的意见就着急发表看法。他好像每天都忙忙碌碌的,少有停下来的时候。

小王在哪些方面需要提高?如何改进呢?

三、美容专业人员提高礼仪修养的途径和方法

礼仪体现一个人对他人和社会的认知水平和尊重程度,是一个人学识、修养和价值观的外在表现。礼仪修养,是指一个人在待人接物方面的素质和能力。美容专业人员只有具备良好的礼仪修养,才能真正在工作和社交中谈吐文雅,稳重大方,彬彬有礼,风度翩翩,给人留下美好的印象。当然,一个美容专业人员还需要有良好敬业的精神、无私奉献的思想境界,需要有对顾客的热心、诚心、爱心和对企业的忠心。要想做到随时随地都能展示出优美形象的水平,达到应付自如、出神入化的境界,就需要长期知识的积累、情操的陶冶和实际的锻炼。

(一) 美容专业人员提高礼仪修养的途径

1. 进行系统的理论学习　人们可通过正规教学、函授教学、图书资料、广播电视等全面、系统地学习礼仪的基础知识、基本理论和基本技能。

2. 向礼仪专家或专业教师学习　向礼仪培训专家、礼仪教师、礼仪顾问或具有一定的礼仪实践经验的人求知问教,交流心得体会,使自己不断取长补短,完善自我。

3. 从社会实践中学习与锻炼　实践是学习礼仪最好的老师。交际实践是学习礼仪的具体过程,只有通过实践,才能加深对礼仪的理解,强化对礼仪的印象,进而真正地掌握礼仪。

4. 自觉加强道德修养　有德才会有礼,缺德必定无礼。道德是人们共同生活和工作的行为准则和规范,也是礼仪的基础。在人际交往中,要做到诚心诚意地礼貌待人,就必须以高度的思想修养为基础。而一个人的道德修养不是先天就有的,而是后天获得的。每个人如果自觉地加强道德修养,不断完善自己,礼仪修养也会随之提高。

5. 提高心理素质　现代礼仪的施行要求人们具有良好的心理素质,保持积极的心态。没有健康积极的心态,就很难在待人接物时表现出主动热情,也不可能做到彬

彬有礼、自尊自信。

"人的行为反应",表现在人们对一件事从生理、心理、社会、文化和精神诸多方面的行为反应。美容服务的对象在生理上要求有美丽容貌,在心理上对服务人员有依赖性,社会上要求人们的认可,文化和精神上要求美容专业人员的支持和理解。要想帮助他们有一种良好的心理素质和健康的心理状态,美容专业人员就要提高自身的心理素质,这样才能为服务对象提供优质礼貌的服务。

(二) 学习礼仪的方法

1. 反复实践,学以致用　礼仪是人们长期生活实际的经验总结,是人类的文明积累。学习礼仪应本着"从实际中来,到实际中去"的方法,坚持理论与实践相统一,将知识运用于实践,在实际中不断学习。时时进行自我监督与约束,处处注意自我检查,及时发现自己的缺点,自觉地养成习惯。有意识地把每一次交往作为锻炼自己社交能力的机会,在实践中不断改进。

2. 循序渐进,养成习惯　学习礼仪是一个渐进的过程,不可急于求成,应当有主有次,从与自己生活最密切的地方开始,对一些规范要求,必须反复体验和运用才能真正掌握。

3. 多头并进,综合提高　礼仪是一个人的教养、风度与品质的综合反映。因此,礼仪的学习必须与其他科学文化知识的学习、体形美的训练结合起来。在社交活动中,具有较高文化修养的人,往往容易成为受人欢迎的人。广泛涉猎各种文化知识,不断充实自己,既是加强自身修养的需要,也是人际交往的要求。有了丰富的科学文化知识,才能使自己懂礼貌、讲礼节,才能思考问题周到,处理问题妥当。只有重视自身内在素质的提高和外在优美体形的塑造,才可能更好地掌握、运用礼仪。

美容业是现代文明社会不可缺少的职业,但又不是一种简单的职业,它是在社会科学、自然科学理论指导下的一门综合性应用科学。美容专业人员必须从社会科学、自然科学等方面全面地学习掌握新的科学文化知识,才能真正做到"知书识礼"。

4. 加强修养,完善自我　礼仪修养应建立在健康、良好的个性的基础上,个性主要包括个人的气质、性格和能力,必须注重个性的自我完善。

(1)气质:气质是一个人真正魅力之所在。气质的美会在一个人的言谈话语、举手投足、待人接物中表现出来。这种美是自然而然地流露,而不是刻意生硬地模仿。没有良好的气质,礼仪也就无从谈起。因此,加强礼仪修养必须从培养良好的气质做起。

(2)性格:在待人接物时要做到大方得体,彬彬有礼,必须有健康的性格。健康的性格是完美个性形成的基础,健康的性格应具备以下特征:开朗、耐心、宽容;沉着、勇敢、顽强;富有幽默感。

(3)能力:交往的成功与否,关键在于人的能力。能力主要包括应变能力、自控能力、表达能力等。在与人交往过程中如果发生意想不到的事情,想要做到不失礼,就需要有较强的应变能力;讲究礼仪,就必须能够有效地调整和控制自己的情绪,具有较好的自控能力;注重礼仪,就应注意多用敬语,委婉地去表达自己的观点,做到忠言也能"顺耳",具备较好的协调能力。

个性修养需经过长期的努力,是一个逐步熏陶、潜移默化过程。美容专业人员职业的特殊性,要求其必须有一种富有爱心、耐心和责任心且细心的完美个性。

礼仪就像空气一样,生活中无所不在。礼仪知识并非高深难以理解,关键是在平时不要错过一次向朋友、邻居、同事问好的机会,用微笑展示你的坦诚与自信,只要长期坚持下去,礼仪修养一定会达到理想境界。

（三）美容专业人员加强自我礼仪修养的意义

自我礼仪修养即社会个体以礼仪的各项具体规定为标准,努力克服自身不良的行为习惯,不断完善自我的行为活动。从根本上讲,自我礼仪修养就是要求人们通过自身的努力,把良好的礼仪规范标准化作个人的一种自觉自愿的能力和行为。

美容专业人员良好的礼仪修养会给服务对象的心理和健康产生很大的影响,对服务对象的身心健康将起到良好的效果。从某种意义上说美容专业人员学好礼仪,养成良好的职业修养,是人类的健康事业的需要。

1. 加强自我礼仪修养有助于提高个人素质,体现自身价值   在人际交往中,礼仪往往是衡量一个人文明程度的准绳。它不仅反映着一个人的交际技巧与应变能力,而且还反映着一个人的气质风度、阅历见识、道德情操、精神风貌。因此,在这个意义上,完全可以说礼仪即教养,而有道德才能高尚,有教养才能文明。这也就是说,通过一个人对礼仪运用的程度,可以察知其教养的高低、文明的程度和道德的水准。孔子曰:"质胜文则野,文胜质则史。文质彬彬,然后君子。"意即:内心品质超过礼仪修养,即不注重礼仪修养,则是粗野;而只注重外表修饰而忽略内心修养,则显虚浮,只有既重视内心修养的提高又重视礼仪修养,这样的人才是真正的君子。由此可见,学习礼仪,运用礼仪,有助于提高个人的修养,有助于"用高尚的精神塑造人",真正提高个人的文明程度。

"金无足赤,人无完人"是人所共知的。然而现实生活中,人们却都在以各种不同的方式追求着自身的完美,寻找通向完美的道路。只有将内在美与外在美统一的人才称得上唯真唯美,才可冠以"完美"二字。加强自我礼仪修养是实现完美的最佳方法,它可以丰富人的内涵,从而提高自身的内在素质,使人们面对纷繁社会时更具勇气,更有信心,进而更充分地实现自我。

2. 加强自我礼仪有助于增进人际交往,营造和谐友善的气氛   礼仪是人际交往的"润滑剂"。作为社会的人,我们每天都少不了与他人交往,假如不能很好地与人相处,那么在生活中、事业上就会寸步难行,一事无成。俗话说:"礼多人不怪。"人际交往,贵在有礼。加强自我礼仪修养,处处注重礼仪,能使你在社会交往中左右逢源,无往不利,使你在尊敬他人的同时也赢得他人对你的尊敬,从而使人与人之间的关系更趋融洽,使人们的生存环境更为宽松,使人们的交往气氛更加愉快。

3. 礼仪是塑造企业形象的重要工具,有助于提高企业的经济效益   礼仪是企业的价值观念、道德观念、员工整体素质的整体体现,是企业文明程度的重要标志。礼仪可树立企业的良好形象。

让顾客满意,为顾客提供优质的服务,是良好企业形象的基本要求。礼仪服务能够最大限度地满足顾客在服务中的精神需求,使顾客的物质需求得到满足的同时获得精神需求的满足。以礼仪服务为主要内容的优质服务,是企业生存和发展的关键所在。它将通过服务者的仪容仪表、服务用语、服务操作程序等使服务质量具体化、系统化、标准化、制度化,使顾客得到一种信任、荣誉、感情、性格、爱好等方面的满足,从而有助于提高企业的经济效益。

4. 加强自我礼仪修养有助于促进社会文明,加快社会发展的进程   一般而言,人们的教养反映其素质,而素质又体现于细节。反映个人教养的礼仪,是人类文明的标志之一。一个人、一个民族、一个国家的礼仪,往往反映着这个人、这个民族、这个国家的文明水平、整体素质和整体教养。古人曾经指出:"礼义廉耻,国之四维",将礼仪列为立国的精神要素之本。而在日常交往之中,诚如英国哲学家约翰·洛克所言:"没有良好的礼仪,其余的一切成就都会被人看成骄傲、自负、无用和愚蠢。"荀子也曾说过:"人无礼则不生,事无礼则不成,国无礼则不宁。"反过来说,遵守礼仪、应用礼仪,将有助于净化社会风气,提升个人、民族、全社会的精神品位。当前,我国正在大力推进社会主义精神文明建设,其中的一项重要内容就是要求全体社会成员讲文明、讲礼貌、讲卫生、讲秩序、讲道德,心灵美、语言美、行为美、环境美。这些内容与礼仪完全吻合。因此,可以这样说,提倡礼仪学习、运用,与推进社会主义精神文明建设是殊途同归、相互配合、相互促进的。这种社会主义的礼治,对于我国的现代化建设是不可或缺的,有利于弘扬中国"礼仪之邦"的礼仪文化,将使我国更强、更好、更美地自立于世界民族之林。

总之,学习礼仪,不是单纯的动作的表演、姿态的训练及语言的规范化,礼仪必须以良好的素质为基础。慧于中才能秀于外,一个人无论其具有多么优越的先天条件,无论经过多么精心的打扮,或受过再多严格的训练,如果不努力提高自己的内在素质,那么礼仪也只能是一种缺乏内涵的机械模仿。所以,加强礼仪修养必须把重点放在提高内在素质上。

四、学校礼仪

学校,作为教书育人的专门场所,礼仪教育是德育、美育的重要内容。

(一)学生礼仪

学生是学校工作的主体,因此,学生应具有的礼仪常识是学校礼仪教育重要的一部分。学生在课堂上,在活动中,在与教师和同学相处过程中都要遵守一定的礼仪。

1. 课堂礼仪　遵守课堂纪律是学生最基本的礼貌。

(1)上课:上课的铃声一响,学生应端坐在教室里,恭候老师上课,当教师宣布上课时,全班应迅速肃立,向老师问好,待老师答礼后,方可坐下。学生应当准时到校上课,若因特殊情况,不得已在教师上课后进入教室,应先得到教师允许后,方可进入教室。

(2)听讲:在课堂上,要认真听老师讲解,注意力集中,独立思考,重要的内容应做好笔记。当老师提问时,应该先举手,待老师点到你的名字时才可站起来回答,发言时,身体要立正,态度要落落大方,声音要清晰响亮,并且应当使用普通话。

(3)下课:听到下课铃响时,若老师还未宣布下课,学生应当安心听讲,不要忙着收拾书本,或把桌子弄得乒乓作响,这是对老师的不尊重。下课时,全体同学仍需起立,与老师互道:"再见"。待老师离开教室后,学生方可离开。

2. 服饰仪表　穿着的基本要求是:合体、适时、整洁、大方、讲究场合。

3. 尊师礼仪　学生在校园内进出或上下楼梯与老师相遇时,应主动向老师行礼问好。学生进老师的办公室时,应先敲门,经老师允许后方可进入。在老师的工作、生活场所,不能随便翻动老师的物品。学生对老师的相貌和衣着不应指指点点,评头论足,要尊重老师的习惯和人格。

4. 同学间礼仪　同学之间的深厚友谊是生活中的一种团结友爱的力量。注意同学之间的礼仪、礼貌,是获得良好同学关系的基本要求。同学间可彼此直呼其名,但不能用"喂""哎"等不礼貌用语称呼同学。在有求于同学时,须用"请""谢谢""麻烦你"等礼貌用语。借用同学的学习和生活用品时,应先征得其同意后再拿,用后应及时归还,并要致谢。对于同学遭遇的不幸、偶尔的失败、学习上暂时的落后等,不应嘲笑、冷笑、歧视,而应该给予热情的帮助。对同学的相貌、体态、衣着不能评头论足,也不能给同学起带侮辱性的绰号,绝对不能嘲笑同学的生理缺陷。在这些事关同学自尊的问题上一定要细心并尊重,同学忌讳的话题不要去谈,不要随便议论同学的不是。

5. 集会礼仪　在学校里,集会是经常举行的活动。集会一般在操场或礼堂举行,由于参加者人数众多,又是正规场合,因此要格外注意集会中的礼仪。升国旗仪式:国旗是一个国家的象征,升降国旗是对青少年爱国主义教育的一种方式。无论中小学还是大学,都要定期举行升国旗的仪式。升旗时,全体学生应列队整齐排列,面向国旗,肃立致敬。当升国旗、奏国歌时,要立正,脱帽,行注目礼,直至升旗完毕。升旗是一种严肃、庄重的活动,一定要保持安静,切忌自由活动,嘻嘻哈哈或东张西望。神态要庄严,当五星红旗冉冉升起时,所有在场的人都应抬头注视。

6. 校内公共场所礼仪　应该自觉保持校园整洁,不在教室、楼道、操场乱扔纸屑、果皮,不随地吐痰,不乱倒垃圾。不在黑板、墙壁和课桌椅上乱涂、乱画、乱抹、乱刻,爱护学校公共财物、花草树木,节约用水用电。自觉将自行车存放在指定的车棚或地点,不乱停乱放,不在校内堵车。在食堂用餐时要排队礼让,不乱拥挤,要爱惜粮食,不乱倒剩菜剩饭。

（二）教师礼仪

教师是学校工作的主体,其不仅是科学文化知识的传播者,而且是学生思想道德的教育者。教师在传播知识的同时,用自己的言行举止、礼仪礼貌对学生产生潜移默化的影响,从而对学生的言行举止发生作用。因此,教师要十分注意自己给学生留下的印象,要使自己从各方面成为一个优秀的、学生能够仿效的榜样。

1. 教师的行为举止　一个人气质、自信、涵养往往从他的姿态中就能表现出来。作为塑造人类灵魂工程师的教师,更要注意自己在各种场合的行为举止,做到大方、得体、自然、不虚假。

(1)目光:在讲台上讲课时,教师的目光要柔和、亲切、有神,给人以平和、易接近、有主见之感。当讲话出现失误被学生打断,或学生中出现突发情况打断你的讲课时,不能投以鄙夷或不屑的目光,这样做有损于你在学生心目中的形象。

(2)站姿:老师站着讲课,既是对学生的重视,更有利于用身体语言强化教学效果。站着讲课时,应站稳站直,胸膛自然挺起,不要耸肩,或过于昂着头。需要在讲台上走动时,步幅不宜过大、过急。

(3)手势:老师讲课时,一般都需要配以适当的手势来强化讲课效果。手势要得体、自然、恰如其分,要与相关内容相匹配。讲课时忌讳敲击讲台,或做其他过分的动作。

2. 教师的言谈　教师承担的主要任务离不开语言表达。因此,作为一名教师,要注意表达语言时应遵守的礼仪礼节。

(1)表达要准确:学校中设置的每一门课程都是一门科学,有其严谨性、科学性。老师在教授时应严格遵循学科的要求,不可庸俗化。

(2)音量要适当:讲课不是喊口号,声音不宜过大,否则会给学生以声嘶力竭之感。如果声音太低又让人很难听清楚,也会影响教学效果。

（3）语言要精练:讲课要抓中心,不说废话和多余的话,给学生干净利索的感觉。

（4）讲课可以适时插入一些风趣、幽默的话,以活跃课堂气氛,提高学生学习的兴趣。

3. 与学生谈话

（1）提前通知,有所准备。谈话最好提前与学生打招呼,让学生有一个思想准备,这既是一种礼貌,又是对学生的尊重。

（2）热情迎候,设置平等气氛。举止端正,行为有度。谈话时,语气要平和,要有耐心,不要高音量,不反唇相讥,应表现出良好的道德修养。

（3）分清场合,入情入理。在与学生谈话时,教师的表情要和蔼,批评学生要分清场合,要动之以情,晓之以理。

案例分析

案例:1996 年以 630 分的"托福"成绩直接考入美国大学的原哈尔滨三中学生陈磊的父母在谈到对孩子进行文明习惯的培养时深有感触——"见过陈磊的人都说她气质好,彬彬有礼,落落大方。这也是从小到大逐步养成的。""打陈磊学会说话,能听懂一些简单的指示和要求时起,她父母就有意识地在各种场合下,告诉她应该怎样做。比如早晨离开家时,要和家里人说'再见',到托儿所要问'阿姨好''小朋友好'等等。"在街上,吃剩的果皮和冰棍杆,都让她亲手送到垃圾箱里,从不随意往地上乱扔。乘公共汽车,当别人让座时,总要说声谢谢。每当看到环卫工人或园艺工人顶着烈日清扫一街路、美化环境时,都要赞扬他们对城市、对社会的贡献,告诉孩子要尊重他们的劳动……"

分析:礼仪是需要经过很长时间引导才能形成的,经过潜移默化深入到人的潜意识里,试分析一下人的年龄、生长环境对礼仪形成的重要性。

课堂互动

2 人一组分别扮演美容院服务人员和顾客,模拟一次美容服务的全过程,在这个过程中充分体现美容礼仪的基本原则。

（位汶军　刘琬一）

复习思考题

1. 何谓礼仪、礼貌、礼节、仪表、仪式?何谓美容礼仪?

2. 礼仪有哪些特点和作用?

3. 礼仪有哪些基本原则?

4. 美容专业人员为什么要学习礼仪?

5. 美容专业人员的礼仪修养应从哪些方面进行培养?

6. 生活中如何与邻里相处?

扫一扫
测一测

第二章

美容专业人员仪容仪表礼仪

学习要点

1. 熟悉美容专业人员的发型设计要求。
2. 掌握美容专业人员的化妆要求。
3. 掌握表情礼仪的内容及要求。

第一节 仪容仪表礼仪

仪容是指人体没有被服装遮盖而外露的部分,包括头发、面部、颈部、手部等,是仪表的重要组成部分。仪表,即人的外表,包括人的容貌、服饰和姿态等方面,是一个人精神面貌的外观体现。

在社会交往中,人们首先是通过仪表相互认识的。良好的仪容仪表反映一个人自信、向上的精神风貌,体现尊重他人的礼仪素养,并可引起他人强烈的情感体验,满足他人视觉美的需要,同时也能感受到自己的身份、地位被他人高度认可,被他人尊重的心理也会获得满足。

美容专业人员的仪容仪表,不仅反映个人的气质风度,是维护个人形象的需要,更是企业形象的微观展现,是维护企业形象的需要。

仪容修饰包括对发型、面容、肢体的修饰。

一、头发养护与发型设计

美丽从"头"开始,居于头顶的头发自然成为仪容修饰中非常重要的一部分。头发的修饰包括头发养护和发型设计两个方面。

(一)头发养护

头发在礼仪中的基本要求是:干净、整齐、健康的状态。要达到以上要求,需要在日常生活中注意以下方面:

1. 头发的清洗

(1)水:调节水温至40℃左右,过热的水会带走头发天然的保护膜——皮脂,从而促进油脂分泌,导致头发过油;过冷的水则会使毛孔收缩,不能深入清洁污垢。洗发前先将头发轻轻梳顺,然后弯腰低头至心脏水平位置,并将头发完全弄湿。

（2）洗发剂：洗发剂主要用于清洗头皮。只有头皮健康了，毛囊才会健康，头发才会健康、闪亮。洗发剂的选择，除了要品牌正规、性质温和、易于漂洗外，还应根据自己的发质，选择合适类型的洗发剂。使用洗发剂时，先倒入掌心，加水揉搓，起泡沫后再涂抹于头发，切忌直接将洗发剂倒在头上搓洗，这样会使头皮上洗发剂浓度过高，长此以往容易损伤头发。

（3）手法：洗发时，用指腹以画圈的方式轻轻揉搓两分钟，可以起到按摩头皮，促进血液循环的作用，切忌用指甲搔抓头皮，这样容易使头皮受伤。

（4）冲洗：用清水将洗发剂彻底冲洗干净，洗发剂冲洗不净，残留于头皮，会造成头皮过敏现象。

（5）干发：先用干毛巾按压拍干，不宜用力揉搓擦干；再用毛巾将头发包起来，将水分吸干；然后去掉毛巾，让头发自然干燥。若要使用电吹风干发时，吹风温度宜低不宜高，高热对头发有损伤作用。

2. 头发的护

（1）梳头发：梳头发宜选用宽齿木质或角质梳，不用易产生静电的塑料梳，不宜用手指抓挠头发；梳理时应顺头发自然下垂方向分段梳理，先梳理远端发梢段，后梳理近端发根段。梳头发时不宜用力过度，否则会损伤发根。

（2）避免高温、暴晒：防止头发长时间处于干燥高温或暴晒的情况。

（3）避免或减少头发染烫：烫发水和大部分染发剂中含有的某些化学成分，对头发有不同程度的损伤作用，频繁使用会使头发干燥、分叉、易打结、易折断，因此尽量不烫发、染发，或增加烫发、染发的间隔时间，减少烫发、染发次数。

3. 头发的养

（1）护发素的使用：随着年龄的增长，头发的营养供给和自我修复能力都会降低，加上洗发剂的化学成分对头发的长期损伤，护发素的使用就很必要。

一般来说，发梢和发尾部分营养不足严重。另外，常见的护发素中含有硅油成分，这种物质不溶于水，不易清洗，粘在头皮上，长期累积会造成毛囊堵塞，因此护发素要涂抹于发梢和发尾部分，切忌涂抹在头皮上。

使用护发素前，要将头发上的水分拭干，这样营养物质更容易渗入到发芯当中，效果更好。用手将护发素涂抹均匀后，用梳子充分梳理头发，或用手轻轻按摩，然后用热毛巾包裹，罩上浴帽，等待 5 分钟后，冲洗干净。

头发的情况不会一成不变，一种类型的洗发、护发剂，不会永远适合你，因此我们要经常更换洗发、护发剂。

（2）生活健康，营养均衡：不熬夜，少烟酒，少食辛辣刺激性和多脂性的食物；补充足够的蛋白质、碘、维生素、微量元素等营养元素，如鱼类、豆类、绿叶蔬菜、水果、坚果类等。

（二）发型设计

发型即头发的造型。合适的发型，可以扬长避短，增加人的整体美，是仪容美中不可或缺的一部分。发型的选择，除了考虑个人的喜好和流行因素之外，还要考虑性别、职业、脸型、身材等因素。

1. 根据性别设计发型

（1）男士发型：美容专业男士人员的发型以简洁、整齐为宜，避免怪异、过于新潮的发型、发色。长度以短发为宜,但不宜留光头,具体要求是前不及眉,后不及领,侧不遮耳。

(2)女士发型:美容专业女士人员的发型以整洁、典雅、大方为宜,避免披头散发,避免在头发上佩戴复杂夸张的饰物。

2. 根据职业设计发型　美容专业女士人员在从业中,如果企业对发型设计有统一要求,应遵照执行。一般服务行业对发型的要求是:短发要梳理整齐,长发要梳成发髻,可以佩戴统一的发饰将发髻包起来;头发不允许蓬松凌乱;有刘海的话要不遮挡眼睛。

3. 根据脸型设计发型　如果企业对发型设计没有统一要求,则美容专业女士人员可以根据脸型选择适宜的发型增加整体美感。

(1)圆形脸:圆形脸的特点是脸型太圆,在发型设计上,重点在于掩盖过圆的脸型,并想办法拉长脸型。具体做法是梳垂直的直发,通过脸型两侧的头发遮挡圆脸的轮廓,而且直发的纵向线条会减弱圆脸在视觉上的宽度;头顶部做拉长设计,达到拉长脸型的效果。

(2)方形脸:方形脸的特点是脸部长度不足,宽度有余,而且面部棱角分明,缺乏柔和感。这种脸型适合中长的卷发,微卷的发尾、搭配适当的刘海可起到遮挡脸部多余宽度和棱角的作用,稍凌乱的发丝则让头部看起来更饱满,掩盖方形脸的缺点。

(3)菱形脸:菱形脸的特点是脸型中段颧骨部位较宽,双颊凹陷,额部和下颌较窄。针对颧骨宽的特点,可以利用蓬松的烫发来收缩两侧的宽度;前额留齐刘海来遮住额头,使额部显得饱满。

(4)梨形脸:梨形脸的特点是面下部较宽,头顶及额部偏窄。此种脸型的发型设计应避免将头发中分,紧贴头皮,下边两侧头发往两边翘起,使脸型变得格外像梨形。正确的做法是将头发侧分,用斜刘海遮覆盖额部,将头顶及头顶两侧的头发吹成蓬松式,发尾长过下颌,并向内收。

(5)长形脸:长形脸的特点是脸长而且窄,因此发型设计的重点是使脸型纵向缩短,横向拉宽。及眼的横向刘海或斜刘海,缩短了长脸的比例;脸颊周围的大波浪卷发设计,可以横向拉宽脸型。

4. 根据身材设计发型　身材有矮、胖、高、瘦之分,不同的身材,只要搭配合适的发型,就可以在视觉上起到弥补、协调的作用。

(1)矮小型:这种体型给人以小巧感,发型设计应以秀气、精致、拉长身形为主,避免粗犷、蓬松感,否则会给人"头大、身体小"的不协调感,因此短发或将长发高扎于头顶部的马尾及发髻式发型比较适合。

(2)瘦高型:这种体型的特点是给人细长、单薄、头部小的感觉,发型设计的重点是打造横向发展的饱满发型,因此有蓬松效果的中长卷发比较适宜,但不适合太卷的卷发,否则会显得头部很大,与身材比例失衡,使身材显得更加瘦削。注意避免将头发高盘于头顶,或削剪得太短而薄。

(3)肥胖型:此型身材一般脖子显短,因此不宜留披肩长发,而应让头发向高处发展,显露脖颈以增加身体高度感;发型应避免过于蓬松,两鬓要服贴,收敛头部的横向宽度。

二、面容养护与化妆

面部是仪容中最先映入眼帘、最直接而又最重要的部位。面部修饰应做到以下要求：皮肤健康、无多余毛发、端庄得体。皮肤健康是指皮肤没有皮肤疾病，洁净，无枯黄、斑点、皱纹等衰老症状，皮肤红润光泽、柔滑而富有弹性；无多余毛发是指除形态整齐的眉毛、眼睫毛以外，不应出现痣毛、过长的鼻毛等，男士不蓄胡须，女士汗毛浓密者，应注意脱毛；端庄得体，即不要给人"另类"的感觉，如女士戴鼻环。

面部修饰包括面容养护和面部化妆两个方面。

（一）面容养护

保持好的面容，保养也要由内而外同时进行。

1. 内养

（1）补充充足的水分：每日饮 6~8 杯水，每杯水 200ml 左右，保持身体的水分供应。

（2）注意饮食调养：多食水分充足，富含多种维生素，蛋白质、氨基酸丰富的蔬菜、水果、肉类、坚果等食物；戒烟、酒、咖啡、浓茶及煎炸食品。

2. 外养　皮肤的外养分晚上和白天进行。

（1）晚上的保养：晚上皮肤的主要工作是营养代谢和组织修复，尤其是夜间 10 点至凌晨 2 点，是细胞代谢最旺盛的时候，因此应该在晚上 10 点以前完成皮肤护理工作并就寝，保证有 8 个小时的睡眠时间。晚上皮肤护理的步骤包括：

1）清洁：面部有彩妆时，先用卸妆棉蘸取适量的卸妆液，将面部的彩妆擦拭掉；使用温水湿润面部，使毛孔充分打开；选择性质温和的洁面乳，配合打圈的按摩手法，达到清洁的作用。

2）爽肤水：它的主要作用是二次清洁和快速补充水分，为后面使用保养品做准备。爽肤水要倒在化妆棉上擦拭面部，从而发挥二次清洁的作用，同时还可以节约爽肤水的用量。不同性质的皮肤要选择不同类型的爽肤水，健康皮肤使用爽肤水；油性皮肤毛孔粗大，宜用紧肤水；干性皮肤宜用柔肤水；敏感皮肤宜用修复水。

3）乳液：乳液中含有较多的水分和少量的油分，既能为皮肤补充水分，又能滋润皮肤。

4）晚霜：晚霜中含有保湿、美白、抗衰老等不同功效的营养成分，能够更有针对性地解决皮肤存在的问题。故涂抹晚霜是皮肤护理中的重要环节。

5）面膜：面膜覆盖在面部，使皮肤与外界隔离，使皮肤的含水量、含氧量上升，皮肤温度升高，毛孔、毛细血管扩张，汗腺分泌与新陈代谢加强，有利于清除毛孔内的污垢，排除表皮细胞新陈代谢的产物和累积的油脂类物质，促进面膜中的营养成分更好地吸收。面膜一般每周做 1~2 次。

在涂乳液和晚霜时，配合按摩的动作效果更佳。按摩动作以提拉和平展为主，除了可以刺激细胞的代谢，促进营养成分更快地吸收外，还对皮肤有提升、紧致的效果，保持皮肤的弹性。

少数人有开灯睡觉的习惯，这对皮肤保养不太好，因为皮肤细胞遇到光刺激，会处于收缩状态，从而影响营养成分吸收；而且美白性护肤品中大都含有吸光性成分，这些成分吸光后，加重了皮肤的光老化，使皮肤更加暗沉。

（2）白天的保养：白天的皮肤保养，包括使用爽肤水、润肤乳和日霜滋养皮肤。

3. 外护　白天皮肤除了"养"，更重在"护"，主要包括：皮肤保养后使用隔离霜进行保护，防止彩妆和外界环境对皮肤的伤害，同时还起到遮瑕的作用；外出时还应使用防晒霜，或使用遮阳帽、遮阳伞等防晒工具，避免皮肤光老化。

（二）面部化妆

化妆是面部修饰中不可缺少的一个环节，尤其对于美容专业人员来说，良好的妆面形象，不仅可以展示个人的气质，也体现了对自身职业的尊重和专业。

1. 化妆的美学基础——三庭五眼

（1）三庭：指把脸的长度分为三个等分，从前额发际线至眉底线，从眉底线至鼻底线，从鼻底线至颏底线，各占一个等分。

（2）五眼：以一只眼的长度为一等分，把脸的宽度分为五个等分，两只眼各占一等分，两眼之间为一等分，两眼外眼角至两侧侧发际各占一等分。

2. 化妆程序与方法

（1）洁面与基础护肤：将面部清洗干净，涂爽肤水、乳液、面霜滋润皮肤，使用隔离霜保护皮肤免受彩妆伤害。

（2）基础底妆：包括打粉底和扑蜜粉。

打粉底的目的是调整肤色，改善皮肤质地，使皮肤看起来光滑、白皙。粉底颜色应选择比本人肤色略白为宜，面部不同区域可使用颜色深浅不同的粉底，以增强面部的立体感。粉底的质地分为乳液状和膏状，乳液状粉底含水量较多，质地稀薄，用后效果自然，一般用于日妆；膏状粉底含油量较多，遮盖力较强，一般用于晚妆、新娘妆等，也可用于需要较强遮盖效果的日妆。

蜜粉的作用是定妆，使妆面保持更加持久。定妆时用粉扑蘸蜜粉，并保持粉扑上粉量均匀，采用轻拍的手法，将蜜粉拍按在妆面上；也可以用掸粉刷蘸取蜜粉扫于面部。

（3）五官修饰：包括眼、眉、颊、唇的修饰。

1）眼的修饰：眼睛是"心灵的窗户"，漂亮的眼睛能为形象增添许多神采。眼部修饰能够改变眼睛的轮廓，使之更完美、更有神。女士眼部修饰包括画眼影、描眼线、夹卷睫毛并涂睫毛膏等。

使用大地色系的咖啡色眼影，用手指或眼影刷在整个上眼睑进行晕染，直至上眼睑沟处，靠近睑缘和外眼角处颜色略深，打造上浅下深的自然眼影效果；用黑色的眼线笔紧靠睫毛根部描画上、下眼线，线条要平滑流畅，要根据睫毛的生理特点，内眼角短而稀疏，外眼角长而浓密，使描画的眼线呈现外粗内细的效果，眼尾自然淡出，不用刻意拉长；用睫毛夹夹卷睫毛，选用防晕染睫毛膏，将多余睫毛膏刮留于瓶口，以"Z"字形来回刷两次，下睫毛也要刷，刷上睫毛时眼睛向下看，反之，刷下睫毛时眼睛向上看。职业妆中一般不使用假睫毛，如有需要，一定要选用自然效果的假睫毛。

2）眉的修饰：眉形对脸部轮廓的修饰起到至关重要的作用，不同眉形也会给人传达出不同的气质。眉的修饰的基本要求是左右对称，眉型伸展流畅。眉毛的颜色应选择与发色接近的颜色，依据眉毛的生理特点，眉腰处颜色最浓，向眉头、眉梢逐渐变淡。设计眉型时要符合标准眉型的要求，即眉毛分三等份，眉峰位于眉头至眉梢的外 1/3 处，眉头位于内眼角垂线上，眉梢位于鼻翼与外眼角连线的延长线上，眉梢的高度为眉头下缘水平线及以上。画眉时先用眉粉渲染颜色,再用眉笔一根根描画,加强眉毛的层次感和立体感。

3)颊的修饰:腮红颜色的选择要根据肤色、年龄、着装而定,一般以橘色、红色、粉色系为主,腮红颜色要与脸部肤色自然过渡。先用稍深色沿颧骨下方斜刷至侧发髻,修饰脸型,再用同色系稍浅的颜色,以打圈的方式打在笑起时颧部最高点处,最后在腮红部分淡淡地扑上蜜粉,使腮红的效果更持久,并营造白里透红的效果。标准颊红的位置向上不可超过外眼角的水平线;向内不能超过眼睛的1/2垂直线;向下不超过嘴角水平线。根据个人的脸型不同,腮红晕染的形状也略有不同,长形脸要横向涂抹,达到拉宽脸型的效果;圆形脸要斜向外上涂抹,达到拉长脸型、削弱圆润感的效果。

4)唇的修饰:标准唇形的唇峰在鼻孔外缘的垂直延长线上,嘴角在眼睛平视时眼球内侧的垂直延长线上,下唇中心厚度是上唇中心厚度的1.5倍,嘴唇轮廓清晰,嘴角微翘,整个唇形富有立体感。先用润唇膏滋润唇部,然后选择与自己唇色接近或略深颜色的口红,轻轻地在唇面涂满薄薄的一层,以张开嘴,唇角不露唇本色为准。如果唇面上细纹太多,直接涂唇膏的话容易出现褶皱,可先用一点粉底遮盖唇纹,然后再涂唇膏;如果唇形太大,可以将唇线画在嘴唇的里面,外面多余部分用遮瑕膏遮盖,然后用唇膏涂抹唇线以内的部分;如果唇形太薄,可以相反处理,将唇线向外适当扩张。

3. 化妆基本规则

(1)淡妆为主:淡妆的特点是自然、精致、大方、清新。妆容以淡雅的色彩为主,既使人感到干净整齐、五官分明,又不会有浓妆艳抹的脂粉感。

(2)不当众化妆、补妆:工作过程中,要保持妆面的完整。在用餐、饮水、出汗等可能影响妆面的情况下,要及时补妆。不可当着他人的面化妆、补妆,不可在自己的工作岗位上补妆,在化妆室或洗手间补妆时动作要快,避免长时间占据洗面池,影响他人使用,这是不合礼仪的行为。

(3)不借用别人化妆品:化妆品是个人的私人物品,随便使用他人的化妆品,是不礼貌的行为。而且,化妆品直接接触皮肤,容易造成皮炎等交叉感染。

(4)不使用过香的化妆品:不同的人对香味的感受不同,在职业过程中,接触的顾客各式各样,过香的化妆品在气味上可能会带来对方的反感。

三、肢体修饰

仪容仪表礼仪中的肢体修饰,是指暴露于外的手部、手臂、腿部等的修饰。在美容专业从业中,腿部要求不能暴露于外,因此,我们这里主要介绍手部及手臂的修饰。

手不仅暴露在外,而且交际中需要完成很多的动作,因此容易成为别人关注的目标。手的修饰主要包括手部皮肤保养和指甲的修饰。手部保养能反映一个人的生活品质,使手部达到好的保养效果,要从四个方面做起:

1. 清洁　双手与外接触,容易接触污物,因此要勤洗手,但注意少用或不用腐蚀性、刺激性强的洗涤用品。

2. 滋润　洗手后要及时涂抹护手霜,补充手部营养及水分。

3. 按摩　两手交替按摩每个指头,由根部到指尖,重点按摩手指的两侧,长期如此有使手指更加纤细的效果。

4. 定期做手膜护理　指甲的修饰包括修剪和涂甲油。指甲要及时修剪,避免过长刮到别人;除了透明色的指甲油,不染其他颜色鲜艳的指甲油;不咬指甲。

穿短袖或无袖衣物时,手臂甚至腋窝会暴露在外,如果手臂、腋窝有过多的毛发,会很不雅观,应该剃掉或者着长袖装。

第二节 表情礼仪

表情是指面部形态变化所表达的内心的思想感情。面部表情的变化,能生动地展现人的各种情感。美国心理学家艾伯特·梅拉比安提出过这样一个公式:感情的表达=语言(7%)+声音(38%)+表情(55%),说明表情在感情表达中的重要作用。良好的表情,可以使人产生亲切感、愉悦感,拉近人与人的距离。因此,在人际交往中,我们应该恰当地运用好表情礼仪。

表情礼仪的基本要求是:谦恭、友好、真诚、自然。它包括眼神与注视礼仪和微笑礼仪两个方面。

一、眼神与注视礼仪

在人际交往中,人与人的交流要以眼神交流为起点,在交流过程中,也要不断地用目光表达自己的情感,并观察对方的目光,了解其内心的感受。因此,目光运用是否得当,直接影响感情表达的效果。对美容专业人员目光的基本要求是有神、坦然、亲切。在具体工作中,不同场合、不同情况下,目光注视的具体要求不同。

(一)注视部位

1. 近观三角 与交际对象距离较近时,目光注视一般在上至额头,下至颈部,左右至两肩的区域,用目光覆盖整个区域。根据与对方关系不同,具体位置略有差异。在洽谈事务等公务场合下,注视位置为对方的双眼与额头之间的三角区;在聚会等社交场合下,注视位置为对方的双眼与嘴唇之间的三角区;亲人、恋人之间的注视位置为对方的双眼和胸部之间。

2. 远观全身 与交际对象距离较远时,一般以对方的全身为注视点。

(二)注视角度

美容专业人员与人交流时,应将身体正面朝向对方,表示尊重对方;目光应与对方相平,表示平等的关系。

(三)眼神与注视礼仪的注意事项

1. 与人交谈时,目光不要在对方身上游离,上下打量对方。

2. 当对方说错话时,不要立即转移视线。

3. 与上级、长辈说话时,要用尊敬的目光注视对方。

4. 多人交流,忌只看一人;上台发言时,先用目光扫视全场,表示对每位到会者的尊重。

5. 与人刚见面,注视对方同时要面带微笑,显示出喜悦的心情。

6. 随着交谈内容的变化,目光和表情也要有相应的变化。

7. 不要紧盯对方的眼睛,使对方感到尴尬;不要注视对方的头顶、胸部、腹部、臀部或大腿。

8. 忌俯视、侧视或斜视对方,否则,易给人以轻视、蔑视对方的感觉。

二、微笑礼仪

真诚的笑容可以传递出亲切、友好的信息,营造一种和谐的沟通氛围,缩短人与人之间的距离,因此,在美容从业中要保持微笑。微笑是处理好人际关系的一种重要手段,但要笑得好并非易事。

(一) 微笑基本要求

1. 面部肌肉放松,嘴角微微上翘,使嘴唇呈弧形,露出一定的牙齿。

2. 要口、眼、鼻、眉肌结合,使微笑真诚友善,自然大方,表里如一。

(二) 微笑的注意事项

1. 微笑要发自内心真诚地笑,忌假笑。

2. 微笑要适度,不出声音,忌夸张的大笑。

3. 要根据场合、情况的不同,决定笑或不笑及怎样地笑。如别人难过、痛苦时,或是在庄重场合时,不宜笑;当别人尴尬、有缺点时,不宜笑;公共场合不宜大笑。

(三) 微笑训练

咬筷训练法:用门牙轻轻咬住一根筷子,把嘴角对准筷子。根据露出牙齿的数目不同,微笑分为以下三度:

1. 一度微笑 两端嘴角上提,露出 2 颗上门牙。

2. 二度微笑 两端嘴角上提,露出 6~8 颗上门牙。

3. 三度微笑 两端嘴角上提,露出 10 颗上门牙,也稍微露出下门牙。

(张 红)

复习思考题

1. 发型设计要考虑哪些因素?

2. 化妆的美学基础——三庭五眼具体内容是什么?

3. 化妆的程序包括哪些内容?

4. 不同人际关系中,注视礼仪的部位分别是什么?

5. 微笑是如何分度的?

扫一扫
测一测

第三章

美容专业人员的服饰礼仪

学习要点

1. 掌握着装的基本原则,西装的穿法和禁忌,女性服装礼仪的基本要求以及美容专业人员的服饰礼仪。
2. 熟悉着装的注意事项和首饰佩戴的方法。
3. 熟悉服装与色彩的关系。

服饰是一种文化,它反映着一个民族的文化水平和物质文明发展的程度。服饰具有极强的表现功能。在社交活动中,人们可以通过服饰来判断一个人的身份地位、涵养;通过服饰可展示个体内心对美的追求,体现自我的审美感受;通过服饰可以增进一个人的仪表、气质。所以,服饰是人类的一种内在美和外在美的统一。要想塑造一个真正美的自我,首先就要掌握服饰打扮的礼仪规范,让和谐、得体的穿着来展示自己的风度和美学修养,以获得更高的社交地位。美容专业人员作为传播美的使者,更应该具有高雅的外在形象,注意个人修饰,服装整洁,妆面淡雅,给顾客营造愉快和谐的气氛。

第一节　美容专业人员着装礼仪

一、着装的基本原则

着装是指一个人的穿衣打扮。着装对我们很重要,因为它可以影响我们事业的成败,也可以决定我们心情的好坏。着装反映了我们每个人不同的品位,正确的着装,可以让我们更加自信,让生活更加惬意,也会让自己在事业中游刃有余。

服饰打扮会由于每人的喜好不同,打扮方式不同,产生的效果也不同,但我们根据人们的审美观及审美心理还是有一些基本原则可循。

(一) 整洁原则

整洁原则是指着装整齐、干净的原则,这是服饰打扮的一个最基本的原则。一个穿着整洁的人总能给人以积极向上的感觉,并且也表示出对交往对象的尊重和对社交活动的重视。整洁原则并不意味着时髦和高档,只要保持服饰的干净合体、全身整齐有致即可。

（二）个性原则

个性原则是指社交场合树立个人形象的要求。不同的人由于年龄、性格、职业、文化素养等各方面的不同，自然就会形成各自不同的气质，我们在选择服装进行服饰打扮时，不仅要符合个人的气质，还要凸显出自己美好气质的一面。为此，必须深入了解自我，正确认识自我，选择适合自己的服饰，这样才可以让服饰尽显自己的风采。要使打扮富有个性，还要注意：首先不要盲目追赶时髦，因为最时髦的东西往往是最没有生命力的；其次要穿出自己的个性，不要盲目模仿别人，如看人家穿水桶裤好看，就马上跟风，而不考虑自己的综合因素。

（三）和谐原则

所谓和谐原则是指着装协调得体的原则。即选择服装时不仅要与自身体型相协调，还要与着装者的年龄、肤色相配。服饰本是一种艺术，能掩盖体型的某些不足。我们要借助于服饰，凸显身材的优势，掩盖身材的缺点。不论是高矮胖瘦，年轻或是年长，只要根据自己的特点，用心地去选择适合自己的服饰，总能创造出服饰的神韵。

（四）着装的 TPO 原则

TPO 原则，是有关服饰礼仪的基本原则。"TPO"原则，即着装要考虑到时间（time）、地点（place）、目的（object）。其中的 T、P、O 三个字母，分别是英文时间、地点、目的这三个单词的缩写。它要求人们在选择服装、考虑其具体款式时，首先应当兼顾时间、地点、目的，并应力求使自己的着装及其具体款式与着装的时间、地点、目的协调一致，较为和谐般配。一件被认为美的漂亮的服饰不一定适合所有的场合、时间、地点。因此，我们在着装时应该要考虑到这三方面的因素。

1. 时间原则

（1）富有时代特色：着装首先要与时代发展同步，不同的时代对着装的要求和审美各不相同。服饰犹如一面镜子，我们可以从中看到时代的推进、发展和变化。如我国清代，最流行的服是长袍马褂；新中国成立初期，旗袍、西服等装束逐渐被列宁装、干部服为代表的具有时代特色的服饰取代；随着 20 世纪 60 年代后期"文革"的兴起，中国服装被淹没在了一片国防绿的军装里，军服成了这一时期的最高时尚。但随着时代的变化，都已成为历史的陈迹。服饰要有时代感，与时代变化保持同步，选择服饰要与时代潮流相适应，不应当使自己的穿着打扮背离时代的发展变化，也不要为了标新立异或追随复古心态，而穿戴和时代不相合甚至和时代反差很大的服饰。

（2）合乎季节时令：一年四季的变化是大自然的规律，每个季节都有自己的气候特点，都有明显的气温、景观变化，人们着装时也应遵循这一规律。春秋两季着装的自由度相对大些，总体把握上应以轻巧灵便、厚薄适宜为着装风格；夏季以轻柔、凉爽、简洁、明快为着装格调，切忌拖沓烦琐、色彩浓重，以免给自己和他人造成心理上的负担，尤其是女性一定要注意这一点；冬季以保暖、御寒、轻便为着装原则，避免着装过厚而显得臃肿不堪，也要避免为了形体美而着装太薄，要风度不要温度，给自己的身体带来伤害。

（3）符合时间的差异：一天有 24 小时变化，显而易见，在不同的时间里，着装的类别、式样、造型应因此而有所变化。白天是工作时间，穿的衣服需要面对他人，应当合身、严谨。着装要根据自己的工作性质和特点,总体上以庄重、大方为原则。晚上回家穿的衣服不为外人所见,应当以宽大、随意、舒适为主。服饰与时间相适应,并非要求永远追求时髦,在服饰上紧跟潮流,而是要求服饰一定要与自己所处的具体时间相适应、相符合。

2. 地点(place)原则　地点原则是指要根据特定的地点、特定的环境,穿着与之相适应、相协调的服饰。置身于国内或国外,驻足于闹市或乡村,身处于室内或室外,停留于单位或家中,这些变化不同的地点,着装的款式理当有所不同,切不可以不变应万变。例如,穿泳装出现在海滨、浴场,是人们司空见惯的,但若是穿着它去上班、逛街,则令人哗然不止。在国内,一位少女只要愿意,随时可以穿小背心、超短裙,但她若是以这身行头出现在着装保守的阿拉伯国家,就显得有些不尊重当地人了。总之,不同地点不同着装,服装已经超越了实用性的最低准则,而成为一种文化。

3. 目的(object)原则　从目的上讲,人们的着装往往体现着其一定的意愿,即自己对着装留给他人的印象如何,是有一定预期的。着装应适应自己扮演的社会角色,根据不同的社会角色、交往对象选择得体的服饰。如一个去面试主管职位的女性,穿着一套庄重、合体的西服套裙,显得既有威信又有亲和力,会受到老板的青睐。若此人着休闲装或约会装,会给老板留下对招聘单位不重视、不尊重的印象,难以应聘成功。

二、服装与色彩

服饰的美是款式美、质料美和色彩美三者完美统一的体现,形、质、色三者相互衬托、相互依存,构成了服饰美统一的整体。而在生活中,色彩美是最先引人注目的,因为色彩对人的视觉刺激最敏感、最快速,会给他人留下很深的印象。

服饰色彩的相配应遵循一般的美学常识。服装与服装、服装与饰物、饰物与饰物之间的色彩应色调和谐,层次分明。饰物只能起到"画龙点睛"的作用,而不应喧宾夺主。服饰色彩在统一的基础上应寻求变化,肤与服、服与饰、饰与饰之间在变化的基础上应寻求平衡。一般认为,衣服里料的颜色与表料的颜色,衣服中某一色与饰物的颜色均可进行呼应式搭配。

(一)服装色彩搭配的方法

1. 同色搭配　即由色彩相近或相同,明度有层次变化的色彩相互搭配造成一种统一和谐的效果,如墨绿配浅绿、咖啡配米色等。在同色搭配时,宜掌握上淡下深、上明下暗。这样整体上就有一种稳重踏实之感。

2. 相似色搭配　色彩学把色环上大约90°以内的邻近色称之为相似色。如蓝与绿、红与橙。相似色搭配时,两个色的明度、纯度要错开,如深一点的蓝色和浅一点的绿色配在一起比较合适。

3. 主色搭配　指选一种起主导作用的基调和主色,相配于各种颜色,造成一种互相陪衬、相映成趣的效果。采用这种配色方法,应首先确定整体服饰的基调,其次选择与基调一致的主色,最后再选出多种辅色。主色调搭配如选色不当,容易造成混乱不堪,有损整体形象,因此选用的时候要慎重。

(二)服饰色彩选择应考虑的因素

在选择服饰色彩的时候,不仅要考虑色彩之间的相配,还要考虑与着装者的年龄、体形、肤色、性格职业等相配。

1. 服色与年龄　不论年轻人还是年长者都有权利打扮自己。但是在打扮时要注意,不同年龄的人有不同的着装要求。年轻人的穿着可鲜艳、活泼和随意些,这样可以充分体现年轻人朝气蓬勃的青春美;而中老年人的着装则要注意庄重、雅致、含蓄,体现其成熟和端庄,充分表现出成熟之美。但无论何种年龄段,只要着装与年龄相协调,都可以显示出独特的韵味。

2. 服色与体型　人的体型有高矮胖瘦的不同,不同的体型在着装上应有所区别。

对于高大的人而言,在服装选择与搭配上要注意服色宜选择深色、单色为好,太亮、太淡、太花的色彩都有一种扩张感,使着装者显得更高、更大。对于较矮的人而言,服色宜稍淡、明快、柔和,上下色彩一致,这样可以造成修长之感。对于较胖的人而言,在服色的选择上,应以冷色调为好,过于强烈的色调就会更显胖。对于偏瘦的人而言,服色选择应以明亮、柔和为好,太深、太暗的色彩反而显得瘦弱。

3. 服色与肤色　肤色影响着服饰搭配的效果,也影响着服装及饰物的色彩。但反过来说服饰的色彩同样作用于人的肤色而使肤色发生变化。一般认为:肤色发黄或略黑人,在选择服色时应慎重。服色的调子过深,会加深肤色偏黑的感觉,使肤色毫无生气;反之,也不宜选色调过浅的服饰,色泽过浅,会反衬出肤色的黝黑,同样会使人显得暗淡无光。这种肤色的人适宜选用的是与肤色对比不强的粉红系、蓝绿色,不宜选用色泽明亮的黄、橙、蓝、紫或色调极暗的褐色、黑紫、黑色等。肤色略带灰黄,则不宜选用米黄色、土黄色、灰色的服饰,否则会显得精神不振和无精打采。肤色发红,则应配用稍冷或浅色的服饰,但不宜选用浅绿色和蓝绿色,因为这种强烈的色彩对比会使肤色显得发紫。

4. 服色与性格　不同的性格需要由不同的色彩来表现,只有选择与性格相符的服色才会给人带来舒适与愉快。性格内向的人,一般喜欢选择较为沉着的颜色,如青、灰、蓝、黑等;性格外向的人,一般以选用暖色或色彩纯度高的服色为佳,如红、橙、黄、玫瑰红等。

5. 服色与职业　不同的职业对服饰的颜色有不同的要求。如法官的服色一般为黑色,以显示出庄重、威严;银行职员的服色一般选用深色,这会给客户以牢靠、信任的感觉。

三、西装的穿法

在正式的场合中,我们要按规定着装,如参加重大的宴会、庆典、会见,尤其是涉外性质的活动时,组织者所发请柬上有时会专门注有着装要求,参加者就应按规定着装。此外,还要符合正式场合的着衣配装的礼仪规范,以符合活动的性质。

（一）西装的穿着规范

就目前来说,西装是一种国际性服装,是世界公认的男士正统服装。男士在所有社交场合都可以身着西装。因此,经常出入社交场合的男士应自备合体的西装。

1. 西装的选择与穿着　西装的款式现可分为欧式、英式、美式和日式四大流派。

欧式:领型狭长,胸部收紧突出,袖笼与垫肩较高,造型优雅,为双排扣。

英式:与欧式相仿,但垫肩较薄,后背开衩,绅士味道很足。

美式:领型较宽大,垫肩较适中,胸部不过分收紧,两侧开衩,风格自然。

日式:外观略呈 H 型,领型较窄,较短,垫肩不高,多不开衩,为单排两粒扣。

但不管是哪种款式,其主要的区别在于领口、纽扣和开衩。在选择西装时,要充分考虑到自己的身高、体型,选择合适的款式。另外,还要注意选择合适的面料与颜色,西装的面料应该挺括、垂感好,一般宜选择全毛料制作。在颜色上宜选用黑色、深蓝色、深灰色等深色调,这样可适宜任何正式场合。

在选择西装的大小时应注意不要太大,应合身。西装的长度应以其下摆垂到手的虎口处,袖口应垂下来到手腕。西裤的大小应以裤子扣好后腰中能塞进一只手,长度是以垂下来正好到皮鞋,两条裤缝笔直。系西裤的皮带应以庄重、典雅的黑色牛皮皮带为宜。

西装在穿着时,要注意:单排扣西装在非正式场合可以不扣,以示飘逸的风度,在正式场合中可以扣上面的一粒或两粒扣,以示端庄。而双排扣在穿着时要全部扣上,而在坐下时可以解开下面的口子,以免坐久了衣服会弄皱,但站起来时不要忘记扣好下面的扣子。

2. 衬衣的选择与穿着

(1)衬衣颜色的选择:衬衫是西装的一个点缀,具有美化西装的功能。一般而言,衬衫以淡颜色居多,最常用的是白衬衫,可以配所有的西服。而花衬衣、条纹衬衣可以配单色西装,单色衬衣可以配条纹或方格西装。近几年比较流行西装里面配有色衬衣,颜色一般选择与西服同色系,如深灰色西装配浅灰衬衣,深咖啡色西装配浅咖啡色衬衣,给人的感觉没有白色衬衣那样显眼,很文静、稳重。

(2)衬衣大小的选择:在选择衬衣时,其大小以领口的大小为准。一般衬衣穿好后,扣好扣子,领子的大小以能塞进一个手指头为好,这样,等系好领带后,可显得不松不紧。衬衣领子以小方领为多,领头要硬挺,切忌过软。随着时代的变化,领子大小有所改变。

(3)衬衣的穿着:衬衣穿好后其衬衣领子应高出西装领子大约1cm 左右,衬衣袖子应长出西装袖口约 1.5~2.5cm 为宜。穿西装时,衬衣应塞进裤腰内,衬衣内如要穿棉毛衫,应看不出痕迹,但最好不要穿棉毛衫。穿衬衣打领带时,衬衣最上面的一粒扣子应扣紧,包括袖口上的扣子都要扣好。如不系领带,衬衫的最上面的扣子应不扣。如衬衣单穿不系领带时,则袖子可以卷起,领子可以松开。

3. 领带的选择与系法　领带是西装的装饰品,也是西装的灵魂。在正式场合下,如不系领带而穿着高级西装就显得苍白无力。领带的面料有毛织、丝质、化纤等,花色图案更多,领带的选色应与衬衫和西装相配。一般而言,男子全身服饰的色彩以不超过三种颜色为原则,比如,藏青色西装,可以配雪青色衬衫和天青色的领带,当然领带上可以有一些红或白的其他花纹图案,则可以起到"万绿丛中一点红"的效果,使着装者显得更精神。

领带的系法有讲究,一般先扣好衬衣领后,将领带套在衣领外,然后将宽的一片稍稍压在领下,抽拉另一端,领带就自然夹在衣领中间了,而不必把领子翻立起来。领带系好后两端应自然下垂,宽的一片盖住窄的一片,而且宽的一片的领带尖刚好与裤腰平起为宜,切忌领带压住或垂至裤腰下。如同时穿西装马甲或 V 领羊毛衫,则领带应放置在背心或羊毛衫内。

领带的最重要部位是领结,不同的系法可以获得不同形状大小的领结。

知识链接

领带的由来

领带保护说:认为领带最早起源于日耳曼,日耳曼人居住在深山老林里,茹毛饮血,披着兽皮取暖御寒,为了不让兽皮掉下来,他们用草绳扎在脖子上,绑住兽皮。这样一来,风也不能从颈间吹进去,可保暖防风,后来他们脖子上的草绳被西方人发现,逐步完善成了领带。另有人认为领带起源于海边的渔民,渔民到海里打鱼,因为海上风大而冷,渔民就在脖子上系上一条带子,防风保暖,渐渐地带子成了一种装饰。保护人体以适应当时的地理环境和气候条件,是领带产生的一个客观因素,这种草绳、带子便是最原始的领带了。

领带功用说:认为领带起源是因为人们生活的需要,具有某种用途的,这里有两种传说。一种认为领带起源于英国男子衣领下的专供男子擦嘴的布。工业革命前,英国也是个落后国家,吃肉用手抓,然后大块大块地捧到嘴边去啃,成年男子又流行络腮胡子,大块肉一啃就把胡子弄油腻了,男人们就用袖子去擦。为了对付男人这种不爱干净的行为,妇女们在男人的衣领下挂了一块布专供他们擦嘴用。久而久之,衣领下面的这块布就成了英国男式上衣传统的附属物。工业革命后,英国发展成为一个发达的资本主义国家,人们对衣食住行都很讲究,挂在衣领下的布化成了领带。另一传说认为,领带是罗马帝国时代的军队为了防寒、防尘等实用目的而使用的。军队去前线打仗,妻子为丈夫、朋友为朋友把类似丝巾的方巾挂在他们的脖子上,在战争中用来包扎、止血。到后来,为了区分士兵、连队,采用了不同花色的领巾,进而演变发展到今日,成为职业服装的必需品。

领带装饰说:认为领带起源是人类美的情感的表现。17世纪中叶,法国军队中一支罗地亚骑兵凯旋回到巴黎。他们身着威武的制服,脖领上系着一条围巾,颜色各式各样,非常好看,骑在马上显得十分精神、威风。巴黎一些爱赶时髦的纨绔子弟看了,倍感兴趣,竞相仿效,也在自己的衣领上系上一条围巾。第二天,有位大臣上朝,在脖领上系了一条白色围巾,还在前面打了一个漂亮的领结,路易十四国王见了大加赞赏,当众宣布以领结为高贵的标志,并下令上流人士都要如此打扮。

4. **西装的帕饰** 西装手帕也是西装的有机组成部分,西装手帕处理得好可以起到锦上添花的作用。装饰性手帕一般以白色居多,因为衬衣一般都为浅色,但也可以是与衬衣相近的其他颜色,以起到里外呼应的效果。如深色西装、浅咖啡衬衣可以配浅咖啡色手帕,米色衬衣可以配米色手帕,显得别具一格。

5. **皮鞋和袜子** 皮鞋和袜子虽然穿在脚上,不是十分引人注意,但还是作为男子穿西装时必须与衬衣、领带同等看待的重要配件。试想,一套深色西装,配一双浅黄色皮鞋或一双白色袜子该是何等刺眼。对于男士而言,深色西装最好配双黑色皮鞋,最规范的应是黑色的系带皮鞋。男子的皮鞋后跟不要太高,也不要打钉,否则走起路来"咯咯"响是很刺耳的。袜子最好是与西裤的颜色相同或与皮鞋的颜色相同,切忌选配浅色袜子。而且选袜子的时候,最好选袜筒长一点的,否则,坐下来裤子一拉露出一截皮肤是不雅观的。穿西装最忌讳的就是配穿旅游鞋、套鞋或布鞋。

6. **领带夹与别针** 穿单排扣的西装,由于不扣纽扣的时间比较多,人在做动作的时候容易使领带飘起来,因此,穿单排扣的西装应佩戴领带夹。领带夹应夹在衬衣纽扣从上往下数第4~5颗处。而别针可夹在西装左衣领上,约与第3颗衬衣纽扣齐平。如要领带夹与别针一起用,那领带夹和别针应是同款、同色为好。

穿西装的程序:西装穿着具有一定的程序。正常的程序是:①梳理头发;②更换衬衣；③更换西裤；④穿着皮鞋；⑤系领带；⑥穿上装。西装穿着程序也可以说是一种礼仪规范，不要等穿戴完毕后再照镜子梳头，容易把头皮屑、脱落的头发全梳在了西装上，走出去是极不雅观的。

（二）西装穿着"三个三"

西装穿着讲究"三个三"，即三色原则、三一定律、三大禁忌。

1. 三色原则　三色原则的含义是指男士在正式场合穿着西装套装时，全身服饰颜色必须限制在三种之内。职场中人在公务场合着正装，必须遵循"三色原则"，即全身服装的颜色不得超过三种颜色。如果多于三种颜色，则每多出一种，就多出一分俗气，颜色越多则越俗。

2. 三一定律　这是指职场中人如果着正装必须使三个部位的颜色保持一致，在职场礼仪中叫做"三一定律"。具体要求是指男士穿着西服、套装外出时，身上有三个部位的色彩必须协调统一，这三个部位是指鞋子、腰带、公文包的色彩必须统一起来。最理想的选择是鞋子、腰带、公文包皆为黑色。鞋子、腰带、公文包是白领男士身体上最为引人瞩目之处，其色彩统一，有助于提升自己的品位。职场女士的"三一定律"是指：皮鞋、皮包、皮带及下身所穿着的裙裤及袜子的颜色应当一致或相近。这样穿着，显得庄重、大方、得体。

3. 三大禁忌　三大禁忌简言之是指在正式场合穿着西装套装时，不能出现的三个情况。

袖口上的商标没有拆：袖口上的商标应该在买西装付款时就由服务人员拆掉。如果在穿着西装时，袖口上的商标还没有拆掉，就显得不懂行了。

在正式场合穿着夹克打领带：领带和西装套装是配套的。如果是行业内部的活动，比如说领导到本部门视察，穿夹克打领带是允许的。但是在正式场合，夹克等同于休闲装，所以在正式场合，尤其是对外商务交往中，穿夹克打领带是绝对不能接受的。

正式场合穿着西服、套装时袜子出现问题：一般人而论，穿袜子讲究不多，最重要的讲究是两只袜子应该颜色统一。但在商务交往中有两种袜子以不穿为妙，第一是尼龙丝袜，第二是白色袜子。

四、着装的注意事项

（一）符合身份

鉴于每一位员工的形象均代表其所在单位的形象及企业的规范化程度，也反映了个人的修养和见识，因此美容专业人员的着装必须与其所在单位形象、所从事的具体工作相称，做到男女有别、职级有别、身份有别、职业有别、岗位有别，即"干什么，像什么"。如此这般，才会使美容专业人员的着装恰到好处地反映自身的素质，反映企业的形象。

（二）扬长避短

现实生活中，每个人的高矮胖瘦都不同。社交场合着装强调扬长避短，但重在避短不在扬长。例如，一位身材很好的小姐，紧身上衣，迷你裙最能展现她的身材，但是这样的着装不适宜社交场合，社交场合还是穿职业套装为好，这就是重在避短不在扬长；如果女士的腿不直，则可以选择裤装，这就是扬长避短。

（三）区分场合

在日常工作与生活中，美容专业人员的着装应当因场合不同而异，以不变应万变显然大为不妥。在不同的场合美容专业人员应该选择不同的服装,以此来体现自己的身份、教养与品位。一般而言,美容专业人员所涉及的诸多场合有三:公务场合、社交场合、休闲场合。

1. 公务场合　所谓公务场合是指执行公务时涉及的场合,它一般包括在写字间里,在谈判厅里以及外出执行公务等情况。公务场合着装的基本要求是注重保守,宜穿套装、套裙,以及穿着制服。除此之外还可以考虑选择长裤、长裙和长袖衬衫。不宜穿时装、便装。必须注意在非常重要的场合,短袖衬衫不适合作为正装来选择。

2. 社交场合　对美容专业人员而言,所谓社交场合是指工作之余在公众场合和同事、伙伴友好地进行交往应酬的场合。虽然这些场合不是在工作岗位上,但往往面对的是熟人。社交场合着装的基本要求为时尚个性,宜穿着礼服、时装、民族服装。必须强调在这种社交场合一般不适合选择过分庄重、保守的服装,比如穿着制服去参加舞会、宴会、音乐会,就往往和周边环境不协调。

3. 休闲场合　所谓休闲并不等于休息,这里的休闲是指在工作之余一个人单独自处,或者在公共场合与其他不相识者共处的时间。休闲场合着装的基本要求为舒适自然。换言之,只要不触犯法律,只要不违背伦理道德,只要不有碍他人的身体安全,那么商务人员的穿着打扮可以完全听凭个人所好。一般而论,在休闲场合,人们所适合选择的服装有运动装、牛仔装、沙滩装以及各种非正式的便装,比如 T 恤、短裤、凉鞋、拖鞋等。在休闲场合,如果身穿套装、套裙,往往会贻笑大方。

第二节　女性服装与饰物礼仪

从礼仪的角度看,着装不能简单地等同于穿衣。它是着装人基于自身的阅历修养、审美情趣、身材特点,根据不同的时间、场合、目的,力所能及地对所穿的服装进行精心选择、搭配和组合。在各种正式场合,注重个人着装的人能体现仪表美,增加交际魅力,给人留下良好印象,使人愿意与其深入交往,同时,注意着装也是每个事业成功者的基本素养。

一、女性服装礼仪

"云想衣裳花想容",相对于偏于稳重单调的男士着装,女士们的着装则亮丽丰富得多。得体的穿着,不仅可以显得更加美丽,还可以体现出一个现代文明人良好的修养和独到的品位。

(一) 女子职业服装的选择与穿着

职业服是指上班族上班时穿的服装,根据工作性质可把职业服装分成两大类,即办公服和工作服。这里主要是指办公服。

办公服是指坐办公室的女士穿用的上班服装。选择办公服的一个原则就是要求高雅、整齐、大方、舒适、实用、挺括不起皱。女性办公服在款式上宜选用套装、套裙,颜色以素雅为好,如藏蓝、炭黑、烟灰、雪青、黄褐、茶褐、蓝灰、暗土黄、暗紫红等较冷的色彩等,这些颜色会给人一种稳重、端庄、高雅无华之感。切忌选用大红大绿或太亮刺眼的颜色。

以两件套西装套裙为例,上衣与裙子可以是同一色,也可以采用上浅下深或上深下浅等两种不同的色彩,使之形成对比。前者正统而庄重,后者则富有动感与韵律,两者各有千秋。另外,可以在上下一色的套裙上,选用不同色彩的衬衫、装饰手帕、丝巾、胸花等衣饰来"画龙点睛",或者把上衣的衣领、兜盖用与上装花色图案不同的裙子的面料来做,使衣裙的色彩"遥相呼应",给人一种协调美。

从图案上讲,西装套裙讲究的是朴素、简洁。除素色面料外,各种或明或暗、或宽或窄的格子与条纹图案,以及由规则的圆点所组成图案的面料,大多数也都可以选择。

从整体造型上讲,西装套裙是变化无穷的。但是,它的变化主要集中于长短与宽窄两个方面。在西装套裙中,上衣与裙子的长短没有明确规定。但最好不要太长或太短,以免短了不雅,长了没神。据实践经验来看,上衣与裙子的造型,采用上长下短、上短下长都可以取得较好的效果。

（二）女子鞋子的选择与穿着

一身漂亮的衣服总得有一双得体的鞋相配方能显示出一种整体美,穿一套西装套装或套裙绝不能配一双布鞋或球鞋,而应配皮鞋,深色套装、套裙可以配黑色皮鞋。但随着人们穿着品位的提高,不同颜色、不同款式的女士套装越来越多。因此,在选择套装时,最好也应选择与套装相配的皮鞋,比如:棕色套装最好选棕色或棕黑色皮鞋,这样上下呼应,有一种整体美感。再如:穿带花色的套裙,最好选择一双与裙子主色相应的皮鞋,这样,皮鞋与裙子的某一种颜色呼应,能产生高雅动人之感。相反,如皮鞋颜色与上下装的颜色反差太大,看起来会使人感觉不舒服。

（三）女子袜子的选择与穿着

在社交场合,女士如着裙装,必须穿适当的袜子,不穿袜子出现在社交场合是很不礼貌的。女士穿长裙子,可选择中长肉色袜子,如穿超短裙或一步裙,应配穿连裤袜。总之,长筒袜的长度一定要高于裙子下部边缘,否则一步一走,露出一截腿来,很不雅观。袜子的颜色应与自己的肤色相配,一般肉色长筒袜能使女士皮肤罩上一层光晕而显示出一种线条美。但肉色长筒袜又有许多种颜色层次,皮肤较白的人,可选择一些浅肉色的长筒袜,可以更显细腻娇嫩。皮肤较黑或粗糙的人,可以选深肉色的长袜,这样可以弥补肤色的缺陷,从而使得腿部更加修长、健美。白色和黑色的长袜穿着应慎重,一般穿黑色裙装时可以配黑色长袜,可以显得更加神秘诱人。如穿淡颜色的裙子,切忌穿黑色长袜,这会给人乌鸦腿的联想。而白色袜子在正式社交场合下穿不适宜,除非小姑娘可以穿白袜子,以显天真活泼。

二、首饰佩戴的方法

首饰,通常都是指佩戴在身上的一些装饰品,主要起到画龙点睛的装饰作用。由于人们出席各种场合都需要佩戴合适的饰品,饰品的佩戴方法也颇受人们关注。在许多正规的社交场合首饰佩戴是否合体,也是社交礼仪中的一部分。那么,我们该如何佩戴首饰呢?

（一）使用规则

在较为正规的场合使用首饰,务必要遵守其使用规则。这样做的好处是,既能让首饰发挥其应有的美化、装饰功能,又能合乎常规,在选择、搭配和使用时不至于弄出洋相,被人耻笑。

1. 数量规则　佩戴首饰时,在数量上的规则是以少为佳。在必要时,可以无需佩戴任何首饰。若有意同时佩戴多种首饰，其上限一般为三，即不应当在总量上超过三种。除耳环、手镯外，最好不要使佩戴的同类首饰超过一件。新娘可以例外。

2. **色彩规则** 佩戴首饰时，在色彩上的规则是力求同色。若同时佩戴两件或两件以上首饰，应使其色彩一致。戴镶嵌首饰时，应使其主色调保持一致。千万不要使所戴的几种首饰色彩斑斓，把佩戴者打扮得像一棵"圣诞树"。

3. **质地规则** 佩戴首饰时，在质地上的规则是争取同质。若同时佩戴两件或两件以上首饰，应使其质地相同。佩戴镶嵌首饰时，应使其被镶嵌物质地一致，托架也应力求一致。这样做的好处是，能令其总体上显得协调一致。另外还需注意，高档饰物，尤其是珠宝首饰，多适用于隆重的社交场合，但不适合在工作、休闲时佩戴。

4. **身份规则** 佩戴首饰时，身份上的规则是要令其符合身份。选戴首饰时，不仅要照顾个人爱好，更应当使之服从于本人身份，要与自己的性别、年龄、职业和工作环境保持大体一致，而不宜使之相去甚远。

5. **体型规则** 佩戴首饰时，体型上的规则是要使首饰为自己的体型扬长避短。选择首饰时，应充分正视自身的形体特色，使首饰的佩戴为自己扬长避短。避短是其中的重点，扬长则需适时而定。

6. **季节规则** 佩戴首饰时，季节上的规则是所戴首饰应与季节相吻合。一般而言，季节不同，所戴首饰也应不同。金色、深色首饰适于冷季佩戴，银色、艳色首饰则适合暖季佩戴。

7. **搭配规则** 佩戴首饰时，搭配的规则是要尽力使服饰协调。佩戴首饰，应视为服装整体上的一个环节，要同时兼顾所穿着服装的质地、色彩和款式，并努力使两者在搭配风格上相互般配。

8. **习俗规则** 佩戴首饰时，要遵守习俗。不同地区、不同民族佩戴首饰的习惯做法多有不同。对此一是要了解，二是要尊重。戴首饰不讲习俗，万万是行不通的。在我国有很多少数民族，每一个民族佩戴首饰的习俗都不相同。因此，在某地某个民族佩戴饰品，应该了解其民族佩戴首饰的习惯和寓意。

（二）佩戴方法

1. 装饰性饰品的佩戴

（1）戒指：在欧美地区，人们常常将结婚戒指戴在左手的无名指上，因为古罗马人认为左手的无名指上有一条静脉血管直通心脏，把戒指戴在左手的无名指上就可以得到真挚永恒的爱情。今天，戒指已成为一种公众认可的装饰品，既有美化装饰作用，又有象征意义，它象征着友谊、爱情和幸福。

戒指一般戴在左手，一只手只戴一枚戒指，戴在各指上所表达的寓意各不相同。若把戒指戴在食指上，表示无偶或求婚；若戴在中指上，表示已有意中人，正在热恋中；若戴在无名指上，表示已订婚或结婚；若戴在小指上，暗示此人是一位独身者。西方不少国家，修女的戒指戴在右手无名指上，意味着她已将爱献给了上帝。

（2）耳饰：耳饰是女性的主要首饰之一，具体可分为耳环、耳链、耳钉、耳坠等，佩戴时讲究成对，即每个耳朵均佩戴1只。不宜一只耳朵上戴多只耳环。选配耳环注意要与脸型相配。

长形脸：适宜佩戴圆拱形的大耳环，它可以将视线引向闪光漂亮的饰物，产生宽度感，改变脸型视觉印象。

方形脸:适宜佩戴心形、花形、不规则几何形的贴耳式耳环,耳环的形状、色彩、光亮度形成的扩张感可以减弱下颌的宽度。不宜佩戴圆形、方形和菱形耳环。

圆形脸:宜佩戴有坠耳环,利用耳坠的纵向长度,改变圆形脸的轮廓,使脸部变得秀美。应选择如长方鞭形、水滴形等耳环或耳坠,利用耳坠的垂挂形成的纵长感来削弱脸圆的印象,而整个头部的高度也能利用长线条来增加,对于改变脸型的圆线条很有帮助,突显佩戴者温柔、成熟的气质。圆形脸的人一定要避免选择过大、有横向扩张感和色彩过于鲜艳的耳饰,这样会增加脸部的视觉宽度。

三角形脸:三角形脸适合水滴形,可以选择那种下端宽、上端窄的,可用来平衡下颌宽度。

椭圆形脸:椭圆形脸是最为典型的脸型,几乎适合任何风格的耳环,随时都可以做一些不同风格的尝试,比如佩戴精致的耳钉、几何形状的耳环、镶嵌宝石的吊坠等。如果要佩戴珍珠、钻石或者宝石的耳钉,配合短发将更加适合。鹅蛋脸型的女性唯一需要避免的就是佩戴夸张的细长形状的耳环,它会将原本完美的脸型拉长。

另外,耳环与发型要相互配合,与高雅发式相和谐的耳环,以金、钻石、宝石、珍珠为好。黑色头发可与任何颜色的耳环相配,都能产生较好的效果。

(3)项链:项链是深受女士青睐的首饰。从材料看,项链大致可以分为金属项链和珠宝项链两大系列。从样式看,有方丝链、马鞭链、花式链、双套链、三套链、机制链等。项链主要分带坠链、不带坠链和项圈三大品种。

佩戴项链应注意以下两个方面:

与年龄、体型相协调:脖子细长的女士适合佩戴方丝项链,会显得玲珑娇美;脖子短的女士佩戴颗粒小而长的项链,可以增加脖子的长度。老年女性颈部皱纹多,适合选择质地上乘、工艺精美、闪亮的、粗一点的项链,可以吸引他人眼球,转移他人视线;中年人适宜选择工艺性强、质地中档的项链;青年人适宜选择质地较好、颜色亮丽、款式新颖的细项链。

佩戴项链应和服装相协调:穿柔软、飘逸的丝绸衣裙时,宜佩戴小巧精致的项链;穿单色或素色服装时,宜佩戴色泽鲜艳的项链。

(4)胸针:胸针即别在胸前的饰品,其图案以花卉为多,故又称胸花。春秋季节着装者在素色的外套上点缀一枚漂亮的胸针显得十分雅致。参加正式宴会、大型招待会、开业典礼时,或在特别的节日,穿着质地高级的礼服并佩戴一枚色泽艳丽的钻石别针可显得雍容华贵。适宜的胸针可以与衣服相映生辉,相得益彰,会产生画龙点睛的美感。

与服装色彩搭配:鲜艳的胸针配色彩偏暗的衣服,淡色胸针应与艳色的衣服相配。

与脸型搭配:胸针的样式应和脸型协调。圆形脸的女性宜戴长方形胸针;长方形脸的女性宜戴近似圆形的胸针,这样可以起到衬托作用。佩戴胸针应因季节、服装及环境的不同而变化,胸针应戴在第一至第二粒纽扣之间的平行位置上。

2. 实用性饰品的佩戴

(1)丝巾、围巾:丝巾是女士的钟爱之饰品。丝巾具有很强的功能性,巧妙的丝巾搭配能让女士的着装风格瞬间变换,会收到不同的效果。挑选丝巾的重点是丝巾的颜色、图案、质地和垂坠感。佩戴丝巾可调节脸部气色,如红色系可映得面颊红润;也可突出整体打扮,如衣深巾浅、衣冷巾暖、衣素巾艳。但佩戴丝巾要注意:如果脸色偏黄,不宜选用深红、绿、蓝、黄色丝巾;脸色偏黑,不宜选用白色、有鲜艳大红图案的丝巾。丝巾不要放到洗衣机里洗,也不要用力搓揉和拧干,只要放入稀释的清洁剂中浸泡一两分钟,轻轻拧出多余水分再晾干就行了。

围巾一般在春冬季节使用得比较多。它的搭配要和衣服、季节协调。厚重的衣服可以搭配轻柔的围巾,但轻柔的衣服却不适合搭配厚重的围巾。围巾和大衣一般都适合室外或部分公共场所穿着,到了房间里面就要及时摘掉,不然会让人感到压力。围巾不仅有御寒的功能,还能起到修饰的作用。在围巾佩戴和选择上应注意与年龄、脸型、服装相协调。

(2)眼镜:眼镜不仅可用来矫正视力、保护眼睛,还有修饰五官、矫正脸型的作用,并与服装构成和谐的整体。在选择眼镜时应慎重考虑脸型、肤色、头饰等,以期达到理想的效果。例如,长脸型的人宜选择宽边眼镜,调整脸部长度;脸色深暗的人宜选浅色调的镜架,来增加面部的亮度。

(3)皮包:皮包有装饰及实用的双重功能。在日常工作生活中,它可以弥补服装的缺陷和不足,展现整体的协调与美感。职业女性应根据自己的年龄、身材、服装、气质和场合选择不同质地、款式与色彩的包。如上班用的综合包,一般宜应可装下 A4 纸张大小的文件、书刊那么大,色彩中性,皮质略坚挺,造型庄重;出席晚会或音乐会等社交场合用包,宜小型,精巧,华丽,女性化;还有公私两用的偏女人味的包、出差用包等。平时就应买好多种类型的皮包备用,按场合调换使用,以体现完美得体的气质风度。

三、美容专业人员工作中的服饰礼仪

职场对员工的着装有着更高的要求。工作中穿着的服饰应当合乎其身份,因为服饰在一定程度上体现着一个人的教养与素质。注重服饰美,就是工作礼仪对工作时的服饰所做的具体规范。美容专业人员作为传播美的使者,精神面貌和衣着形象直接影响顾客对美容机构的第一印象。

(一) 着装原则

1. 展示职业特点,着工作服　美容专业工作装不仅是美容专业的象征,也是美容职业群体精神面貌的缩影。专业的美容机构都会要求员工穿着统一的工作服;同时要求制服无污点、无破损;统一佩戴员工卡,不穿过高跟和有响声的鞋;工作时不带手镯和戒指,束发。这不仅能够提升美容院整体的员工形象,而且还能够让顾客感受到美容院的专业性。

2. 突出美容特色,简约大方　一个合格的美容师首先应注重外在形象。一位妆容清雅,穿着得体的美容师,一定会让顾客产生信任感。美容师专业着装的款式很多,主要是为了向顾客展示美容专业人员的严谨、自信、优雅、庄重。美容师在给顾客做护理的时候,应该以突出美容专业形象为主,因此服装设计上大多简约、大方。

3. 体现实用优势,舒适美观　美容师工作服需要舒适、美观、合体,适合美容师工作需要。美容专业人员的服装实用性要求很高,要便于专业操作,最好选择有弹性、吸汗性好、伸展性好的面料。

(二) 着装要求

1. 工装款式　美容师工服选择上可以选择套装或比较正式的连衣裙,可以体现出美容师的专业性。在颜色上要与美容院的环境相协调,以淡雅色调、上下服饰同色系为主。工装的颜色应是单一颜色。较深的颜色会给人严谨、稳重、文雅的感受;较浅的颜色给人活泼、亮丽、青春的美感。粉红、白色、鹅黄色、紫色等常作为美容师工服色系。

2. 鞋袜协调 美容师应着质地柔软、穿着舒适、防滑、不易损坏的平跟或小坡跟鞋,鞋底选择弹性好,走路噪声小的牛筋鞋底为佳。袜子颜色应与服装整体协调,袜口不要露在裙摆和裤脚外面,不能穿破损的袜子。

(汪淑敏)

复习思考题

扫一扫
测一测

1. 着装的基本原则是什么?
2. 简述西装穿着的"三个三"原则。
3. 首饰佩戴的使用规则是什么?
4. 试述美容专业人员工作中的着装要求。

第四章

PPT 课件
04章PPT

美容专业人员的举止礼仪

扫一扫
知重点

学习要点

1. 掌握站、坐、走姿的基本要求。
2. 熟悉常用的手势语言和手势语言的基本礼仪。
3. 熟悉不良姿态的情况,避免出现不良姿态。

良好的礼仪习惯是一种资本,可以转化为一个人内在的性格、情操,将影响人一生的发展。得体的言谈举止,是每一个向往成功的人必修的一门课,也是自尊与尊重他人的表现。

举止是指人的动作和表情。日常生活中人的一抬手一投足,一颦一笑,都可概括为举止。从一个人的言谈举止中,马上可以凭直觉判断出他的修养素质以及他的性格特点中的某个侧面。

现代社会,由于生活节奏加快,生活空间增大,交往增多,许多复杂的交往方式已被人们摒弃,人们喜欢和崇尚一种简单的交往方式。但无论历史如何变迁,社会形势如何变化,女性温和善良、温柔贤淑,男性稳重豁达、刚毅洒脱,依旧是对不同性别人们的要求。

无论在古代还是在今朝,从小的方面说,人的一言一行,一颦一笑,都是一个人出入社交场合的通行证;从大的方面说,一个人的行为举止所代表的不仅是一个人、一个单位、一个时代的文化素养及社会特点,而且标志着一个国家、民族、家庭的风俗习惯和文化背景。

第一节 手 势

人在紧张、兴奋、焦急时,手都会有意无意地活动着。作为仪态的重要组成部分,手势应该得到正确地使用。手势也是人们交往时不可缺少的动作,是最有表现力的一种"体态语言",俗话说:"心有所思,手有所指"。手的魅力并不亚于眼睛,甚至可以说手就是人的第二双眼睛。

手势表现的含义非常丰富,表达的感情也非常微妙复杂。如招手致意、挥手告别、拍手称赞、拱手致谢、举手赞同、摆手拒绝;手抚是爱、手指是怒、手搂是亲、手捧是敬、手遮是羞,等等。手势的含义,或是发出信息,或是表示喜恶,表达感情。能够恰当地运用手势表情达意,会为交际形象增辉。

一、基本手势

手势是体态语言中最重要的传播媒介,它是通过手和手指活动传递信息。手势作为信息传递方式不仅远远早于书面语言,而且也早于有声语言。手势语有两大作用:一是能表示形象;二是能表达感情。在社交活动中,手势运用得自然、大方、得体,可使人感到既寓意明晰又含蓄高雅。

(一)手势的类型及作用

由各种不同的手势所构成的手势语,尽管千变万化,十分复杂,但仍可被分成四种类型:形象手势,即用来模拟形状物的手势;抽象手势,即用来表示抽象意念的手势;情意手势,即用来传递情感的手势;指示手势,即指示具体对象的手势。

手势的作用是发出信息和表示喜恶。因此,通过手势,我们就能"用手说话,用手表情"。

下面介绍几种基本手势。

1. 垂放 是最基本的手势,其做法有二:①双手自然下垂,掌心向内,叠放或相握于腹前;②双手自然下垂,掌心向内,分别贴放于大腿两侧,它多用于站立之时。

2. 背手 多见于站立、行走时,男性多用。既可显示权威,又可镇定自己。其做法是双臂伸到身后,双手相握,同时昂首挺胸。

3. 持物 即用手拿东西。其做法多样,既可用一只手,也可用双手。但最关键的是,拿东西时应动作自然,五指并拢,用力均匀。不应翘起无名指与小指,以免显得成心作态。

4. 鼓掌 是用以表示欢迎、祝贺、支持的一种手势,多用于会议、演出、比赛或迎候嘉宾。其做法是以右手掌心向下,有节奏地拍击掌心向上的左掌。鼓掌应自然、热烈、发自内心,不应戴手套,不允许"鼓倒掌""喝倒彩"。

5. 夸奖 这种手势主要用以表扬他人。其做法是伸出右手,翘起拇指,指尖向上,指腹面向被称道者。但在交谈时,不应将右手拇指竖起来反向指向其他人,因为这意味着自大或蔑视。也不宜自指鼻尖,因有自高自大、不可一世之意。

6. 指示 这是用以引导来宾、指示方向的手势。以右手抬至一定高度,五指并拢,掌心向上,以其肘部为轴,朝向目标伸出手臂。掌心向上有表示真诚、谦逊之意。

(二)常用手势规范

1. "横摆式"手势 "横摆式"手势常表示"请进"。即五指伸直并拢,然后以右手肘关节为轴,右手从腹前抬起向右摆动至身体右前方,不要将手臂摆至体侧或身后。同时,脚站成右丁字步,左手下垂,目视来宾,面带微笑。应注意,一般情况下要站在来宾的右侧,并将身体转向来宾。当来宾将要走近时,向前上一小步,不要站在来宾的正前方,以避免阻挡来宾的视线和行进的方向,要与来宾保持适度的距离。上步后,向来宾施礼、问候,然后向后撤步,先撤左脚再撤右脚,将右脚跟靠于左脚心内侧,站成右丁字步。

2. "直臂式"手势 "直臂式"手势常表示"请往前走"。即五指伸直并拢,屈肘由腹前抬起,手臂的高度与肩同高,肘关节伸直,再向要行进的方向伸出前臂。在指引方向时,身体要侧向来宾,眼睛要兼顾所指方向和来宾,直到来宾表示已清楚了方向,再把手臂放下,向后退一步,施礼并说"请您走好"等礼貌用语。切忌用一个手指,指指点点。

3. "曲臂式"手势 "曲臂式"手势常表示"里边请"。当左手拿着物品,或推扶房门、电梯门，而又需引领来宾时，即以右手五指伸直并拢，从身体的侧前方，由下向上抬起，上臂抬至离开身体45°的高度，然后以肘关节为轴，手臂由体侧向体前左侧摆动成曲臂状，请来宾进去。

4.“斜摆式”手势　“斜摆式”手势常表示“请坐”。当请来宾入坐时，要用双手扶椅背将椅子拉出，然后一只手屈臂由前抬起，再以肘关节为轴，前臂由上向下摆动，使手臂向下成一斜线，表示请来宾入坐。当来宾在座位前站好，要用双手将椅子前推至来宾适合就坐位置。

（三）手势使用注意事项

不同的手势，表达不同的含意。那么我们在运用手势的时候要注意什么呢？

1. 注意区域性差异　在不同国家、不同地区、不同民族，由于文化习俗的不同，手势的含意也有很多差别，甚至同一手势表达的涵义也不相同。所以，手势的运用只有合乎规范，才不至于无事生非。

2. 手势宜少不宜多　手势宜少不宜多。多余的手势，会给人留下装腔作势、缺乏涵养的感觉。

3. 要避免出现的手势　在交际活动时，有些手势会让人反感，严重影响形象。比如当众搔头皮、掏耳朵、抠鼻子、咬指甲、手指在桌上乱写乱画等。

二、禁忌手势

（一）易于误解的手势

不同的手势在不同的国度、民族有着不同的含义，应用时应入乡随俗。如不了解当地的风俗，宁愿不用也不要乱用。

（二）不卫生的手势

在他人面前搔头皮、掏耳朵、揉眼睛、抠鼻孔、剔牙齿、抓痒痒、摸脚丫等手势，均极不卫生，也非常不礼貌，自然是不当之举。

（三）不稳重的手势

在大庭广众之前，双手乱摸、乱举、乱扶、乱放、乱动，或是挠头、咬指甲、折衣角、抱大腿等手势，均属于不稳重的手势。

（四）失敬于人的手势

掌心向下挥动手臂，勾动食指或除拇指外的其他四指招呼别人，用手指指点他人，都是失敬于人的手势。在他人面前，尤其是正式场合，面对尊者和长者时，指点他人，有指斥、教训之意，尤为失礼，均应禁止。

三、常见手势语

手势表现的含义非常丰富，表达的感情也非常微妙复杂。如招手致意、挥手告别、拍手称赞、拱手致谢、举手赞同、摆手拒绝；手抚是爱、手指是怒、手搂是亲、手捧是敬、手遮是羞，等等。手势的含义，或是发出信息，或是表示喜恶，表达感情。能够恰当地运用手势表情达意，会为交际形象增辉。

（一）握手

现代握手礼通常是先打招呼，然后相互握手，同时寒暄致意。握手礼流行于许多国家，在交往时最常见的一种见面、离别、祝贺或致谢的礼节。

1. 握手顺序 主人、长辈、上司、女士主动伸出手,客人、晚辈、下属、男士再相迎握手。主人与客人之间,主人宜主动伸手;长辈与晚辈之间,长辈伸手后,晚辈才能伸手相握;上下级之间,上级伸手后,下级才能接握;男女之间,女方伸出手后,男方才能伸手相握,如果男性年长,是女性的父辈年龄,在一般的社交场合中仍以女性先伸手为主,除非男性已是祖辈年龄,或女性未成年在 20 岁以下,则男性先伸手是适宜的。但无论什么人如果忽略了握手礼的先后次序而已经伸了手,对方都应不迟疑地回握。

2. 时间和力度 男士之间或女士之间行握手礼时,只要遵从一般规范即可,握手时间及握手的力度都比较随意。但是男士与女士之间握手,或者与长者、贵宾握手,则要遵从特定的礼仪规范。

握手的力量、姿势与时间的长短往往能够表现握手人对对方的不同礼节与态度,我们应该根据不同的场合以及对方的年龄、性格、地位等因素正确使用。握手的时间要恰当,长短要因人而异。握手时间控制的一般原则可根据双方的熟悉程度灵活掌握。初次见面握手时间不宜过长,以三秒钟为宜。切忌握住异性的手久久不松开,与同性握手的时间也不宜过长,以免对方欲罢不能。

握手时的力度要适当,可握得稍紧些,以示热情,但不可太用力。男士握女士的手应轻一些,不宜握满全手,只握其手指部位即可。如果下级或晚辈与你的手紧紧相握,作为上级和长辈一般也应报以相同的力度,这容易使晚辈或下级对自己产生强烈的信任感,也可以使你的威望、感召力在晚辈或下级之中得到提高。与老人、贵宾、上级握手,不仅是为了表示问候,还有尊敬之意。

握手时除了注视对方和面带微笑外,还应注意应由老人、贵宾、上级先伸手,如果你过于主动就显得不礼貌。

握手时身体稍往前倾,不能挺胸昂头。当老者伸手时,应急步趋前,用双手握住对方的手,招呼"欢迎您""见到您很高兴"等热情洋溢的话语。

两对男女相遇,应先是女士与女士先握手,再由女士分别与男士握手,最后再是男士与男士握手。

3. 正确方法 行握手礼时,不必相隔很远就伸直手臂,也不要距离太近。一般距离约一步左右,上身稍向前倾,伸出右手,四指齐并,拇指张开,双方伸出的手一握即可,不要相互攥着不放,也不要用力使劲。男士若和女士握手时,不要满手掌相触,而是轻握女士手指部位即可。

握手礼还可表示向对方进行鼓励、赞扬、致歉等。正确的握手方法是:时间宜短,要热情有力,要目视对方。女子同外国人握手时,手指与肩部要自然放松,以备男宾可能要行吻手礼。

4. 方法

(1)一定要用右手握手。

(2)要紧握对方的手,时间一般以 1~3 秒为宜。当然,过紧地握手,或是只用手指部分漫不经心地接触对方的手都是不礼貌的。

(3)被介绍之后,最好不要立即主动伸手。年轻者、职务低者被介绍给年长者、职务高者时,应根据年长者、职务高者的反应行事,即当年长者、职务高者用点头致意代替握手时,年轻者、职务低者也应随之点头致意。和女性握手,一般男士不要先伸手。

(4)握手时,年轻者对年长者、职务低者对职务高者都应稍稍欠身相握。有时为表示特别尊敬,可用双手迎握。男士与女士握手时,一般只宜轻握女士手指部位。男士握手时应脱帽,切忌戴手套握手。

(5)握手时双目应注视对方,微笑致意或问好,多人同时握手时应按顺序进行,切忌交叉握手。

(6)在任何情况下拒绝对方主动要求握手的行为都是无礼的,但手上有水或不干净时,应谢绝握手,同时必须解释并致歉。

5. 不礼貌握手

(1)男士戴着帽子和手套。

(2)长久地握着异性的手不放。男士与女士握手时间要短一些,用力更轻一些。

(3)用左手同他人握手。

(4)交叉握手,不要越过其他人正在相握的手同另外一个人相握。

(5)握手时目光左顾右盼。

6. 握手禁忌

(1)不要用左手相握,尤其是和阿拉伯人、印度人打交道时要牢记,因为在他们看来左手是不洁的,只能用于洗澡等。

(2)在和基督教信徒交往时,要避免两人握手时与另外两人相握的手形成交叉状,这种形状类似十字架,在他们眼里这是很不吉利的。

(3)不要在握手时戴着手套或墨镜,只有女士在社交场合戴着薄纱手套握手才是被允许的。

(4)不要在握手时另外一只手插在衣袋里或拿着东西。

(5)不要在握手时面无表情、不置一词或长篇大论、点头哈腰,过分客套。

(6)不要在握手时仅仅握住对方的手指尖,好像有意与对方保持距离。正确的做法,是要握住整个手掌。

(7)不要在握手时把对方的手拉过来、推过去,或者上下左右抖个没完。

(8)不要拒绝和别人握手。当有手疾或汗湿,手弄脏了的时候,也要和对方解释一下"对不起,我的手现在不方便",以免造成不必要的误会。

知识链接

握手的来历

说法一:战争期间,骑士们都穿盔甲,除两只眼睛外,全身都包裹在铁甲里,随时准备冲向敌人。如果表示友好,互相走近时就脱去右手的甲胄,伸出右手,表示没有武器,互相握手言好。后来,这种友好的表示方式流传到民间,就成了握手礼。当今行握手礼也都是不戴手套,朋友或互不相识的人初见、再见时,先脱去手套,才能施握手礼,以示对对方尊重。

说法二:握手礼来源于原始社会。早在远古时代,人们以狩猎为生,如果遇到素不相识的人,为了表示友好,就赶紧扔掉手里的打猎工具,并且摊开手掌让对方看看,示意手里没有藏东西。后来,这个动作被武士们学到了,他们为了表示友谊,不再互相争斗,就互相摸一下对方的手掌,表示手中没有武器。随着时代的变迁,这个动作就逐渐演变成了现在的握手礼,握手是我们日常生活中最常用到的礼节。

说法三:来源于原始社会。当时,原始人居住在山洞,他们经常打仗,使用的武器是棍棒。后来他们发现可以消除敌意,结为朋友,而最好的表达方式是见面时先扔掉手中棍棒,然后再挥挥手。这个动作后来逐渐演变成了现在的握手礼。

（二）翘起大拇指

一般都表示顺利或夸奖别人。但也有很多例外，在美国和欧洲部分地区，表示要搭车，在德国表示数字"1"，在日本表示"5"，在澳大利亚就表示骂人"他妈的"。与别人谈话时将拇指翘起来反向指向第三者，即以拇指指腹的反面指向除交谈对象外的另一人，是对第三者的嘲讽。

（三）举手致意

也叫挥手致意。用来向他人表示问候、致敬、感谢。当你看见熟悉的人，又无暇分身的时候，就举手致意，可以立即消除对方的被冷落感。要掌心向外，面对对方，指尖朝向上方。千万不要忘记伸开手掌。

（四）V形手势

这种手势是二战时的英国首相丘吉尔首先使用的，已传遍世界，是表示"胜利"。如果掌心向内，就变成骂人的手势了。

（五）OK手势

拇指、食指相接成环形，其余三指伸直，掌心向外。OK手势源于美国，在美国表示"同意""顺利""很好"的意思，而法国表示"零"或"毫无价值"，在日本是表示"钱"，在泰国表示"没问题"，在巴西则是表示粗俗下流。

第二节　站　姿

站姿是人的一种本能，是一个人站立的姿势，它是人们平时所采用的一种静态的身体造型，同时又是其他动态的身体造型的基础和起点，最易表现人的姿势特征。在交际中，站立姿势是每个人全部仪态的核心。如果站姿不够标准，其他姿势便根本谈不上什么优美。

一、基本站姿

（一）基本要求

站姿是生活中静力造型的动作，站立不仅要挺拔，而且要优美和典雅，站姿是优雅举止的基础。

正确的站姿是：抬头，颈挺直，下颌微收，嘴唇微闭，双目平视前方，面带微笑；双肩放松，气沉丹田，身体有向上的感觉，自然呼吸；挺胸，收腹，立腰，肩平；双臂放松，自然下垂于体侧，虎口向前，手指自然弯曲；两腿并拢立直，提髋，两膝和脚跟靠紧，脚尖分开呈V字型，身体重量平均分布在两条腿上，这是基本的站姿。在此基础上，还可以有所调整，将两脚平行分开，比肩略窄；或将左脚向前靠于右脚内侧，成丁字步站立；可以将右手搭在左手上，放在腹部或臀部；或是将一只手垂于体侧，另一只手放在腹上部或臀部。站立时不可以双手叉腰、抱在胸前或放入衣袋，不可以探脖、弓腰、东歪西靠。

1. 侧立式站姿　脚掌稍微分开，脚跟靠拢双膝并严，双手相交轻握放在小腹处，手指稍弯曲，呈半握拳状（图4-1）。

2. 前腹式站姿　脚掌分开左脚稍微前迈呈丁字型，脚跟靠拢双膝并严，双手相交轻握放在小腹处（图4-2）。

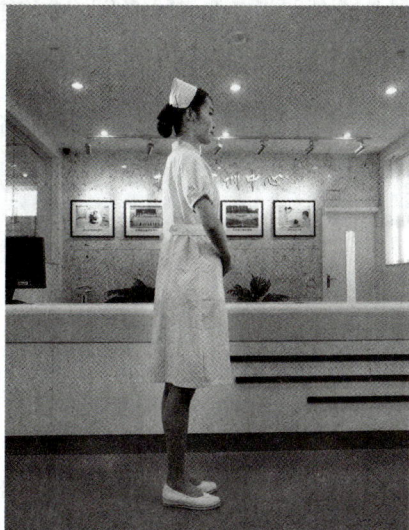

图 4-1 侧立式站姿

图 4-2 前腹式站姿

3. 后背式立姿 两脚分开呈 V 字型,两脚平行,比肩宽略窄些,双手在后背轻握放在腰处。

4. 丁字式站姿 一脚在前,将脚尖向外略展开,形成斜写的一个丁字,双手在腹前相交,身体重心在两脚上,此式限于女性使用。

（二）站姿五要素（图 4-3、图 4-4）

1. 头正,双目平视,嘴唇微闭,下颌微收,面部平和自然。

2. 双肩放松,稍向下沉,身体有向上的感觉,呼吸自然。

3. 躯干挺直,收腹,挺胸,立腰。脊柱后背立直,臀肌、腹肌收紧,胸部略向前上方挺起。

4. 双臂放松,自然下垂于体侧,手指自然弯曲。

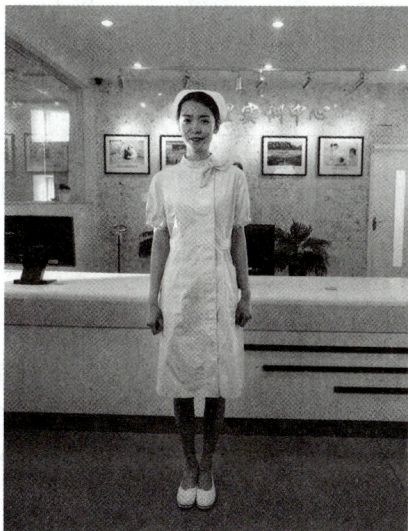

图 4-3 站姿示范

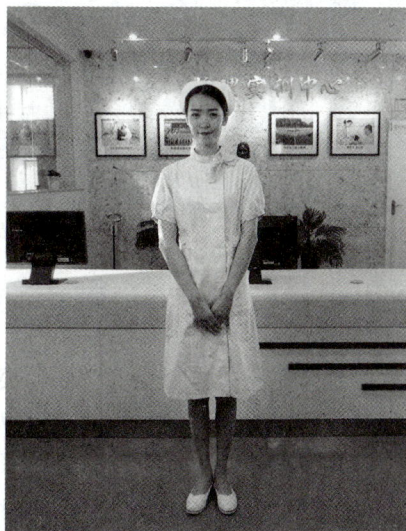

图 4-4 站姿示范

43

5. 双腿并拢立直,两脚跟靠紧,脚尖分开,女士呈 45°、男士呈 45°~60°,呈 V 字型或丁字型,身体重心落于两脚正中。男子站立时,双脚可分开,但不能超过肩宽。

课堂互动

邀请同学上台,按照标准的站姿要求进行站姿练习。

二、禁忌站姿

1. **全身不够端正**　古人对站立的基本要求是"站如松",它所强调的就是站立时身体必须端正。站立时一定要十分用心,力戒头歪、肩斜、臂曲、胸凹、腹凸、背弓、臀撅、膝屈。

2. **两腿叉开过大**　站立过久,可采用稍息的姿势,双腿可以适当叉开一些。但出于美观与文明等方面的考虑,切勿在他人面前时将双腿叉开过大,女生尤其应当谨记。双腿交叉,即别腿,亦不美观。

3. **两脚随意乱动**　在站立时,双脚应当老实规矩,不可肆意乱动。如下动作都是不妥的:用脚尖乱点乱画,双脚踢来踢去、蹦蹦跳跳,用脚去够东西、蹭痒痒,脱下鞋子把脚"解放"出来,或是半脱不脱,脚后跟踩在鞋帮上,一半在鞋里一半在鞋外。

4. **表现自由散漫**　站得久了,若条件许可,可以坐下来稍事休息。但切勿在站立时随意扶、拉、倚、靠、趴、踩、蹬、跨,显得无精打采、自由散漫。

知识链接

站姿的训练

目前我们训练站姿的方式主要有五种。

五点靠墙法:即背靠墙站立,脚跟、小腿、臀部、双肩和头部都紧靠墙壁。通过这五个点的控制,来训练我们对整个身体的控制能力。

双腿夹纸:即站立者要在两个大腿间夹一张纸,保持纸不松、不掉,以训练腿部的控制能力。

头顶书本:站立者站好后,在头顶上顶一本书,努力保持书在头上的稳定性,以训练头部的掌控能力。

两人背靠背:类似于五点靠墙法,两个人的脚跟、小腿、臀部、双肩和头部都紧紧靠在一起。

对镜练习:按照站姿的标准要求,对镜进行练习,查看自己的不足之处。

第三节　坐　　姿

坐姿通常是指人体在坐着时候的姿态。坐姿是静态的,具有美与不美,优雅与粗俗之分。坐姿高雅、端庄,不仅能给人以沉静、稳重、冷静的感觉,而且也是展现自己气质风范的重要形式。美容专业人员坐姿总的要求是端庄、稳重、自然、大方。正确的坐姿,一般要兼顾角度、深浅、舒展等三方面的问题,真正做到"坐如钟"。为了使自己的坐姿从入座到离座都表现出端庄、优雅、自然、大方,不仅要注意入座后的姿态,还要顾及入座和离座时的姿势,以避免出现令人尴尬的局面。

一、基本坐姿

优美的坐姿是端正、优雅、自然、大方的。规范的坐姿是：入座时，要走到座位前面再转身，转身后右脚向后退半步，然后轻稳地坐下；入座后，上身自然坐直，双肩平正放松，立腰、挺胸，两手放在双膝上或两手交叉半握举放在腿上，亦可小臂平放在椅子或沙发扶手上，或两臂微屈放在桌上，掌心向下，两腿自然弯曲，双脚平落地上，双脚应并拢或稍稍分开，但女士的双膝必须靠紧，脚跟也靠紧，臀部坐在椅子的中央（男士可坐满椅子，背轻靠椅背），双目平视，嘴唇微闭，微收下颌，面带笑容（图4-5）；起立时，右脚向后收半步，而后直立站起，收右脚。

有扶手时，双手轻搭或一搭一放，无扶手时两手相交或轻握放于腹部；左手放在左腿上，右手搭在左手背上，两手呈八字形放于腿上。凳高适中时，两腿相靠或稍分，但不能超过肩宽；凳面低时，两腿并拢，自然倾斜于一方；凳面高时，一腿略搁于另一腿上，脚尖向下。脚跟与脚尖全靠或一靠一分；也可一前一后或右脚放在左外侧。

（一）女子八种优美坐姿

1. 前伸式　在标准坐姿的基础上，两小腿向前伸出两脚并拢，脚尖不要翘。

2. 前交叉式　在前伸式坐姿的基础上，右脚后缩，与左脚交叉，两踝关节重叠，两脚尖着地。

3. 屈直式　右脚前伸，左小腿屈回，大腿靠紧，两脚前脚掌着地，并在一条直线上。

4. 后点式　两小腿后屈，左脚前脚掌着地，右脚后脚尖点地，双膝并拢，双手交握在身前（图4-6）。

图4-5　标准坐姿

图4-6　后点式坐姿

5. 侧点式　两小腿向左斜出，两膝并拢，右脚跟靠拢左脚内侧，右脚掌着地，左脚尖着地，头和身躯向左斜。注意大腿和小腿要成90°，小腿要充分伸直，尽量显示小腿长度。

6. 侧挂式　在侧点式基础上,左小腿后屈,脚绷直,脚掌内侧着地,右脚提起,用脚面贴住左踝,膝和小腿并拢(图4-7)。

7. 重叠式　重叠式也叫二郎腿或标准式架腿等。在标准式坐姿的基础上,两腿向前,一条腿提起,腿窝落在另一腿的膝关节上边。要注意上边的腿向里收,贴住另一腿,脚尖向下。重叠式还有正身、侧身之分,手部也可交叉、托肋、扶把手等多种变化。二郎腿一般被认为是一种不严肃、不庄重的坐姿,尤其是女子不宜采用。但实际上,这种坐姿常常被采用,因为只要注意上边的小腿往回收、脚尖向下这两个要求,不仅外观优美文雅,大方自然,富有亲近感,而且还可以充分展示女子的风采和魅力(图4-8)。

图4-7　侧挂式坐姿　　　　　　　　　　图4-8　重叠式坐姿

8. 标准式　轻缓地走到座位前,转身后两脚成小丁字步,左前右后,两膝并拢的同时上身前倾,向下落座。如果穿的是裙装,在落座时要用双手在后边从上往下把裙子拢一下,以防坐出皱褶或因裙子被打褶坐住,而使腿部裸露过多。坐下后,上身挺直,双肩平正,两臂自然弯曲,两手交叉叠放在两腿中部,并靠近小腹。两膝并拢,小腿垂直于地面,两脚保持小丁字步。

（二）男子六种优美坐姿

1. 标准式　上身正直上挺,双肩正平,两手放在两腿或扶手上,双膝并拢,小腿垂直地落于地面,两脚自然分开成45°。

2. 前伸式　在标准式的基础上,两小腿前伸一脚的长度,左脚向前半脚,脚尖不要翘起。

3. 前交叉式　小腿前伸,两脚踝部交叉。

4. 屈直式　左小腿回屈,前脚掌着地,右脚前伸,双膝并拢。

5. 斜身交叉式　两小腿交叉向左斜出,上体向右倾,右肘放在扶手上,左手扶把手。

6. 重叠式　右腿叠在左腿膝上部,右小腿内收,贴向左腿,脚尖自然地向下垂。

邀请学生上台,按照老师的指示和要求进行坐姿训练。

二、禁忌坐姿

不良的坐姿不仅不美观,而且会影响身体的发育与形体的美观。生活中我们经常可以看到窈窕淑女翩然而至,款款入座的景象;也会经常看到不修边幅,脚下踢得叮当响,凛然坐在椅子里的现象。从坐姿优雅与否可以看出一个人是否有魅力,因此要坚决避免以下几种不良坐姿:

1. 就座时前倾后仰,或是歪歪扭扭,脊背弯曲,头过于伸向前,耸肩。

2. 两腿过于叉开或长长地伸出去,萎靡不振地瘫坐在椅子上。

3. 坐下后随意挪动椅子,跷二郎腿时摇腿。

4. 为了表示谦虚,故意坐在椅子边上,身体前倾地与人交谈。

5. 大腿并拢,小腿分开,或双手放在臀下,脚不停地抖动。

6. 就座时,脚尖相对或翘起,双脚跟部交叉,半脱鞋,两脚在地上蹭来蹭去;不停地摆弄手中东西,如头发、饰品、手指、戒指等。

7. 女士入座时,露出衬裙。

8. 男士在礼仪场合使用4字形的叠腿方式或用手把叠起的腿扣住的方式。

以上不良的坐姿都会影响一个人的举止风度,因此在学习标准坐姿的同时,要注意矫正不正确的坐姿。

坐姿看性格

我们每一个人的神情和姿态,甚至一举一动都会透露出内心的想法及状态。因此很多人想要读懂一个人,会经常地留意他的一些举动,总是能从他的一些神情、状态中读到一些信息。

1. 正襟危坐,两脚并拢并微微向前,整个脚掌着地　说明你为人真挚诚恳,襟怀坦荡。你的特点是做事有条不紊,但容易较真,力求周密而完美,有时甚至有洁癖倾向,这难免拘泥于形式而显得呆板。虽然从外表看来,你有些冷漠,但这都是假象。你是个古道热肠的人。你只做那些有把握的事,从不冒险行事,因此缺乏足够的创新与灵活性。

2. 跷着二郎腿坐着,无论哪条腿放在上面,你都很自然　那说明你还比较自信,懂得如何生活,周围的人际关系也比较融洽。

3. 跷着二郎腿坐着,并且一条腿勾着另一条腿　那说明你为人谨慎、矜持,没有足够的自信,做事甚至有些犹豫不决。而周围的人会认为你的性格太复杂。不过由于你的吸引力和分寸的把握度还不错,所以你能够让大家正确地评价你,并喜欢你。

4. 脚尖并拢,脚跟分开地坐着　说明做事易犹豫不决,有时过于一丝不苟将影响变通性。你习惯独处,交际只局限在你感觉亲近者的范围内。不过,你很有洞察力,能以最快的速度对他人的性格做出准确的分析和判断。只是有时你会过高地评价自己的能力。

5. 把双脚伸向前,脚踝部交叉　当男人显示这种坐姿时,通常还将握起的双拳放在膝盖上,或双手紧抓住椅子扶手;而女性采用这种坐姿时,通常在双脚相碰的同时,双手会自然地放在膝盖上或将一只手压在另一只手上。那说明你喜欢发号施令,天生有嫉妒心理。所以,说老实话,你可能是个很难相处的人。研究表明,这还是一种控制感情、控制紧张情绪和恐惧心理,具有防御意识的一种典型坐姿。

6. 腿脚不停抖动,而且还喜欢用脚或脚尖使整个腿部抖动　这种人最明显的表现是自私,凡事从利己角度出发,对别人很吝啬,对自己却很纵容。但你很善于思考,能经常提出一些意想不到的问题。

7. 敞开手脚而坐的人　那暗示了你可能具有主管一切的偏好,有指挥者的气质或支配性的性格,也可能是性格外向,有时不知天高地厚。女性若采用这种坐姿,还表明她们缺乏丰富的生活经验,所以经常表现得自以为是。

第四节　行　姿

行姿,也叫走姿,是人体所呈现出的一种动态,是站姿的延续。中国有句古话叫做"站如松,行如风",说明了走姿的重要性。走姿最能体现一个人的心情、态度和修养。走姿文雅、端庄,不仅给人以沉着、稳重、冷静的感觉,而且也是展示气质与修养的重要形式。

一、基本行姿

简单来说,正确的走姿主要有三个要点:从容、平稳、直线。

正确的走姿应当身体直立,收腹直腰,两眼平视前方,双臂放松在身体两侧自然摆动,脚尖微向外或向正前方伸出,跨步均匀,两脚之间相距约一只脚到一只半脚的距离,步伐稳健,步履自然,要有节奏感。起步时,身体微向前倾,身体重心落于前脚掌,行走中身体的重心要随着移动的脚步不断向前过渡,而不要让重心停留在后脚,并注意在前脚着地和后脚离地时伸直膝部。

步幅的大小应根据身高、着装与场合的不同而有所调整。女性在穿裙装、旗袍或高跟鞋时,步幅应小一些;相反,穿休闲长裤时步幅就可以大些,凸显穿着者的靓丽与活泼。

行走时,男女有一定区别:男子步履雄健有力,走平行线,展示刚健、英武的阳刚之美。女子步履轻捷、娴雅,步伐略小,走直线,展示出温柔、娇巧的阴柔之美。

(一)男士走姿

1. 走路时要将双腿并拢,身体挺直,双手自然放下,下颌微向内收,眼睛平视,双手自然垂于身体两侧,随脚步微微前后摆动。双脚尽量走在同一条直线上,脚尖应对正前方,切莫呈内八字或外八字,步伐大小以自己足部长度为准,速度不快不慢,尽量不要低头看地面,那样容易使人们感觉你要从地上捡起什么东西。正确的走路姿态会给人一种充满自信的印象,同时也给人一种专业的信赖感觉,让人赞赏,因此走路时应该抬头、挺胸、精神饱满,不宜将手插入裤袋中。

2. 走路时,腰部应稍用力,收小腹,臀部收紧,背脊要挺直,抬头挺胸,切勿垂头丧气。气息要平和,脚步要从容和缓,要尽量避免短而急的步伐,鞋跟不要发出太大声响。

3. 上下楼梯时,应将整只脚踏在楼梯上,如果阶梯窄小,则应侧身而行。上下楼梯时,身体要挺直,目视前方,不要低头看楼梯,以免与人相撞。此外,弯腰驼背或肩膀高低不一的姿势都是不可取的。

4. 走路时如果遇到熟人,点头微笑招呼即可,若要停下步伐交谈,注意不要影响他人的行进。如果有熟人在你背后打招呼,千万不要紧急转身,以免紧随身后的人应变不及。

(二)女士走姿

1. 上半身不要过于晃动,自然而又均匀地向前迈进,这样的走路姿态,不疾不缓,给人如沐春风的感觉,可谓仪态万千。

2. 女士走路时手部应在身体两侧自然摇摆,幅度不宜过大。如果手上持有物品,如手提包等,应将大包挎在手臂上,小包拎在手上,背包则背在肩膀上。走路时身体不可左右晃动,以免妨碍他人行动。雨天拿雨伞时,应将雨伞挂钩朝内挂在手臂上或握在手里(手心朝内侧)。

3. 女性在走路时,不宜左顾右盼,经过玻璃窗或镜子前,不可停下梳头或补妆,还要注意不要三五成群,左推右挤,一路谈笑,这样不但有碍于他人行路的顺畅,看起来也不雅观。在行进过程中,如果有物品遗落地上,不要马上弯腰拾起。正确的姿势是,首先绕到遗落物品的旁边,蹲下身体,然后单手将物品捡起来,这样可以避免正面领口暴露或裙摆打开等不雅观的情况出现。

4. 一些女性由于穿高跟鞋,走路时鞋底经常发出踢踏声,这种声音在任何场合都是不文雅的,容易干扰他人,特别是在正式的场合,以及人较多的地方,尤其注意不要在走路时发出太大的声响。

课堂互动

邀请学生上台,按照老师的指示和要求进行行姿训练。

二、禁忌行姿

1. 行走时不要与他人相距过近,避免与对方发生身体碰撞。万一发生,务必及时向对方道歉。

2. 行走时不要尾随于他人身后,甚至对其窥视、围观或指指点点。在不少国家,此举会被视为"侵犯人权"。

3. 行走时不要速度过快或者过慢,以免妨碍周围人的行进。

4. 上下楼时因为楼道比较窄,并排行走会妨碍其他人,因此如果没有特殊原因,应靠右侧单行行进。

5. 不要一边行走一边连吃带喝,或是吸烟不止。那样不仅不雅观,而且还会有碍于人。

第五节 蹲 姿

一、基本蹲姿

蹲姿是人的身体在低处取物、拾物时所呈现的姿势。蹲的风度是"蹲要雅"。在工作中,当从低处取物,或捡拾落在地上的物品,或整理自己的鞋袜,或工作过程中需要在低处进行整理时都用到蹲姿。蹲姿动作要美观,姿势要优雅。

(一) 优雅蹲姿的三个步骤

1. 直腰下蹲　直腰下蹲首先要讲究方位。当需要捡拾低处或地面物品的时候,可走到物品的左侧;当面对他人下蹲时,要侧身相向;当需要整理鞋袜或整理低处物品时可面朝前方,两脚一前一后,一般情况是右脚在前、左脚在后,目视物品,直腰下蹲(图4-9、图4-10)。

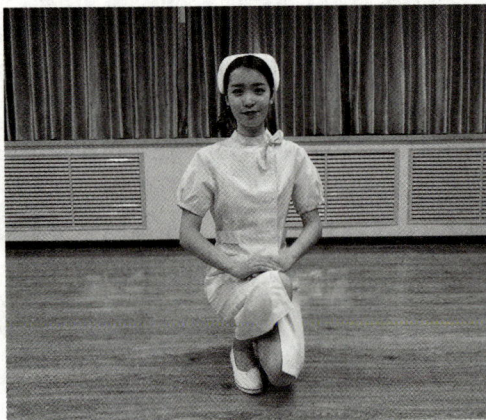

图 4-9　正面蹲姿　　　　　　　　　　图 4-10　侧面蹲姿

2. 弯腰拾物　直腰下蹲后,方可弯腰捡低处或地面上物品及整理鞋袜或在低处工作。

3. 直腰站起　取物或工作完毕后,先直起腰部,使头部、上身、腰部在一条直线上,再稳稳站起。

(二) 蹲姿的种类

1. 高低式蹲姿　这是常用的一种蹲姿。下蹲时右脚在前、左脚稍后,两腿靠紧向下蹲。右脚全脚着地,小腿基本垂直于地面,左脚脚跟提起,脚掌着地。左膝低于右膝,左膝内侧靠于右小腿内侧,形成右膝高、左膝低的姿态,臀部向下,基本上以左腿支撑身体。

2. 单膝点地式　它是一种非正式的蹲姿,多用于下蹲时间较长或为了用力方便时采用。下蹲后,右膝点地,臀部坐在其脚跟之上,以其脚尖着地。另一条腿全脚掌着地,小腿垂直于地面,双膝同时向外,双腿尽力靠拢。这种姿势适用于男子。

3. 交叉式蹲姿　这是一种优美典雅的蹲姿。如集体合影前排需要蹲下时,女士可采用交叉式蹲姿,下蹲时右脚在前、左脚在后,右小腿垂直于地面,全脚着地。左膝由后面伸向右侧,左脚跟抬起,脚掌着地。两腿靠紧,合力支撑身体。臀部向下,上身稍前倾。

课堂互动

邀请学生上台,按照老师的指示和要求进行蹲姿训练。

二、禁忌蹲姿

1. 弯腰撅臀　这是日常生活中最常见的一种蹲姿,这种姿势对其后面的人来说是一种失礼、不敬的行为,尤其是美容工作人员穿裙装时不可采用此种蹲姿。

2. 平行下蹲　两腿展开平行,即使是直腰下蹲,其姿态也不优雅。这种蹲姿被称为"蹲厕式"的蹲姿,不仅姿势不雅观,而且也是对他人的无礼。

3. 下蹲过快、过近　进行中,下蹲的速度过快,会令人产生突兀、惊讶之感;下蹲的距离过近,容易造成彼此"迎头相撞"。

4. 蹲歇　蹲在地上或椅子上休息是必须严格禁止的,更是美容行业的大忌。

知识链接

亚　洲　蹲

亚洲蹲,网络流行词,指亚洲人常采用的蹲姿,即双脚要完全着地,臀部贴近脚踝而双膝要分开。由于习惯与身材比例方面的原因,欧洲人很难做到这个蹲姿,而亚洲人却能轻易做到,因此这个蹲姿得名"亚洲蹲"。据说欧美能做到的人只有不到10%。在极少的场合当中,西方人也会做出蹲下的动作,但也只是用脚尖着地,抬高脚跟以保持平衡,除此之外,没有其他可行的方法。

亚洲蹲这种蹲姿,其实与人自小的生活习惯——如厕习惯有关,准确地说与人的大便姿势有关。亚洲地区的人自古以来习惯于蹲姿排便,从小就习惯于这种蹲姿,久之则习惯成自然。

第六节　美容专业人员工作中的举止礼仪

美容专业人员是美容院的形象代表,因此,美容专业人员的举止礼仪非常重要。举止是否端庄规范、文雅大方,操作动作是否熟练、轻稳、协调、准确,是与客人非语言沟通的重要内容。美容专业人员的举止是一种无声的语言,包括站、坐、行的姿态,头、手及身体各个部分的体态语,应表达确切,表里如一,使客人感到美容专业人员的真诚、关爱和帮助。

美容专业人员举止礼仪的基本要求是:尊重客人,维护客人的利益;尊重习俗,遵循约定俗成的礼仪规范,并与具体环境相结合;尊重自我,掌握分寸,做到站立有相,落座有姿,行走有态,举手有礼。

一、站立有相

1. 头部　头部端正,微收下颌,颈项挺直,面带微笑,目视前方。

2. 躯干　挺胸收腹,两肩平放,外展放松,立腰提臀。

3. 四肢　两臂自然下垂,两手相握在腹部。两腿并拢,两脚尖间距 10~15cm,全身既挺拔向上,又随和自然。

二、落座有姿

1. 眼睛目视前方,用余光注视座位。

2. 轻轻走到座位正面,轻轻落座,避免扭臀寻座或动作太大引起椅子乱动及发出响声。

3. 当客人来访时,应该放下手中事情站起来相迎,当客人就座后自己方可坐下。

4. 造访生客时,坐落在座椅前 1/3;造访熟客时,可落在座椅的 2/3,不得靠椅背。

5. 落座时,应用两手将裙子向前轻拢,以免将裙子坐出皱褶或显出不雅。

6. 听客人讲话时,上身微微前倾或轻轻将上身转向讲话者,用柔和的目光注视对方,根据谈话的内容确定注视时间的长短和眼部的神情。不可东张西望或心不在焉。

7. 两手平放在两腿间,不要托腮、玩弄任何物品或有其他小动作。

8. 两腿自然平放,不得跷二郎腿。两腿应并拢,脚不要踏拍地板或乱动。

9. 从座位上站起时,动作要轻,避免引起座椅倾倒或出现响声,一般应从座椅左侧站起。

10. 离位时,要将座椅轻轻抬起至原位,再轻轻落下,忌拖或推椅。

三、行走有态

1. 行走时步伐要适中,多用小步。切忌大步流星,严禁奔跑,紧急情况以碎步为美,也不可擦着地板走。

2. 行走时上身挺直。大腿动作幅度要小,主要以向前弹出小腿带出步伐,忌讳挺髋扭臀等不雅动作,也不要在行走时出现明显的内、外"八字脚"。

3. 几人同行时,不要并排走,以免影响客人或他人通行。如确需并排走时,并排不要超过 3 人,并随时注意主动为他人让路,切忌横冲直撞。

4. 在任何地方遇到客人,都要主动让路,不可抢行。

5. 遇到客人或同事,应主动退后,并微笑着做出手势"您先请"。

6. 一般不要随便超过前行的客人,如需超过,首先应说"对不起",等客人让开时说声"谢谢",再轻轻穿过。

7. 和客人、同事对面擦过时,应主动侧身,并点头问好。

8. 引导客人进入房间时,应走在客人右侧前方,以便随时向客人解说和照顾客人。

9. 行走时不得哼歌曲、吹口哨或跺脚。

10. 行走时不得忸怩作态,不得将任何物品夹于腋下。

11. 注意"三轻",即说话轻、走路轻、操作轻。

四、举手有礼

1. 站立或落座时,应保持正确站姿与坐姿。切忌双手叉腰、插入口袋、交叉胸前或摆弄其他物品。

2. 他人讲话时,不可整理衣装、拨弄头发、摸脸、抠鼻孔、挖耳朵、敲桌子等,要做到修饰避人。

3. 严禁大声说话,手舞足蹈。

4. 在客人讲话时,不得经常看表。

5. 争取做到取物轻、关门轻。

6. 无论何时从客人手中接过任何物品,都要说"谢谢";对客人造成的任何不便都要说"对不起";将证件等递还给客人时应予以致谢,不能将证件一声不吭地扔给客人或是扔在桌面上。

7. 社交场合或与特殊客人见面时，可行鞠躬礼表示尊敬，行礼时两脚立正，身体端正，两手叠握于下腹或中腹，以腰部为轴，整个腰及肩部向前倾斜 15°~30°。行礼完毕要用热情、友好、柔和的目光注视客人。

"爱美之心，人皆有之"，随着社会的不断进步，新时代审美观念的不断提升，越来越多的女性已经把自我形象的完善作为生活中的重要部分。如今在城市的大街小巷，美容整形医疗机构层出不穷。作为一个传播美的行业，美容专业人员的形象举足轻重，它不仅体现出这个行业的职业气质，也代表着其所属企业的形象，而形象要素中的礼仪细节是体现服务理念、创造品牌效应的软件。想要留给客人一个好的印象，让客人满意，不单是整洁统一的工作服、高档光鲜的装修能解决的。一支训练有素、礼仪规范、举止得体、善于沟通的美容专业人员队伍是每个经营者和客人都渴求的。

（汪淑敏　邢岩）

复习思考题

1. 手势使用注意事项有哪些？
2. 请简述握手的顺序要求。
3. 站姿的禁忌有哪些？
4. 走姿的基本要求是什么？

扫一扫
测一测

第五章

美容专业人员的社交礼仪

学习要点

1. 掌握社交礼仪的基本规范。
2. 熟悉社交礼仪的运用原则。
3. 熟悉社交礼仪的注意事项。

第一节　称谓与介绍礼仪

人际交往中,人们见面时,一般要经历以下几个过程:称呼别人、问候寒暄、介绍自己或引荐相互不认识的人、握手、互换名片和相互交谈等。

一、称谓礼仪

称谓是指人们在日常交往中的相互称呼,是人际交往的重要开端。在人们见面或交谈时,一声得体的称谓往往能融洽人们之间的情感和气氛,拉近心理距离,沟通交流也会变得顺畅。反之,会成为沟通交流的障碍。在人际交往中,选择正确、适当的称谓,可反映出自身的教养、对对方尊敬的程度,甚至还可体现出双方关系发展所达到的程度和社会风尚。

(一)称谓的种类

常见的称呼方式主要有以下几种:

1. **一般性称呼**　又叫泛尊称,即社会各界人士在广泛的社交面中都可以使用的尊称。

(1)"先生"是对成年男士的尊称:不论年龄大小,如果不知对方姓氏,可直接称呼"先生";若知道姓氏,则在先生前面加上姓氏,如"王先生"。

(2)"女士"是对女性的尊称:一般不知道对方是否结婚,不可以贸然使用"小姐"或"夫人"。

(3)"小姐"是对未婚女性的尊称:对不了解婚姻状况的女子也可泛称小姐或女士。

(4)"夫人"是对已婚女性的尊称:有的地方也将已婚女士称为"太太"。

2. **行政职务称呼**　这是一种以职务级别作称呼的方式,常见于工作场合。如"王处长""李董事长"等。

3. 技术职称和学术头衔称呼 在交往中为表示对具有技术职称者,尤其是高、中级技术职称者的尊敬,可以以其职称相称。称呼方式是姓氏加上技术职称,表明其技术职称,如"王总工程师""李会计师"等。学术头衔是一个技术含量比较高的头衔,和技术职称不太一样,如某学会的理事,这类称呼实际上暗示他们在专业技术上的造诣,涉及技术水平和学术水准。

4. 行业称呼 通过其所从事的行业进行称呼,如"警察先生""护士小姐""老师"等。

5. 对他人及非亲属的称呼 对他人称呼常用"您""尊""令""贵""玉"等称呼词。如"令尊""令堂"是对对方父亲母亲的称呼,"玉体"用来称呼别人的身体,"贵姓"用来询问别人的姓氏。

对非亲属加上亲属的称呼在民间非正式场合也不少见。一般要在亲属称谓前加上对方的姓氏,如"张阿姨""李奶奶"。

6. 对自己及家人的称呼 按我国习俗,常谦虚地称呼自己及家人,如"寒舍""斗室""拙见""家兄""犬子"等。

（二）称呼禁忌

在交往中,称呼不当就会失敬于人,失礼于人。社交活动中要注意的称呼禁忌包括如下:

1. 没有称呼 又叫无称呼,与人说话时不用任何称呼,或者代之以"喂""哎""嘿""下一个""那边的"等,都是极不礼貌、没有修养的表现。

2. 使用错误的称呼 常见的错误称呼主要是误读或是误会。误读也就是念错姓名。为了避免这种情况的发生,对于不认识的字,事先要有所准备。如果没有听清楚或没有把握,也可向对方发出问询,不要贸然乱叫。误会,主要是对被称呼者的年龄、辈分、婚否以及同其他人的关系做出了错误判断。比如,将未婚女士称为"夫人",就属于误会,会造成难堪的局面。

3. 代替性称呼 用非规范称呼代替正规性称呼,尤其在我国一些服务行业里常使用这样的称呼。

××哥的称呼,叫人有黑社会的感觉,并不是让人感觉亲近,当面称之则有套近乎、拍马屁之嫌,这种称呼于人于己均不利,久之则形成小圈子、小团体,于团结不利。

称呼绰号,是对人的不尊重,这在一个单位里是不常见的,也是禁止的,会引起相互之间的不愉快,影响彼此之间的团结友爱。

如护士服务时叫"一床,打针",会显得对患者不够尊重,应尽量避免。

4. 不要使用带有歧视和侮辱性的称呼 绰号与蔑称是带有歧视与侮辱性的称呼。绰号是人们根据本人姓氏以外的生理缺陷或某个特征而起的名字,又叫"外号""诨号",大多含有戏弄、讽刺之意,是对他人的不尊重。蔑称,指交际中对交际对象的蔑视称呼,如"洋鬼子""黑鬼"等。

5. 慎用昵称 昵称是恋人、情侣、夫妻间及长辈对晚辈的一种特定称呼,大多取名中的一两个字,适用于特定的场合,人际交往的正式场合不宜使用。

（三）称呼使用中的注意事项

根据社交礼仪规范,选择正确、适当的称谓,要遵循以人为本的总原则,并注意以

55

下两点：

1. 注意不同称呼的选择　在社交过程中，根据双方交往场合、交往时间的长短、交往程度的深浅及交往关系的远近程度，有区别地使用称呼，同时还要注意称呼中的情感色彩。交往时间愈长、关系愈近、程度愈深对称呼就愈讲究，对同一人使用亲属称呼、尊敬称呼或通用称呼时，表现出的感情色彩截然不同。使用通常称呼或职衔称呼表示公事公办；使用尊敬称呼表示只有尊敬，没有亲情；使用亲属称呼表示既亲切又有尊敬感。

2. 注意常用习惯称呼的使用　因为不同地区、民族的宗教信仰与文化风俗习惯不尽相同，人们对称呼使用的习惯也不同。在人际交往中，称呼就必须注意交往对象的区域性与民族性，按其习惯称呼对方。

二、介绍礼仪

介绍是人际交往中与他人进行沟通、增进了解、建立联系的一种最基本、最常规的方式。根据介绍对象的不同，介绍可以分为自我介绍、为他人介绍和集体介绍三大类型。

（一）介绍的种类

1. 自我介绍　自我介绍就是将自己的情况简单地介绍给别人，以便对方很快认识自己。自我介绍的内容：

（1）一般性的自我介绍：主要包括工作单位、部门或职务以及自己的姓名。

（2）相关内容的自我介绍：希望与交往对象进一步交往时拓展的内容，包括籍贯、学历、兴趣以及与交往对象共同认识的人或事。

2. 为他人介绍　又叫第三者介绍，指经第三者为互不相识的双方引荐介绍的方式。下列几种情况需要第三者介绍：

（1）家庭来了互不相识的客人：一般由女主人相互介绍，这是女主人的职责。

（2）一般公务性活动中的介绍：由专职人员，如办公室主任、秘书或公关人员介绍，还可由对口人员介绍。对口人员指一个外来人员到一个单位要寻找的对象。

（3）正式活动中地位、身份较高者，或主要负责人员。

（4）熟悉被介绍者双方的人。

3. 集体介绍　见于大型活动的社交场合，系他人介绍的一种特殊形式，有两种情况：

（1）单向式介绍：介绍的双方一方为一个人，另一方由多个人组成的集体时，把个人介绍给集体。如某教授到高校作报告，把教授介绍给听报告的学生。

（2）双向式介绍：介绍的双方是由多人组成的集体，依照先主方后客方的顺序，由各方负责人出面，依照各方在场者具体职务的高低，自高而低地依次对其进行介绍。

（二）介绍的顺序

遵守"尊者享有优先知情权"的原则，即先把身份、地位较低的一方介绍给身份、地位较高的一方。

1. 把男士先介绍给女士。

2. 把客人先介绍给主人。

3. 把晚辈先介绍给长辈。

4. 把下级先介绍给上级。

5. 把职务低者先介绍给职务高者,如果被介绍者为两人以上,则介绍顺序由高到低。

6. 把晚到者先介绍给早到者。

在介绍过程中,如果被介绍者符合其中两个以上的顺序,则按后一顺序介绍,如将年轻的女士介绍给年长的男士。

（三）介绍的形式

1. **应酬式**　又叫寒暄式或简介式,适用于某些公共场合和一般性的社交场合,如旅途中、宴会厅等。它的对象主要是进行一般性接触的交往对象。介绍的内容要少而精,往往只包括姓名一项即可。

2. **工作式**　又叫公务式或标准式,适用于工作中正式场合,介绍内容包括本人姓名、单位、部门、职务或从事的具体工作等。如"您好,这位是蔡妍萍女士,自然美的技术总监"。

3. **交流式**　又叫社交式,适用于私人社交活动,希望与交往对象进一步交流与沟通,介绍内容大体应包括本人姓名、工作、籍贯、学历、兴趣及与交往对象某些熟人的关系等。

4. **举荐式**　适用于较正式场合,一般被介绍者都是有备而来的,因此,介绍时应着重介绍其优点。如"王总监是皮肤护理方面的专家"。

5. **强调式**　适用于各种交际场合,其内容除被介绍者的姓名外,往往还会刻意强调与其中一位被介绍者之间的特殊关系,以便引起另一位被介绍者的重视。如"这位是张华,我的大学同学,好朋友"。

（四）介绍注意事项

1. **介绍的时机**　需要综合考虑介绍的具体时间、地点和场合,一定要适宜,否则达不到介绍的最佳效果。如自我介绍的恰当时机:一是对方有兴趣时;二是对方有空闲时;三是对方情绪好时;四是对方干扰少时;五是对方有此要求时。

2. **介绍的时间**　不宜过长,长话短说、废话不说。一般自我介绍的时间应控制在半分钟到一分钟内。

3. **表达的方式**　要选择恰当的表达方式,表达该表达的内容,该说的一定要说,不该说的坚决不说,更不能信口开河乱说。如自我评价要客观,不卑不亢,既不能过分炫耀自己,也不能贬低自己。

课堂互动

模拟练习:假定顾客甲、乙身份,进行主人为顾客甲、乙相互介绍的模拟练习。

三、名片礼仪

名片是一种经过精心设计,用来表示自己的身份,便于人际交往和执行任务的特殊卡片。它是现代人社交中一封精简的自我介绍信,也是联谊卡,如果使用不当,将会影响正常的人际交往。

（一）名片的种类

为了适应不同的社交场合,名片也有不同,主要有以下几种:

1. 社交名片　社交名片是在一般社交场合所使用的名片,上面留有姓名、籍贯、头衔和联系方式等。

2. 公务名片　公务名片是在政务、商务、学术、服务等正式的业务交往中所使用的名片。它是目前最为常见的一种个人名片。其内容主要包含姓名、所在单位、任职部门、单位所在地及联络方式,如电话号码、传真号码、电子邮箱、邮政编码等。

3. 单位名片　单位名片主要用于单位对外宣传、推广活动。它的内容主要包括单位全称及其标志、单位地址、联系电话、邮政编码等。

（二）名片的作用

名片是实用性的交际工具,名片的具体用途有以下几种。

1. 介绍作用　这是名片最基本的功能。通过名片,简明扼要地自我介绍,可以弥补口头介绍不清或方言产生的误差,也使对方印象深刻。

2. 保持联系　名片犹如"袖珍通讯录",利用它所提供的各种联系方式,便于日后人们之间建立并保持联系。

3. 通知变更　利用名片,可以及时向老朋友通报本人的最新情况,避免因相关信息的频繁变更而失去与许多人的联系。

4. 充当便函　人际交往中,友人贺新年、祝新婚、庆升职、慰生病,有时必须做出礼节性的表示,如果公务繁忙不能亲自前往,可用名片充当便函。具体做法是,在名片的左下角,以铅笔写下几行字或短语,以示祝贺、慰问、鼓励、感谢。

5. 用做礼单　赠送他人礼品时,可将自己的名片放入其中,或把名片装入一个不封口的信封里,将其放在礼品的外包装上,这是用以说明"此乃何人所赠"的标准做法。

6. 替人介绍　想介绍某人给另外一人时,自己因故不能同往,可用回形针将本人名片(居上)与被介绍人名片(居下)固定在一起,必要时可在名片上用铅笔写上相关的介绍语或意味"谨介绍"的法语缩写"P. P",然后将其装入信封,再交予被介绍人进行转交。此时,名片充当了替人介绍的作用。

7. 拜会他人　前往拜访自己不熟悉的名人、地位高者或长辈,可先请人将本人名片转交给拜访者,以便对方确认拜访者身份,并决定见与不见,可避免冒昧造访被拒而导致尴尬。

8. 简短留言　要拜访的人不在,或者需要请人转达某件事情时,可在本人名片上简短留言或一字不写,将其留下或请人转交,不至于误事。

9. 业务介绍　由于名片上印有单位、职务和姓名等信息,在某种意义上就起到了宣传业务、扩大人际交往的作用。

（三）索取名片的方法

在人际交往中,如何巧妙地索取名片,对社交活动是非常有帮助的,索取名片的方法主要有以下几种方法。

1. 交换法　适用于初次见面的人。具体做法是,将自己的名片直接递给想结交的对象,表达敬意,如:"王总,认识您很高兴,不知是否有幸与您交换一下名片呢?"一般情况下,出于礼貌,对方会回敬一张名片。

2. 谦恭法　适用于向地位高的人索取名片,如:"王教授,认识您非常荣幸,今后有机会想继续向您请教,不知道如何联系您比较方便?"

3. 联络法　适用于长辈对晚辈、上级对下级或平辈、平级间名片的交换,如:"认识你很高兴,希望能保持联系,方便提供联系方式吗?"

(四) 接送名片的注意事项

1. 晚辈或职位低的人应该先给出名片。

2. 起身接送名片　与他人交换名片时,应起身,面带微笑。递出名片时,应将名片正面以方便对方阅读的方向递出,且不要压住名字。

3. 用双手或右手接送名片　接送名片时,应用双手或右手接送名片,切忌单独用左手接送名片。

4. 仔细端详　接过名片后,不要急于收起来,大约花半分钟时间,仔细阅读名片上的信息,如有疑问,可当场请教。

5. 正确保存　收到的名片应将其认真收藏到名片夹或装入上衣口袋,以示对他人的尊重。切忌接过名片后,一眼不看,随手乱放或把玩,甚至遗忘不拿,都是一种不尊重对方的行为。

四、致意礼仪

致意礼仪是指用非语言方式向他人表达问候、尊重、敬意,通常用作迎送、被别人引见、拜访时的见面礼节。见面致意,是对人表示一种友好和尊重的方式;相反,则会被认为是傲慢、无礼,对人不尊重。

(一) 致意种类

1. 点头致意　在公共场合通过向对方微笑点头以示问候。点头致意的场合:在公共场合遇到相识的人而相距较远时;与相识者在一个场合多次见面时;对一面之交或不太相识的人在社交场合见面时,均可微笑点头向对方致意,以示问候,而不应视而不见,不理不睬。施礼时,一般应不戴帽子。具体做法是:身体要保持直立,两脚跟相靠,双手自然下垂于身体两侧或搭放于体前,目视对方,面带微笑,头向前下微低。注意不宜反复点头,也不必幅度过大。

2. 欠身致意　欠身是一种表示致敬的举止,常常用在别人将你介绍给对方,或是他人敬茶、敬烟、敬酒或互换名片等时候。行欠身礼时,全身或身体上部向前微微一躬即可。行礼时应面带微笑注视对方。如果是坐着,欠身时只需稍微起立,不必站立起来。

3. 举手致意　与点头致意的适用场合相似,同时也适用于大型演讲、演出、领导慰问等场合。行举手礼的正确做法:右臂向前方伸直,掌心朝向对方,四指并拢,拇指叉开,轻轻向左右摆动一两下。切忌反复摇动手臂。

4. 注目致意　主要用于升国旗、剪彩揭幕、庆典等活动时。行注目礼时,不可戴帽、东张西望、嬉皮笑脸、大声喧哗。正确的做法为:身体立正站好,挺胸抬头,双手自然下垂放于身体的两侧,表情庄重严肃,目视行礼对象,并随之缓缓移动。

5. 脱帽致意　这是在戴帽子进入他人居室、路遇熟人、与人交谈、行其他见面礼、进入娱乐场所、升降国旗、演奏国歌等情况下,应行的致意礼。脱帽致意应微微颔首欠身,用距离对方稍远的那只手脱帽;脱帽致意时,另一只手不能插在口袋里;坐着时不宜脱帽致意。

6. 起立致意　长辈或领导到来或离去时,在场者应起立表示致意,待来访者落座或离开,自己才能坐下。

(二) 致意礼仪注意事项

1. 致意的顺序　致意时一定要注意致意的顺序,如男士先向女士致意;晚辈先向长辈致意;下级先向上级致意;学生先向老师致意。可同时使用两种致意方法。如遇身份较高者时,应在对方应酬告一段落后,再前去致意。

2. 仪态大方文雅　致意时应认真、文雅,以示尊重对方,忌同时高声叫喊,以免影响他人。

3. 及时回礼　在接受别人致意礼的同时,要及时以同样的方式回应对方,不要视而不见。

第二节　通信与文书礼仪

随着现代化通信工具的出现,人们之间的人际交往越来越频繁、快捷。人们在使用这些通信工具的同时,必须遵守必要的通信礼仪。

一、通信礼仪

(一) 电话礼仪

电话是公认的最为便利、使用最广的通信工具。人们享用电话带来方便的同时,必须遵守应有的电话礼仪规范。

1. 拨打电话　为保证所打电话能够准确传递信息、联络感情,必须注意拨打电话时机适合、内容简练、表现文明。

(1)时机适合

1)适当的通话场合:私人电话应该在家打,办公电话在办公室打,公共场合最好别打电话。

2)合适的通话时间:避开接听者休息时间,如晚上10点以后次日早上8点前,午休时间,节假日,以及他人用餐之时,都不适宜打电话。如有非常重要的急事非打不可,接通电话后的第一句话应说:"抱歉,打扰您了,事情紧急。"打电话还应注意时差。

(2)通话内容

1)事先准备:拨打电话前,明确受话人的姓名、性别、职称、年龄、职务、电话号码、通话要点等。

2)内容简练:电话接通后,自报单位、部门、姓名,简短问候后,切入主题。切忌通话过程中语无伦次、吞吞吐吐、含糊不清。

3)通话长度:一般把要说的事情说清楚,宜短不宜长。做到"长话短说,废话不说,无话不说"。每次通话时间应以不超过3分钟为宜。

4)挂电话次序:地位高者先挂,长者先挂,上级先挂,被求者先挂。

(3)表现文明

1)语言文明:接通电话后,首先应说"您好",声音宜清晰、明快。切勿拿起电话喊

"喂",然后再来介绍,再来自报家门,结束通话前,应说一声"再见"。

2）态度文明:请人转接电话时,要向对方致谢。如果发现电话拨打错误,应道歉后再挂断电话。通话过程中电话突然中断,发话人应立即重拨,并向受话人解释、致歉,不可让对方久等,也不宜等对方打来电话。

2. 接听电话 受话人在接听电话时,必须遵守应有的礼仪规范。

（1）接听及时:电话铃声一响,应做好接听准备。接电话的最佳时机是铃响三声,不宜过早或过迟,这有助于让双方做好充分准备。约好的电话一定要亲自接听,不可随便找人代替接听电话。

（2）应对谦和:电话接通,主动自报家门,并向对方问好。在通话过程中要集中精神,切忌三心二意。如此时在开会或有其他事情接到电话,可向对方说明原因,并承诺稍后联系,特殊情况下可以不接听,之后回拨并致歉。要礼貌对待拨错的来电,具体做法是"您好,您拨错号码了,这个电话号码是什么"。

（3）及时传达代接电话:打电话者要找的人不在,代接时要说:"不好意思,您要找的某某不在,您是谁? 需要我转达吗?"对发话人要求转达的具体内容,最好认真做好记录。内容包括:来电者姓名、单位、部门、性别、通话时间、要求转达的事项等。

3. 移动电话使用注意事项

（1）安全性:手机的安全性是有限的,重要的信息如商业秘密最好不要用手机传送。此外,开车时一定不要使用手机,乘坐飞机时要关机;病房和加油站内不宜使用手机;手机也不要借给别人,尤其陌生人,以免手机内的私人信息被别人利用。

（2）文明性:使用手机时,一定要注意讲文明。公共场合手机改为震动或静音,最好关机;在公共场合最好不要大声接听手机。使用手机发短信时,其内容一定要健康有益,使用手机给别人拍照时一定要征得对方同意。

（二）使用电子邮件礼仪

通过互联网收发电子邮件已成为现代人传送信息、交流沟通的重要手段之一。使用电子邮件联络时,应遵守哪些礼仪规范呢?

1. 避免滥用 电子邮件是一种沟通通信手段,应该做到:有事采用,无事不用,避免使自己发送的邮件成为垃圾邮件。

2. 内容简洁 明确突出邮件主题,内容简明扼要。

3. 发送规范 书写格式符合要求,否则操作受影响。

4. 信息要真实 电子邮件中传递信息的真实性是第一重要的,不要传递有碍社会或公共安全性的信息。

5. 讲究公德 使用电子邮件时,要讲究社会公德,公私分明,不能假公济私,如私人邮件应该用私人电脑发送。传送电子邮件前必须用杀毒程序扫描文件,以免不小心将"病毒"寄给对方。

课堂互动

请同学们讨论:

1. 你或者周围的人在打电话过程中有哪些不良的言语和行为?

2. 假如对方不在,第三者接的电话,这时你应该怎样做?

二、文书礼仪

人际交往中,文书也是重要的媒介和手段。文书的种类很多,如书信、请柬、贺卡之类的私交文书,公文文书和各类条据、申请书、证明之类的实用文书。我们这里重点介绍书信礼仪。

书信在传递信息、互通情报、交流思想、表达感情等方面发挥着重要的作用,是其他现代通信方式所难以替代的。完整的书信包括两部分:封文和信文。

(一)封文

封文指在信封上所写的文字。信封的书写格式叫"封文格式",按照标准书写封文,便于邮政部门分拣,保证信件准确无误地送达收信人手中。封文主要包括写信人、收信人地址和姓名。不同语言的封文格式不同,这里主要介绍中文的封文格式。

1. 收信人邮政编码与地址　应写在信封左上方,先写邮政编码,再写收信人地址。

2. 收信人称谓　一般位于信封中央,由三部分组成:收件人姓名;供传递信件者对收信人所使用的称呼;专用的启封词,如"收""启"等。

3. 发信人的落款　发信人的姓名、地址、所在地的邮政编码等写在信封的右下角。

(二)信文

信文指书写于信笺上的文字,又叫笺文。书写信文的基本格式是开头、中间、结尾。

1. 信文开头　信文的起始部分,具体是由以下两部分构成:

(1)对收信人的称呼:确定对收信人的称呼时,应兼顾其性别、年龄、职业、身份,以及双方之间的关系,如"爸爸""李主任""张女士"。

(2)对收信人的问候语:可直接写在称呼语后面或另起一行空格写,如"你好""别来无恙"。

2. 信文的中间　这是信文的正文部分,是信文的核心内容。标准的书写方法是:另起一行,空两格,叙述要告知收信人的事情,要求最好一事一议,分段叙述。内容集中,条理清晰。

3. 信文的结尾　这是信文的结束部分。信文的结尾,包括结束语、祝福语、落款、附问语和补述语。

(1)结束语:写在中间段后面或另起一行的礼貌用语。如"再见""到此为止"。

(2)祝福语:表达对收信人的良好祝福,如"某某节日快乐""开业大吉"等,一般写在结束语的后面,也可分两行写,第一行空两格写,另起一行顶格写,如头行空两格写"顺祝",下一行顶格写"身体健康"。

(3)落款语:包括写信人自称、姓名,如"您的学生李红",最后写上日期。

(4)附问语:是对收信人身边人的问候,如"顺祝您家人幸福安康"。

(5)补述语:是对遗漏问题的补充。信写完后,突然发现还有事情没写上,可用这种方式弥补。但有两点需要注意:首先,不是非写不可的,可不写;一般只叙述一两件事情,补写的内容要简短;正确的书写位置是独立成行成段地写在落款后。

4. 通信的注意事项

（1）写信者应遵守的基本规则：写信文明礼貌，字迹清晰、简洁、完整、正确；写完信后，要将信文折叠好，装入信封，在信封封口处留有一定空间，以防拆信时撕伤信纸；邮寄的信可封口，托人带信，信封口可封，也可以不封；发信时要注意遵守基本邮政规则，如超重加价，不夹带贵重物品和人民币等。

（2）收信者应注意的礼仪：遵守国家法律法规，不能无故扣押他人信件；收信后立即回复；认真阅读，妥善处理；未经发信人同意，不可随意将对方来信公开发表或传阅。

第三节　迎送与馈赠礼仪

迎来送往是社交活动中很重要的内容。掌握迎来送往礼仪，表达对客人的尊重和礼貌，展示个人与集体的良好形象，有助于人际交往的顺利开展。

一、迎送礼仪

迎送礼仪是指在接待来访者的过程中所做的一系列工作礼仪规范，包括迎客礼仪、待客礼仪、送客礼仪等。

（一）迎客礼仪

迎，是进入接待来访者实施的第一个步骤，关乎客人的"第一印象"。"第一印象"如何，会影响到客人的心情乃至对整个组织的评价。

1. 细心准备　迎客前，应做好充分准备，包括打扫好环境卫生，准备好待客用品，如报纸杂志、热水、茶叶、饮料，甚至包括小点心等，以使客人到访时产生宾至如归的感觉。

2. 主动热情　当顾客来临时，服务人员应积极主动热情地迎接，并问候，如"您好，欢迎光临"。应注意：服务人员应站立迎接客人，不要四处走动，更不能忙私事或闲聊；对所有的客人都要一视同仁，热情相迎；表现要恰到好处，过分热情给人以拉客、强迫的感觉；要分寸适当，应从实际情况出发确定迎送规格，以有效地实现交往目的和公关期望。

（二）待客礼仪

接待客人是一门艺术，既要注意服务态度，也要讲究接待方法，只有这样才能表现出主动、热情、耐心、诚意、周到的服务宗旨。在接待客人的过程中要善于通过观其意、观其身、听其言和看其行，对顾客进行准确的消费定位，力求把服务做到让顾客满意。应注意：不能冷落顾客，让其坐冷板凳；主动询问顾客的要求，并解答相关问题；对于客人提出的意见和观点不轻易表态，应思考后再作答复，对当场不能作答的，要约定时间再联系，对能够马上答复或立即办理的，应当场答复或迅速办理；对客人的无理要求或错误意见，应有礼貌地拒绝，不要刺激客人，以免尴尬；接待中，接物与递物应用双手。

接待客人还应做到"来有应声""问有答声""走有送声"，其过程应该让顾客感觉亲切、自然。

（三）送别礼仪

送，对于整个接待工作过程具有"总结"的意味，是整个接待活动和过程的最后一个环节和留给客人的"最后的印象"，应做到"善始善终"，否则会使客人先前形成的良好印象大打折扣,从而带来功亏一篑的遗憾。

当客人离去时,服务人员应礼貌地道别相送,以给顾客留下温馨的感觉,使其成为长期客户。送客时应注意以下几点:

1. 送别不分亲疏　不论顾客是否消费,都应该送别,未消费的顾客也许是自己明天的客户。

2. 真诚送别　送别顾客时要亲切自然,道别词简单明了,如"您慢走,欢迎再次光临"。

3. 道别语的内容有别　不同的顾客,不同的服务岗位,道别语应该有所区别,不可千篇一律。

课堂互动

实践训练:模拟美容行业顾客迎送场景,进行礼仪训练。

二、馈赠礼仪

赠送礼品又叫馈赠,是古往今来社交活动的重要手段。成功的馈赠可以恰到好处地向受赠者表达自己的友好、感激、敬重和祝福。赠送礼品需要考虑送给谁、送什么、如何送等问题,这就需要遵守馈赠礼仪。

案例分析

案例:莫斯科时间 2013 年 3 月 22 日晚,克里姆林宫洋溢着热烈友好的氛围,在俄罗斯中国旅游年开幕前,两国元首互换国礼。习近平主席赠送普京总统一幅《普京总统肖像》。该画所用色线近 70 种,均为天然蚕丝经过特殊染色而成,由南通沈寿艺术馆花了 91 天赶制完成。普京赞不绝口,连称:"太传奇了,太美,太不可思议了!"他甚至解开西服,拿出自己的领带,笑着说,"正是我的这条领带。"

请分析:

1. 习近平主席选择赠送礼品的标准原则是什么?

2. 馈赠礼品有哪些注意事项?

(一)礼品选择要得当

在社会交往中,礼品是感情的载体,是传达情感的物质媒介,赠送的礼品必须要慎重选择,应遵守以下几项原则:

1. 对象性　选择礼品,务必要充分考虑对方的国家、民族、性别、年龄、职业、兴趣、爱好等。

2. 纪念性　送人的礼物无需过分强调其价值、价格,而主要突出其所代表的独特纪念意义,注重真情,即所谓的"千里送鹅毛,礼轻情意重"。在许多国家都不兴赠送贵重的礼品,如现金、有价证券、珠宝首饰等,否则可能有行贿之嫌。

3. 独创性　选择的礼品,应当精心构思,细心挑选,匠心独运,富于创意。

4. 时尚性　送人的礼品还应符合时尚,不一定要十分前卫,但不应过时或落伍。

（二）赠送礼品的注意事项

1. 馈赠时机　选择适当的时机赠送礼品可使馈赠礼品时显得自然亲切。一般而言,馈赠礼品的最佳时机是节假日、对方重要的纪念日、节庆日等。送礼品的具体时间:一般而言,作为客人拜访他人时,最好在双方见面之初向对方送上礼品;作为主人,则应在客人即将离开时或临别的前夜时,把礼品赠送给对方。

2. 馈赠地点　选择馈赠地点时要注意公私有别。一般私人礼品在私交场合赠送;公务礼品应该在办公地点赠送,公事公办,给人以很重视对方的感觉。

3. 精心包装　礼品包装,通常被看作是礼品必不可少的重要组成部分。精美的包装不仅会使礼品增添价值,体现出送礼者的修养与品位,也使受赠者感到自己备受重视。包装礼品时要量力而行,反对华而不实。包装完毕后,可以贴上写有祝词和签名的缎带和彩色卡片,以表达自己的情感和诚意。

4. 表现大方　礼品最好当面赠送,如无法当面赠送时,应附上礼笺,署上姓名并说明赠礼的缘由。当面赠送礼品时,送礼人要神态自然、举止大方,双手把礼品送给受礼者,并伴有礼节性的语言表达。

5. 馈赠禁忌　不能赠送违法、对方忌讳的物品;不能将礼品的标签、价格留在礼品上,价格过高或过低都会令人不悦;不要偷偷摸摸地将礼品置于桌下或房中某个角落,否则不仅达不到馈赠的目的,甚至会适得其反。

知识链接

送 礼 禁 忌

中国普遍有"好事成双"的说法,因而凡是大喜大贺之事皆好双忌单。但广东人忌讳"4",因为在广东话中"4"听起来就像是"死",是不吉利的。再如,白色虽有纯洁无瑕之意,但中国人比较忌讳,因为在中国,白色常是大悲之色和贫穷之色。同样,黑色也被视为不吉利,是凶灾之色,哀丧之色。而红色,则是喜庆、祥和、欢庆的象征,受到人们的普遍喜爱。另外,我国人民还常常讲究给老人不能送钟表,给夫妻或情人不能送梨,因在我国"送钟"与"送终"、"梨"与"离"谐音,是不吉利的。还有,不能给健康人送药品,不能给异性朋友送贴身的用品等。

（三）收礼的注意事项

收到别人的礼物时,作为收礼人应做到有礼、得体,以表示对对方的重视和尊敬。

1. 欣然接受　当别人向自己赠送礼品时,一般应当大大方方欣然地接受下来,没有必要推来推去,过分客套。在接受礼品时,应该起身站立,面带微笑,双手接过,并向对方真诚地道谢。

2. 启封赞赏　中国人收礼后一般习惯等客人走后再打开礼品。西方国家里则习惯当着送礼者的面,打开包装欣赏礼物,同时表示感谢。

3. 拒绝有方　如果不能接受对方的礼品,应该立即向对方说明,但应注意:一是表达谢意,即便拒绝了对方的礼品,也要感谢对方的好意;二是认真解释拒绝原因,如相关规定、纪律不允许;三是态度友善,即便当时接受下来不适宜接受的礼品,应及时原封退回,最好24小时内退还,最好不要在外人面前这么做。

4. 不要将礼品随便转赠他人　如无特殊情况,别人送的礼品即便不喜欢,也不要转赠他人,以示对送礼者的尊重。

5. 礼尚往来　俗话说:"来而不往非礼也。"在接受他人馈赠后,应在事后恰当的时机,以适当的方式,向对方回赠礼品。

第四节　其他社交礼仪

每个人除了个人生活、家庭生活外,还必不可少地参与社会生活。在人际交往中,礼仪往往是衡量一个人文明程度的准绳,是一个人素养的体现。除了上面我们介绍的社交礼仪外,再来介绍三种社交礼仪:交通礼仪、舞会礼仪和文化场所礼仪。

一、交通礼仪

在快节奏的当今社会,乘坐交通工具出行已成为人们工作、生活、学习必不可少的需要。乘坐交通工具,必须自觉地遵守必要的礼仪规范。不遵守必要的交通礼仪,不仅会破坏交通秩序,还会给人留下表里不一、缺乏自律的印象。人们可以选择的交通工具多种多样,下面主要介绍的是汽车驾驶者以及人们乘坐公共汽车、轿车、飞机等的具体礼仪规范。

(一)汽车驾驶者礼仪

对越来越多的人而言,驾驶车辆已成为日常生活中一件极为普通的事情。驾驶汽车时,每一名汽车驾驶者都必须遵守相应的驾驶礼仪。

1. 汽车驾驶者技术合格　要求能够熟练掌握驾驶技术,取得机动车驾驶证。

2. 遵守交通法律法规　要求驾驶者遵守相应的法律法规,按照操作规范安全驾驶、文明驾驶,不得酒后驾车,汽车行驶过程中不要接打电话等。

3. 礼让他人　当驾驶机动车行驶时,应当礼让其他机动车,如不强行超车;礼让非机动车与行人;发生事故时,应与对方协商解决,或听从交通民警的处理意见。

(二)乘坐公交车或地铁礼仪

乘坐公交车或地铁时,上下车的顺序、就座时的座次、在车上的表现等,无不与礼仪密切相关。

1. 文明礼貌乘车　无论乘坐哪种公用交通工具,乘客都应做到文明礼貌,如有序上下车;礼让老、弱、病、残、孕及妇孺;不吸烟;不与司机交谈;爱护公共交通工具上的设施;不大声喧哗等。

2. 遵守公共秩序　乘车时,处处严格要求自己,讲究社会公德。着装文明,坐姿要优雅;礼让他人,不可抢座、占座;留出特殊座位;情侣间忌勾肩搭背等。

(三)乘坐轿车礼仪

乘坐轿车,应当注意的礼仪问题主要涉及座次、举止、上下车顺序等几个方面。

1. 熟知轿车座次的尊卑　轿车座次礼仪规则可概括为"四个为尊,三个为上"。"四个为尊"是客人为尊、长者为尊、领导为尊、女士为尊,此四类人应为上座;"三个为上"是方便为上、安全为上、尊重为上,以这个原则安排座次,其中"尊重为上"原则最重要。

2. 轿车的座次秩序

(1)客人与主人不乘坐同一辆车时,主人车在前引领,客人车随后跟进。

（2）如果主宾同时乘坐一辆车时，座次秩序有两种情形：

1）专职司机驾驶：不同的国家，情形不同。在我国车辆都是靠右行驶的，所以右侧上下车最方便，车上座次的尊卑顺序一般是：后为上，前为下，右为尊，左为卑。但也不是绝对的，有时座位的秩序安排还与乘车者的身份有关，要灵活应用。切记，小孩不能坐副驾驶位。

2）主人驾车：副驾驶位就是上座。一般前排座为上，后排座为下；右为尊，左为卑。这种坐法体现出"尊重为上"的原则，体现出客人对开车者的尊重，以示平起平坐，亲密友善，一般不可空缺。

知识链接

乘坐主人驾驶轿车礼仪规范

乘坐主人驾驶的轿车时，最重要的是不能令前排副驾驶座位空着，一定要有一个人坐在那里。如前座客人中途下车而去，则后座的客人应立即移坐前座，补其空缺，相陪主人，这样才不失礼。如果主人夫妇驾车迎送友人，则主人夫妇在前座，友人夫妇在后座，可请女士先上车，再由男士关车门。如果主人驾车迎送夫妇，则被迎送的丈夫应坐前座，其妻子坐后座。如果三人同坐，其中之一为女性，则女性不宜坐于异性中央。

3. 上下车的礼仪　基本要求是：倘若条件允许，须请尊长、女士、来宾先上车，后下车。

（1）主人亲自驾车：主人要后上车，先下车，以便照顾客人上下车。后上者有必要为先上者提供必要的帮助，如打开车门，护住车篷上框以免碰头。期间，如果需要调整座次，不要从别人身上骑跨过去，而是选择另一扇门重新上车落座。如果女士婉拒帮助，要立即终止行为。

（2）专职驾驶员驾车：坐于前排者，要后上车，先下车，以便照顾坐于后排者。

4. 乘车时的交谈　乘车时是否需要交谈，谈吐内容多少，要视情况而定。

（1）老朋友之间，如果朋友不累的话，可畅所欲言。

（2）新认识的朋友，不宜多交谈，以免影响客人休息。

（四）乘机礼仪

飞机因其舒适、便捷，越来越受到人们的青睐。在乘坐飞机时，必须遵守乘机礼仪。

1. 登机前的礼仪　提前抵达机场，办理行李托运，换取登机牌，认真配合接受安全检查。注意：通常飞机起飞前 30~45 分钟要登机；携带行李宜轻便，不要携带大包、小包登机，形象狼狈；不得携带有碍飞行安全的物品，如刀具、易燃物品、易爆物品等。

2. 乘机礼仪　按照先后次序排队登机；按照机票位置就座，不得侵占他人位置；不使用违禁物品，如手机等各种电子设备；飞机起飞、降落时，自觉系好安全带；腿脚不要乱伸，尤其是不要伸到通道上或别人的座位上；不要将行李放在他人头顶上方的行李舱里或他人的座位下；避免小孩在飞机上嬉戏喧闹；尊重乘务人员，善待其他乘客。

3. 停机后礼仪　飞机停稳后，整理好随身携带的物品，依次下飞机，不要与人争抢。应注意：飞机未停妥前，不可起立走动或拿取行李，以免行李摔落，伤及他人。

二、舞会礼仪

舞会已成为人们放松自己、联络老朋友、结识新朋友的必不可少的现代交际形式。无论国际或是国内的舞会，都是一个高尚的、讲究礼仪的社交场所。舞会，无疑也是展示自身魅力的场所，这就要求舞会的举办者和所有参与者必须时时处处遵守舞会礼仪。

（一）举办舞会的礼仪

举办一场成功的舞会，一定要考虑时机、时间、地点等问题。

1. 举办舞会的时机　选择一个最适合举办舞会的名义，如生日、结婚纪念日、欢度佳节、接待贵宾等。

2. 举办舞会的时间　包括舞会开始的具体时间和舞会历时的时间。私人舞会一般安排在周末或节假日的 19:00~22:00 举行，一般历时 2~3 小时。

3. 舞会地点　根据舞会的规模，地点可以安排在宾馆、饭店的舞厅等地。规模小的私人舞会，还可以在自家客厅举行。还要考虑安排好宾客停放汽车、存放衣物的场所。同时还要考虑被邀请者性别的比例，做到男女客人比例大致相同，以免影响来宾的情绪。

（二）参加舞会的礼仪

1. 舞会形象　参加舞会应注意个人形象修饰。参加舞会前应先沐浴，注意个人口腔卫生，不能散发异味；外伤患者、感冒患者及传染病患者应自觉不参加舞会；参加舞会时，根据个人情况，女士可适度化妆，男士要剃须；舞会服装要干净、整洁、美观、大方得体，要与舞会周围氛围协调。需注意的是：舞会上，通常不允许戴帽子、墨镜，或者穿拖鞋、凉鞋、旅游鞋。

2. 礼貌邀舞　通常是由男士主动邀请女士共舞。邀舞时，邀舞者举止有礼，自然大方。男士邀舞前，应先向与女士待在一起的人点头问好或点头致意，如果女方的家人同在，则应先征得家人同意后，再走到被邀请女士面前立正，微微欠身致意，并发出邀请："小姐，可以请您跳舞吗？"如果女士不想被邀请，可以拒绝。任何一对舞伴在舞会上，都不适宜"从一而终"，要适宜地交换舞伴。结伴而来的男女只要跳舞会开始的第一支曲子就可以了，从第二支曲子开始要有意识地交换舞伴。同时还要注意：男士不能同舞；如果女性邀请男伴，男伴一般不得拒绝。

3. 按时到达，准时退场　出席舞会一般要提前到场，以示为他人捧场；不宜过早退场，离开时要和主人打招呼。

三、文化场所礼仪

人们在日常工作生活与社会交往中，会经常出入影剧院、展览馆、博物馆、音乐厅等文化场所。文化艺术场所是人们增加知识、开阔眼界、提高文化素养、陶冶高尚情操的最佳场所。进入文化场所，必须遵守必要的文化场所礼仪。

1. 收集相关资料　无论是参加音乐会，还是参观展览馆，都应充分搜集与本次参加内容相关的资料，便于深刻地理解参观内容。

2. 着装得体　进入高雅的文化场所,个人仪表应整洁大方,着装正规,应与其环境氛围相协调。禁忌:不适宜穿着背心、短裤、拖鞋、旅游鞋等入场;进场前不宜饮酒;不宜食用大蒜等含有异味的食品。

3. 举止文明　保持文化场馆内安静,不可高声喧哗;手机调至静音或关机,不要接打电话;保持场馆环境卫生干净整洁,勿将食品饮料、口香糖等带到场馆;按顺序观看,不要拥挤,在每件展品前适度停留,不要影响其他参观者观看;遵守场馆内的一切禁忌规定,如未经许可不得私自录像、录音和拍照,严禁使用闪光灯等;对出现的意外情形,不要喝倒彩,发出怪异的声响;观看演出按时到达,不早退;如果观看演出,要有礼貌地适时鼓掌,以表达对演员、指挥的尊敬、钦佩和谢意。

第五节　求　职　礼　仪

不管是社会交往还是求职面试都与礼仪密切相关,孔子曰:"不学礼,无以立。"孟子曰:"君子以仁存心,以礼存心。仁者爱人,有礼者敬人。爱人者,人恒爱之,敬人者,人恒敬之。"礼仪是一种典章、制度,包括人的仪表、仪态、礼节等,用以规范人的行为、举止、调整人与人之间的关系。

一、求职礼仪概述

求职礼仪是公共礼仪的一种,它是求职者在求职过程中与招聘单位、接待者、招聘者接触过程中所应具备的礼貌行为和仪表规范。它通过求职者的应聘材料、应聘语言、仪态举止、仪表服饰等方面体现出来,是求职者文化修养、道德水准、个性特征的体现。因此,它对于求职者能否实现自身愿望,能否被理想的单位所录用起着重要作用。

二、求职礼仪的特点与种类

(一)求职礼仪的特点

求职礼仪的特点可以总结为三点:广泛性、时机性、目的性。

1. 广泛性　所谓广泛性,主要是指求职礼仪在整个人类社会的发展过程中是普遍存在的,并被人们广泛认同。对于每一位毕业生来说,为了社会的不断发展,为了实现自己的人生目标,在毕业后都需要通过求职来获得一份满意的工作,来实现自己的人生价值。因此,求职礼仪具有广泛性。

2. 时机性　求职具有较强的时机性,尽管求职者为了获取一份工作都会做大量的准备工作,但是求职的结果往往取决于双方的短暂接触,尤其是面试,更是求职成功与否的关键。因此,对于每一位求职人员来说抓住面试的时机至关重要。

3. 目的性　求职对于招聘单位和应聘者来说其目的性非常明确。招聘单位希望录用综合能力强、整体水平高的人员。但是招聘单位往往把面试时应聘人员的仪表、言谈、行为等第一印象作为是否录用的重要条件。所以,应聘者应根据这一点进行有目的的准备,从而实现求职成功。

(二)求职礼仪的种类

根据招聘单位的机制、性质、招聘形式的不同,求职形式分为书面求职、电话求职、网络求职三种形式,三种形式可以单一出现,也可以综合出现。其中以书面求职为多见。

三、求职礼仪的具体要求

求职礼仪分为求职前礼仪、求职中礼仪、求职后礼仪。

(一) 求职前的礼仪

求职前的礼仪主要指的是做好求职前的准备工作。你的准备工作越充分,越能够体现你对招聘单位、招聘工作人员的尊重,也才能够体现出作为一名求职者应具有的修养。求职前的准备工作主要包括知己、知彼、简历设计、思想准备。

1. 知己　在求职竞争压力越来越大的当下时代,想要求得一份满意的工作不是一件容易的事。除了好的招聘岗位较少的原因之外,也与求职者不知道什么样的工作适合自己密切相关。求职者的个性特质包括兴趣、气质、性格、价值观等,只有在了解自身个性特质的基础上,才可能找到一份满意的工作。

(1)了解自己的兴趣:兴趣是人认识某种事物或从事某种活动的心理倾向,它是以认识和探索外界事物的需要为基础的,是推动人认识事物、探索真理的重要动机。

兴趣有直接的,也有间接的,获得知识的兴趣是直接的,为了获得知识而学外语的兴趣则是间接的。兴趣有个体在生活中长期形成的,也有在一定的情景下由某一事物偶然激发出来的。

当兴趣指向与职业有关的活动时,就被称为职业兴趣。职业兴趣是个人对某种职业活动的关注程度,以及乐于从事某种职业活动比较稳定而持久的心理倾向。职业兴趣表现为对某种职业的选择性态度或积极的情绪反应,通俗地讲就是你最喜欢做什么性质的工作。它是兴趣在职业方面的一种表现,是人们职业生涯取得成功的重要推动力,浓厚的职业兴趣能够最大限度地调动人的潜能,对职业成就感、职业满意度和职业稳定性有着重要作用。

职业兴趣的分类:

①常规型:尊重权威和规章制度,喜欢有秩序、安稳的生活。惯于按照计划和指导做事,按部就班,细心有条理。不习惯自己对事情做出判断和决策,较少发挥想象力。没有强烈的野心,不喜欢冒险。

②艺术型:热爱艺术,富于想象力,拥有很强的艺术创造力。乐于创造新颖、与众不同的成果,渴望表现个性,展现自己。做事理想化,追求完美。擅于用艺术的形式来表现自己和表现社会。进行艺术创作或创新时,不喜欢受约束和限制。

③实践型:喜欢使用工具或机械从事操作等动手性质的工作,动手能力强,通常喜欢亲自体验或实践理论和方法甚于与其他人讨论,一般不具有出众的交际能力,喜欢从事户外工作。

④社会型:乐于助人和与人打交道,乐于处理人际关系。喜欢从事对他人进行传授、培训、帮助等方面的服务工作。愿意发挥自己的感染力和说服力来引导别人。通常他们有社会责任心,热情、善于合作、善良、耐心,重视社会义务和社会道德。

⑤研究型:喜欢理论研究,潜心于专业领域的创新和应用;喜欢探索未知领域,擅长使用逻辑分析和推理解决难题。不喜欢官僚式的管理行为过多地影响研究

工作。

⑥管理型:对其所能支配的各种资源能够进行有效的计划、组织、领导和控制。喜欢影响别人,敢于挑战,自信、有胆略、有抱负,沟通能力出色,擅长说服他人,追求声望、经济成就和社会地位。

(2)认清自己的气质:心理学家认为,在通常情况下,人的气质分为四种类型。

①胆汁质:胆汁质的人又称为兴奋型(不可遏止),属于兴奋而热烈的类型。他们感受性低而耐受性、敏捷性、可塑性均较强;不随意的反应高,反应的不随意性占优势;反应速度快但不灵活;情绪兴奋性高,抑制能力差;外倾性明显。他们大都可能成为出色的导游员、勘探工作者、推销员、节目主持人、演讲者、外事接待员等。

②多血质:多血质又称活泼型,敏捷好动,善于交际,在新的环境里不感到拘束。在工作、学习上富有精力而效率高,表现出机敏的工作能力,善于适应环境变化。适合职业为心理咨询师、导游、推销员、节目主持人、演讲者、外事接待人员、演员、市场调查员、监督员等。

③黏液质:又称为安静型,在生活中是一个坚持而稳健的辛勤工作者。由于这些人具有与兴奋过程相均衡的强抑制,所以行动缓慢而沉着,严格恪守既定的生活秩序和工作制度,不为无所谓的动因而分心。黏液质的人态度持重,交际适度,不作空泛的清谈,情感上不易激动,不易发脾气,也不易流露情感,能自制,也不常常显露自己的才能。黏液质适合的职业:外科医生、法官、管理人员、出纳员、会计、播音员、话务员、调解员、教师、人力人事管理主管等。

④抑郁质:抑郁质的人一般表现为行为孤僻、不太合群、观察细致、非常敏感、表情腼腆、多愁善感、行动迟缓、优柔寡断,具有明显的内倾性。抑郁质的人,存在于任何一个领域。其最大的特征是内向、情绪化。优点是:有理想,高度敏感,善于发现,精确自律,多才多艺,有美感,分析力强,具有天才倾向。缺点是:缺乏安全感,挑剔,悲观,情绪化,自我为中心,不实际,不善于交际,偏向于看到负面的事物。抑郁质适合的职业:校对、打字、排版、检察员、雕刻工作、刺绣工作、保管员、机要秘书、艺术工作者、哲学家、科学家等。

求职者在求职前,应该对自己的兴趣、气质、性格、价值观、知识水平等自身条件作充分而正确的认识和评价,选择适合自己的职业,做自己感兴趣的事才能取得成功。

2. 知彼　知彼就是在求职前广泛地收集信息,信息的完备是迈向成功的第一步。求职者只有尽可能地搜集并了解相关就业信息,如应聘单位的基本情况、面试问答技巧等,才能在后续的面试过程中展示出良好的个人形象,给招聘单位留下深刻的印象,同时充分收集相关信息也体现出对该份工作的重视和对招聘单位的尊重。

3. 简历设计　为了提高求职成功率,目前大中专毕业生一般会制作一份精美的履历,包括自荐信、个人简历、学校的就业推荐表、各种技能证书、成绩单等,其中自荐信、个人简历、推荐表是重要的组成部分。

4. 思想准备　为了在激烈的职业竞争中脱颖而出,提高面试成功概率,求职者还需要事先做好充分的思想准备,培养自己健康的心理素质。求职者只有做好思想准备,摆正自己的位置,才能在应聘过程中展示良好的个人修养、不卑不亢的态度以及大方得体的礼仪。

（二）求职中的礼仪

通过层层选拔,求职者最后还会要求参加一轮或几轮面试,考官通过考查求职者的外表、言谈、行为举止来判断其是否胜任工作,最终敲定录用人选。因此,面试时的基本礼仪不仅反映了个人的修养程度,更为重要的是,它是决定求职成功与否的重要因素,必须引起重视。

1. 面试准备　为了充分地准备面试,求职者仪容仪表应注意以下几点:

（1）头发干净、自然,如要染发则注意颜色和发型不可太标新立异。

（2）服饰大方、整齐、合身。男女皆以时尚大方的套服为宜。

（3）面试前一天修剪指甲,戒涂指甲油。

（4）不要佩戴标新立异的装饰物。

（5）选择平时习惯穿的皮鞋,出门办事前一定要清洁擦拭。

2. 面试过程　面试仪态需注意以下几点:

（1）任何情况下都要注意进房间先敲门。

（2）待人态度从容,有礼貌。

（3）眼睛平视,面带微笑。

（4）说话清晰,音量适中。

（5）神情专注,切忌边说话边整理头发。

（6）手势不宜过多,需要时适度配合。

（7）进入面谈办公室前,可以嚼一片口香糖,消除口气,缓和、稳定紧张情绪。

（三）求职后的礼仪

求职过程中要注重礼节,面试结束后的礼节也不容忽视。

1. 表达谢意　为了加深招聘人员对你的印象,增加求职成功的可能性,面试后两天内,最好给招聘人员打个电话或写封感谢信表示谢意。感谢电话要简短,最好不要超过5分钟。感谢信要简洁,最好不要超过一页。

2. 询问结果　求职者急于知道面试结果的心情可理解,但要克制自己,不要过早打听消息。按照一般程序,招聘部门面试结束后,要进行讨论和投票,初步确定人选,然后送人事部门汇总,报主管领导批准,最终确定录用人选,这中间需要一段时间,求职者要耐心等待。面试两周后或主考官许诺的通知时间到了,若还没有收到对方答复,这时你可以打电话给招聘单位,询问结果。

求职礼仪是求职者在求职过程中与招聘单位接触时应具有的礼仪规范,遵守这些规范,便会拥有一把通向成功的钥匙。

课堂互动

请讨论:

1. 自我认知的方法有哪些,如何更好地认识自己?

2. 获取职业信息的渠道有哪些?

（郝美玲）

扫一扫
测一测

复习思考题

1. 人际交往中常用的称呼有哪几种?
2. 怎样进行自我介绍和介绍他人?
3. 赠送礼品时有哪些注意事项?
4. 接打电话时有哪些注意事项?
5. 乘坐轿车时要注意哪些礼仪?
6. 求职礼仪的具体要求有哪些?

第六章

美　　体

学习要点

1. 掌握美体的功能和人体形态美的标准。
2. 熟悉美体的特点和意义。
3. 熟悉美体的训练方法。

第一节　美体概述

一、美体的内容

美体是以人体科学为基础,以塑造形体美为目标,运用徒手和器械等专门手段和综合性的锻炼方法,以改变形体原始状态,增强灵活性、可塑性及形体表现力为目的的形体素质训练。训练的基本内容主要包括基本姿态练习、基本素质练习、基本形态控制练习。

(一) 基本姿态练习

姿态是指坐、立、行、卧。它是人们在长时间学习、生活、工作过程中形成的一种习惯的姿势定势,主要受后天环境和个人知识水平、文化素养的影响。我国古代对姿态美就有明确的标准,即行如风、站如松、坐如钟、睡如弓。规范的姿态能带给人一种赏心悦目的美感,映衬出优美、端庄、高雅的气质。同时,优美的动作姿态、潇洒的动作风度可以为形体美增光添彩。即使你拥有一个好的体型,但不注意自己的基本姿态,也会让人觉得不美观。体型是与生俱来的,但姿态却是与后天的训练密切相关的,姿态具有较强的可塑性,并在一定的范围内具有稳定性。系统的、有针对性的美体训练,可以改善各种体姿,培养良好的体态,弥补先天的不足。例如:含胸、松胯等不良体态,都可以通过训练得到改善。

(二) 基本素质练习

从解剖学角度分析,形体的基本素质概括为:力量,柔韧性,控制能力,人体的协调性、灵活性和耐力。其中,力量、柔韧性和协调性是美体训练最重要的内容,它们的好坏直接影响到形体的控制力和表现力。

1. 力量

(1)特点:力量是身体或身体某部位用力的能力,是肌肉收缩或紧张时表现出来的。力量强的同学,控制能力强,动作速度快,容易掌握难度动作,易于保持良好的身体形态;相反,力量差的同学,完成动作质量低,各部位控制能力差,完成动作不稳健,不利于确立和保持良好的体态。增强影响身体姿态的局部肌肉力量,是基本素质练习的关键,直接关系到练习效果的好坏,持续时间的长短。

(2)作用:科学的肌肉力量训练,能有效地改善形体,使不完美的身体形态达到较理想的状态。能在一定范围内,改善和纠正不良的身体形态,使身体各部位更加匀称、协调,曲线更加优美、流畅。同时,可以减少体内多余脂肪,有效地降低肌肉的脂肪含量。特别是对脂肪易堆积的部位如腰部、腹部进行持器械的练习效果会非常明显,能在较短的时间内达到理想的减肥效果,使体型更加健美。

(3)手段:美体训练要有针对性,要根据自己的不足来选择练习方法。例如:腰腹部是衡量女性形体美的重要标志,也是最容易堆积脂肪的部位,因此,腰腹部需要重点进行练习。可采取克服自身重量和负重的仰卧举腿、俯卧两头起、左右扭腰,以及克服外界阻力的方法、手段来提高腹部肌力,减少脂肪。

(4)注意事项:力量的增强是一个相对缓慢的过程,不能急于求成,需要长时间坚持训练。对于力量弱的同学,可以采取简单的周期性练习,按一定的顺序多次重复,连惯进行,逐渐增加活动的强度和持续的时间,遵循着高密度、低强度的训练特点,一段时间后一定会收到好的效果。

2. 柔韧性

(1)特点:柔韧素质主要是关节活动的幅度以及肌肉、韧带弹性的大小。柔韧性的好与坏,直接决定动作的幅度。女子的柔韧素质训练,主要是通过各种手段,适当增加关节活动范围和肌肉韧带的弹性,拉长肌纤维及韧带,从而增大幅度,使身体形态舒展大方,给人以流畅的视觉效果,呈现出挺拔、柔和而富有弹性的形体美。通常可采取压、拉、摆、甩、踢、搬、控等手段来逐步提高柔韧素质。

(2)作用:增强柔韧素质可以增加关节活动范围和动作幅度,降低肌肉韧带拉伤的发生率,提高美体训练的整体系统性。同时,可增加肌肉的弹性。若改变身体姿态的被动肌的弹性增加了,可以矫正不良的身体姿态,使形体挺拔、优美。

(3)方法:可在垫子上或利用把杆做前、侧、后以及肩、胸、腰部的拉、压动作练习。也可利用扶把进行腿部的向前、向侧、向后的摆动以及肩、腰部的甩动练习。使肌肉韧带进一步得到伸拉,幅度由小到大,节奏由慢到快。

加大控制时间,把所取得的柔韧程度充分地展示出来,并保持几秒。可先搬腿,后慢放手,在原有高度停留片刻;也可利用屈伸,使伸展的时间停留较长一点,以加强肌肉的控制力,体现柔韧素质。

(4)注意事项:柔韧训练要持之以恒,拉长容易,复原也容易,故要坚持长期练习,以巩固所取的效果。应遵循循序渐进的原则,量力而行,不可超出自己的极限范围。由轻到重,由慢到快,由小到大,先热身,后拉伸,防止拉伤。

3. 协调性

(1)特点:美体训练的协调性练习,是通过采用各种不同的练习方法和手段,提高运动时身体各部位在空间和时间上密切配合的一种综合能力。

(2)作用:通过协调性练习,可以改善中枢神经系统对肌肉的支配能力,使运动时大脑神经支配肌肉的运动更加协调一致,提高身体各部位的协调性和动作的灵敏性。

（3）方法：利用节拍与动作的变化，多采用变换动作节奏，使动作难度加大，打乱平时节奏类型，通过同手同脚的操化动作进行练习，提高身体各部位的协调性。

（4）注意事项：练习内容的选择不宜过难，组合不宜过长，应逐渐增加动作难度和数量。协调能力的提高与其他能力的提高有密切关系。因此，发展协调性要和发展其他素质相结合。

（三）基本形态控制练习

基本形态控制练习是对身体形态进行系统训练的专门练习，是提升和改变人体形态控制力的重要内容。主要通过徒手、把杆、姿态动作的训练，提高机体灵活性，改变身体的原始状态。

1. 特点 形态控制力是在一定的空间范围内所进行的各种姿态造型以及维持自我理想身体姿态的一种能力。基本形态控制练习是以提高和改善人体形态控制能力为主要内容，以保持正确、优美、高雅的身体姿态为主要目的而采取的练习方法和手段。它是对身体形态进行系统的专门练习，能改变身体形态的原始状态，逐步形成正确的站姿、坐姿、走姿，提高动作的灵活性。

2. 作用 控制能力的训练是身体及肢体基本位置的感知觉练习，能提高肢体的感知觉能力，在做一些肢体末梢的感知觉练习时，大部分小肌肉群参与了运动，使神经系统对小肌肉群的支配能力逐步得到提高，使动作舒展、大方。通过形态控制练习，能使自己的身体姿态一直都能控制在最佳状态，并在生活、工作、学习中充分体现出来，从而形成一种习惯，达到陶冶情操、提高自身美感的目的。同时，动作的调控练习都相对缓慢，肢体有充足的时间体会动作，可以提高动作的优美感。

3. 方法 训练时，先利用把杆进行肢体的姿态、波浪、造型的调控训练。在垫子上，进行下肢的调控能力训练，使肢体的感知觉能力进一步得到巩固与提高。做进一步的基本姿态练习，保证在行、走期间也能保持良好的姿态和身体形态。最后，进行定位的姿态能力训练，利用定位或简单的移动，进行各种身体姿态的调控能力训练，展现出优美的形体和优雅的造型。

4. 注意事项 选择动作不要太复杂，强调目的性和针对性，注意提高机体的本体感知觉能力。通过调节使身体局部达到一定标准并保持一段时间，加深大脑皮质的记忆，形成动力定型。

二、美体的特点与作用

爱美，追求美是人的天性。拥有一个健康完美的形体，是每个人都向往和追求的。柏拉图曾说过："接受美感教育的人，第一步应从认识某一个形体开始。"人体美是自然美的最高形态，是永远洋溢着生命力的最动人的美，美体训练的过程不仅是一个塑造美丽形体的过程，还是培养人综合审美能力的过程。

（一）美体的特点

1. 具有强烈的艺术性 美体训练的内容涉及体操、舞蹈、音乐等，是一门综合性艺术。丰富多彩的练习内容和形体美的表达形式，舒展、优美的姿态，矫健、匀称的体型，以及集体练习中巧妙变换的队形，都能展示其强烈的艺术表现力和感染力。

2. 具有科学性 美体训练的科学性主要体现在练习内容、运动负荷、练习方法等方面必须符合人体发展的客观规律。

3. 具有针对性　美体训练是内外结合的全身运动,动作可难可易,强度上也可自由调节。同时,美体训练也可以针对身体的每一个部位、每一块肌肉进行锻炼,对体态的每一个动作进行纠正,以达到强化体型和体态的效果。

4. 具有系统性　人体是一个完整统一的有机体,只有全面系统地进行形体训练,才能使全身肌肉均匀、线条清晰,使身体各部分比例均匀而优美。

知识链接

形体美与健康的关系

罗丹曾经说过:"一个人形象必然显露出他心中的感情,形体表达内在的精神,十分匀称、稳定、健美而有神采的躯体,就能暗示他支配世界的全能理性"。形体美与健康是分不开的,只有健康的身体,才可能是美的形体。健康是美的前提,周身是病则谈不上美。加里宁指出:"没有结实健康的身体,就不可能有人体之美。"健康是形体美的主要条件,主要是指人体有端正的五官、匀称的体型、发育良好的系统,以及丰满的肌肉、光泽的肤色、正常的毛发等。在先天健康的基础上,采用有利于美化、塑造形体的综合性练习,能形成高雅的气质和风度,使形体更加健美。

(二) 美体的作用

1. 美体训练能改善神经系统和大脑功能　美体训练使机体处于一种运动状态,这种运动状态能对机体形成一种刺激。这种刺激具有连续、协调、速度、力量的特点,这种状态下中枢神经将随时动员各器官及系统,使之协调、配合机体的工作。经常参加美体训练,就能使神经活动得到相应提高。除此之外,美体训练还要求动作要迅速、准确;而迅速、准确的动作要在大脑的指挥下来完成。脑是中枢神经的高级部位。进行美体训练时,脑和脊髓及周围神经要建立迅速而准确的应答式反应,而脑又要随时纠正错误的动作,储存精细动作的信息。经过经常、反复不断地刺激,美体训练能提高人的理解能力、思维能力和记忆能力,从而使大脑更加聪明。所以说,经常参加美体训练,可以提高机体神经系统的功能和大脑的工作能力,使之更加健康和聪明。

2. 美体训练能改善和提高心血管系统、呼吸系统、消化系统的功能水平　美体训练可使心肌增强,心脏的容量增大,血管弹性增强,从而提高心脏和血管的舒张能力,使心搏有力,血输出量增加,使心跳数减少;还能使血液中的红细胞、白细胞和血红蛋白增加,从而提高人体吸收营养、新陈代谢和抵抗疾病的能力。美体训练能提高呼吸深度,增加每次呼吸时的气体交换量,有利于呼吸肌的休息,提高呼吸系统的功能储备,从而保证在激烈运动时满足气体交换的需要,提高呼吸系统的功能水平。美体训练还能提高消化系统的功能。由于美体训练会消耗大量的能量,机体需要及时补充营养物质,这将增强人体食欲,提高机体的消化功能;肌肉的活动可促使胃肠蠕动增加,消化液分泌增多,提高机体消化和吸收的能力。

3. 美体训练能塑造形象　形体美在一定程度上展示出人的精神面貌,基本姿势正确与否,直接影响人体各种运动行为的美。日常生活中,有些年轻人忽视美体训练,因此经常出现身体不正、含胸弓背、端肩缩脖、腿弯曲等不健康的体态。通过选择特殊或适当的美体训练方法,经过科学、系统的练习,能促进人体某些部位的改变,改善诸多不良体态,使体态更平衡、协调、匀称、和谐。另外,人的头面部姿态是表达人类丰富情感的重要方式,通过美体训练,使它能有正确的姿势与表现,充实头面部姿势和神态的美。人的形象美需要其外在表现和内在修养和谐统一,美体训练不仅利用芭蕾、舞蹈、形体操等舒展的动作训练人体的优雅姿态,而且也传播它们高雅的艺术精髓,培养人的内涵修养,使人的精神和形体之美达到统一,有助于提高练习者的气质,形成高雅的风度。

三、美体的功能和意义

1. 适应社会对人才的需求　随着社会对人才综合素质的要求不断提高,要使自己在激烈的人才竞争中立足,得到社会和用人单位的重视,除了具备过硬的专业知识和专门技能外,还需拥有美好的形体和高雅的气质。形体姿态正确与否,直接影响着个人的形象和生活质量,把美体训练作为综合能力培养的一个重要部分,塑造良好的自我形象,增强自信心,为参与社会竞争、显露才华创造条件。美体训练能使从业人员在现代社会的不断发展和竞争中保持被选择的自我实力和自我信念,从美化自己、完善自我开始,进而美化生活、美化社会。

2. 符合对美容从业人员的素质要求　美容从业人员大多在医疗美容机构及美容院工作,从事的工作是对美的创造,她们既是"美的使者",又是"美的创造者"。专业的特点及性质对从事美容工作的人员的形体有相应的要求,即仪态、仪表与专业联系密切。美容专业要求从业人员具有突出的审美能力,掌握一定的美育知识,了解美,懂得美,奠定感受美、创造美的素质基础。美体训练能培养从业人员对感性形象的理解能力,增加审美实践的体验,提高审美修养和审美能力,是一个系统审美观培养的过程。美体训练能提高从业人员的形体素质,使其获得体形美、姿态美、动作美、气质美,并能愉悦身心,使其能在未来的工作中表现美、展示美,激发其爱美的天性,养成爱美的心理和情感取向,适应未来职业、生活发展的需要。

3. 培养高雅的气质和风度　气质是人的个性之一,美体训练能培养人高雅的气质和风度。美体训练的内容本质上就包含着人的精神、气质、风度等方面。在训练中,把住精、气、神,就会逐渐形成一种高雅的气质和风度,使外形美与内在美有机地融为一体,并从言语、举止、态度等方面自然地展示出来。

知识链接

气质和风度

气质是人表现在心理活动上的强度、速度、灵活性、稳定性和指向性等方面稳定的心理特征。简而言之,它是一个人心理活动的动力性特征。

风度是人的言谈、举止、态度的良好表现。

4. 调节心理,陶冶美好情操　人的心理活动的本质是人脑对外界客观事物的反映。美体训练中优美明快的音乐,节奏鲜明、协调有力的操化动作,可以对人的紧张情绪起到良好的调节作用,从而产生积极的心理影响,使人产生努力向上、追求美好的健康心态。同时,美体训练能使人逐渐掌握美的要素,自觉追求美的动作,长期的美育熏陶会使其形成完善的心理结构和心理定向,指导审美实践和审美方向,提高对美的鉴别能力、欣赏能力、创造能力,积累美的经验,强化美的知识理论,使人们在美的欣赏中,心灵得到净化,思想得到升华。

第二节　人体形态美的标准

评价人体形态美的标准是比较复杂的,涉及因素较多,所以形态美的标准应是相对的。健康的体魄,适度的三围,均匀、协调的体态,坐、卧、立、行姿态优美,仪表大方,待人有礼,情操高尚,精神饱满,思想健康,并通过长期的身体锻炼,改善和弥补先天不足,使形态的美感不断提高。人体的形态美不仅仅是外表的美,还有内在的气质,是"综合美"在一个人身上的体现。各行各业的人都离不开形体健美,健与美的协调组合,是整个社会美的组成部分。

一、人体文化的内涵

人类按照美的观念和规律,建设和改造世界,同样以美来塑造个体形象。向往形体美,追求形体美是人类不断发展进步的象征。形体美是自然美的最高形态,是世界上永远新鲜、永远洋溢着生命力的最动人的美。形体美是一种蕴含深刻社会性的自然美。因此,其审美标准就不可能是永恒的、一成不变的,除了男女有别、长幼不同外,还受多种社会因素的影响。在历史发展的不同时期、不同年代,不同的民族、不同的区域、不同的阶层、不同的地位,不同的生活条件,有不同的审美观点,对美的观念亦不同。以中国女性为例,形体美的标准一直处于变动之中。如《诗经》中就有不少赞美健康、壮实的"硕人""硕女"的篇章。秦汉时讲究"窈窕淑女","柔弱无骨""举止翩然"的赵飞燕成了代表人物。我国盛唐时期由于生产力的发展,统治阶级为显示富足,妇女以体胖丰腴为美,典型的属"艳丽丰环"的杨玉环。至于古代女性为"美"而缠胸、束腰、缠足所造成的畸形形体,都成为当时美的标准。

在西方,形体美的标准也随着时代的发展而不断变化。英国皇室贵族为表达自己的地位,则以昂首挺胸、不屑一顾的神态为美。古希腊人都把维纳斯的裸体雕像奉为最美的形象;可到了中世纪,基督教徒们把维纳斯看成女妖;到了文艺复兴时期,维纳斯又重新得到西欧人的喜爱。

在同一社会历史时期,画家、雕塑家、美学家、诗人、生物学家等因视角不同,对形体的评价各异,达·芬奇则认为:"一个比例合适的人可以或矮胖、或高瘦、或适中。"他提醒人们注意形体的差异,不能"单纯研究裸像的比例与尺寸,而对于体型的种类则不加分析"。西方美学家曾提出一个理想形体的所谓"黄金分割",即以肚脐为界,上半身与下半身的长度比为 5:8,但这个标准对于东方人大多不合适。良吉弩斯也认为:"人体要靠四肢五官的配合才能显得美,整体中的任何一部分如果割裂开来孤立看,是没有什么引人注意的;但是,所有各部分综合在一起,就形成一个完善的整体。"

形体美也具有一定的民族性,罗丹指出:"所有的种族,都有他们自己的美",并列举了地中海型、北方型和东方型女子的主要特征。地中海型"肩部和骨盆大小相等",北方型"骨盆很发达、两肩比较窄",东方型"苗条的腰肢,轻盈的体态"。东西方民族女性形体的差异更是显而易见的。有些民族对其形体有特殊偏好,如汤加人以胖为美,缅甸巴洞地区人以"鹤颈"为美。即使是同一民族,也会因地域、职业的不同而各有所爱。

二、形体美的评价标准

（一）形体美的基本标准

理想的人体形态美,古今中外标准不同,我国体育美学专家胡小明综合各个国家对人体美的见解,结合我国民族体质和体形现状,归纳出形体美的基本标准有:

1. 骨骼发育正常,关节不显得粗大凸出。
2. 肌肉发达均匀,皮下有适当的脂肪。
3. 五官端正,与头部比例配合协调。
4. 双肩对称,男宽女圆。
5. 脊柱正视垂直,侧视曲度正常。
6. 胸廓隆起,正背面都略呈倒放的三角形;女子乳部丰满而不下垂,侧看有明显的曲线。
7. 女子腰略细而结实,微呈圆柱形,腹部扁平;男子有腹肌垒块隐现。
8. 臀部圆满适度。
9. 腿长,大腿线条柔和,小腿后面的腓肠肌稍突出。
10. 足弓较高。

（二）姿态美的基本标准

1. 站姿　两腿伸直并立,两脚自然成小八字,头颈、躯干、腿在一条直线上,直颈、挺胸、立腰、收腹、夹臀、提气,两肩放松下沉,两臂自然下垂,目视前方,显示出人体的曲线美和高雅的气质。

2. 坐姿　四肢的摆放也要规矩、端正,不能摆得太开、太大,更不能跷"二郎腿",东倒西歪。在双腿没有体重负担,身体重心落在臀部上时,身体各部位不能过分松弛,要挺胸收腹,立腰提气,肋骨上提,头颈向上伸,微收下颔,肩放松,四肢摆放要注意规范、端正。保持正确坐姿,既能使人显得精神饱满,也可使颈、胸、背、腹、腰等部位的肌肉得到锻炼。

3. 走姿　在正确的站姿基础上,要做到步履轻捷,移动平稳,双臂自然下垂,摆动协调,膝关节正对前方,肩部下沉稍后展,抬头挺胸,两眼平视前方,落地时从脚跟过渡到前脚掌,两脚后跟尽量在一条直线上,两脚交替前移的弯曲程度不宜过大,注意重心的平稳,步伐应均匀、稳健。行走时要注意避免内、外"八字脚"及斜肩、驼背、腆肚等不良姿态。

三、形体测量与评价方法

（一）测量

1. 身高　测量身高时,受测者赤脚呈正立姿态,背靠立柱,胯部和膝关节充分伸直,脚跟并拢,双臂自然下垂。测试者站在受测者侧面,将水平板轻轻沿着立柱下滑,当水平板接触受测者头顶时,水平板所指的刻度,即为身高。

2. 体重　测量体重时,要求受测者脱鞋,尽量穿单薄的衣裤,自然站立在体重计或磅秤的中央,身体要保持平衡,指针所指的刻度即为体重值。

3. 颈围　反映胸锁乳突肌等颈部肌肉群的发达程度。测量时,受测者两脚开立与肩同宽,身体挺直,两臂自然下垂,头正直,自然呼吸,颈肌放松,皮尺放在喉结处,与颈部长径成垂直位置。

4. 肩围　反映三角肌等肩带肌的发达程度。测量时,受测者两脚开立与肩同宽,身体挺直,两臂自然下垂。测量者用皮尺平行围绕受测者肩部最隆起的部位。

5. 上臂围　反映肱三头肌、肱二头肌等上臂肌群的发达程度。受测者两臂自然下垂,然后,测试者将软皮尺沿肩关节与肘关节之间的最粗部位测量,测出上臂围度。

6. 前臂围　反映前臂肌肉群的发达程度。测量时,受测者两臂在体侧垂直,掌心向内握拳,然后测试者用皮尺测量前臂最粗的部位。

7. 胸围　反映胸大肌、背阔肌等胸廓肌群的发达程度和肺容积的大小。胸围呼吸差也是人体生长发育的主要标志之一。胸围分为吸气、呼气、安静3种状态。测量时受测者不能驼背和挺胸。测量胸围时,受测者两脚左右分开与肩同宽,上体正直,两臂自然下垂,保持自然呼吸。测试者面对受测者,将软皮尺围绕背部两肩胛骨下角经腋下至胸前乳头上方第四肋骨处,即可测量出胸的围度,这称之为常态胸围。常态胸围测完后,挺胸站立,两手叉腰,两肘稍向前,背阔肌向两侧展开,同时吸气将胸廓隆起,当吸气达到最大程度时,测试者将软皮尺围绕背部两肩胛骨下角线经腋下至胸前乳头上方第四肋骨处,即可测出胸的最大围度。然后受测者用力呼气,测试者将软皮围绕背部两肩胛骨下角线经腋下至胸前乳头上方第四肋骨处,即可得出胸最小时的围度,也叫呼气时的围度。

8. 腰围　反映腰腹肌的发达程度。在测量腰围时,受测者两脚左右分开与肩同宽,上体保持正直,两臂下垂,自然呼吸。测试者将软皮尺围绕受测者肚脐和骨盆上沿,测出腰的围度。

9. 臀围　反映臀大肌的发达程度。测量时,受测者两腿并拢,身体保持正直,两臂自然下垂,测试者用软皮尺沿体前耻骨联合处平行于臀的最大部位量起,测出臀围。

10. 大腿围　反映股四头肌、股二头肌等大腿肌群的发达程度。受测者两腿左右分开与肩同宽,两臂自然下垂,上体保持正直,体重均匀地落在两脚上。测量时皮尺绕过后面经臀大肌皱褶下,皮尺要平,同时大腿肌肉用力,测出大腿围。

11. 小腿围　反映腓肠肌和比目鱼等小腿肌群的发达程度。测量时小腿肌肉要用力,皮尺平行测量小腿的最粗部位,测出小腿围。

12. 肩宽、踝围、腕围、膝围　反映人体骨骼的结构,评定人体骨骼的比例。测肩宽可用测径规,测腕、踝、膝围可用皮尺测量这些关节的最细部位。

(二) 评价方法

1. 根据测量的数据,引用下列公式来评价体态:

(1)全身肌肉群发达程度的计算法:

$$A = [(两上臂围+两大腿围+两小腿围+胸围)÷2]÷[(两腕围+两膝围+两踝围)÷2]$$

A 值越大,说明全身各部位肌肉群越发达,体态越健美。

(2)全身肌肉群均衡发展的计算法:通过对两上臂围差、两大腿围差和两小腿围差的计算而进行评估,得出的值越小越好。因为围度差值越小,说明身体各部位的比例越趋于协调、匀称,肌肉的发展也越趋于均衡、饱满、健美。

(3)(坐高/身高)×100:把自己的测量值代入公式,值越大,说明躯干相对较长;值越小,说明躯干相对较短。从人体美的角度,躯干较下肢短是比较理想的。一般值在 52 以下为短躯干型,在 54 以上为长躯干型。

（4）（胸围/身高）×100:反映胸部或上体发育程度,是人体的横径与纵径之比,值越大,说明横径相对纵径大,反之则小。

（5）（胸围/臀围）×100:反映胸部与臀部的比例关系,健美体型应该是男性值越大说明越健壮,显示男性的倒三角体型美。女性的值在 100 左右表明胸围和臀围的比例匀称。

（6）（腰围/身高）×100:反映腰部的相对粗细。值越大说明腰部的脂肪越多。

（7）（体重/身高）×100:反映人体的胖瘦。

（8）（大腿围/身高）×100:反映大腿相对粗细。

（9）（小腿围/身高）×100:反应小腿相对粗细。

（10）体重:

$$男性标准体重 = 50+[身高(cm)-150]×0.75+(年龄-21)÷5$$
$$女性标准体重 = 50+[身高(cm)-150]×0.32+(年龄-21)÷5$$

例如:身高 160cm 的 20 岁女性,其标准体重为 50+（160-150）×0.32+（20-21）÷5 = 53（kg）。

身高与体重的关系指数:指数 = 身高（cm）-[100+体重（kg）]

评定标准为:男性标准指数为 5~8,女性为 3~5。指数大于 15 时,身体过于细长,肌肉无力;指数小于 1 时,身体过于肥胖。

（11）体重指数法（BMI）

体重指数也称凯特莱（Kettler）指数。

$$体重指数(BMI) = 实际体重(kg)/身高^2(m^2)$$

此种方法确定的人体标准体重为 BMI=22,是从免疫学角度通过各种数据制定出来的。评价方法为:

BMI<20 为偏瘦。

20≤BMI<24 为正常体重。

24≤BMI<26.5 为偏胖。

BMI≤26.5 为肥胖。

$$标准体重(kg) = 身高^2(m^2)×22。$$
$$肥胖度(\%) = [实际体重(kg)/标准体重(kg)-1]×100\%$$

肥胖度说明体重超过理想体重的百分比。

2. 我国军事医学科学院通过对国人的研究提出适合国人的计算标准。其计算方法如下:

成年男性:

（1）以股骨大转子为中心,上下身长相等。

（2）两臂伸开的长度与身高相等。

（3）两肩的宽度约等于 1/4 身高。

（4）胸围约等于 1/2 身高加 5cm。

（5）腰围比胸围约小 18cm。

（6）臀围与胸围相等。

（7）大腿围约小于胸围 22cm。

（8）小腿围比大腿围约小 18cm。

（9）踝围比小腿围约小 12cm。

（10）上臂围等于大腿围的一半。

（11）前臂围比上臂围约小 5cm。

（12）颈围等于小腿围。

成年女性：

（1）脊柱正直，躯干、头及脚跟三者在一条线上，无畸形。

（2）上身和下身的比例约为 5∶8。

（3）胸围不小于 1/2 身高。

（4）腰围不大于 1/2 身高。

（5）臀围比胸围约大 2~3cm。

（6）大腿围比腰围小 8~10cm。

（7）小腿围比大腿围小 18~20cm。

课堂互动

测试自己的身体各项指标，并做出评价。

第三节　美体的训练方法

一、柔韧素质训练方法

柔韧素质训练的原理是：柔韧素质训练主要采用拉伸原理，对肌肉、肌肉连接组织以及关节周围组织施加一定负荷，进行拉伸，以改善柔韧素质。肌肉组织在强制拉长时，比安静时会大幅度增长；关节面结构是决定柔韧素质的因素之一，两关节面之差越大，关节的活动幅度越大。通过科学合理的训练，可以使关节软骨增厚，软骨压缩性发生改变，使关节达到它的最大活动范围。一般采用主动或被动静力性的拉伸方法，以及主动或被动动力性的拉伸方法。

（一）正压腿

压腿是腿部柔韧素质练习中最基础的练习。初练者常存在以下问题：低头、弯腰，急于用头碰脚，胸部和腿之间出现一个大空儿，还有的站不稳，像要往后倒似的，甚至出现腿部韧带受伤。要解决以上问题，压腿时可注意以下几点：

1. 规范动作，分步进行

（1）初练时，不宜做强度很大的练习。把腿放在与腰同高的物体上，髋部后坐，臀部要平，支撑腿与地面垂直，膝部挺直，被压腿脚尖向上并有意识地往回钩扣，上身用力向前移动，使被压腿成一直线，脚尖回钩有利于拉长腿部韧带、肌腱、肌肉，上身前移可拉长躯干，特别是脊椎。一条腿压几分钟后，再换另一腿。几天之后，腿部肌肉变得柔软而富有弹性时,可进行下一步。

(2)被压腿及支撑腿均挺直,双手按压腿膝部,收髋使身体尽量向前俯压,以增强膝关节后肌肉的伸展性。

(3)双手按被压腿膝部,髋部后坐,上身用力向前下俯压,试着以腹部贴大腿,此步完成后,可进行下一步练习。

(4)双手由下抱握被压腿的小腿,上身用力向前下俯压,试着以腹部贴大腿,此步完成后,可进行下一步练习。

(5)被压腿与支撑腿挺直,双手扳住脚掌,腹部贴大腿,胸部贴膝盖,试着以额头碰脚尖。此步完成后,可进行下一步练习。

(6)双手扳住脚掌,腹部贴大腿,胸部贴膝盖,试着用嘴触脚尖。此步完成后,进行下一步。

(7)双手扳住脚掌,依上法,用下颌碰脚尖。

2. 由轻到重,由低到高　压腿时,身体对腿部韧带、肌腱、肌肉施加压力。初练时,用力要轻,当练习一段时间后可逐渐加重压力。腿放的高度应由低到高,将腿放至与腰同高,压到下颌碰到脚尖时,可把腿放在与胸同高的物体上;再练至下颌碰到脚尖时,可把腿放在与肩同高的物体上,直至把脚放在与头同高的物体上。

3. 先拉后压,由近及远　初练压腿,因其腿部韧带、肌腱、肌肉伸展性差,猛然用力拉长,不仅徒劳无功,还会使韧带受伤。因此初练时,应先拉长腿部韧带、肌腱、肌肉及脊椎,然后施以俯压;俯压也要循序渐进地进行,不可急于求成。压腿时还要注意躯干与腿部的接触是由近及远的,躯干与腿相应部位的接触顺序是:①躯干:腹部→胸部→头部;②腿部:大腿→膝盖→脚尖,不要一开始就毫无顾忌地用头硬碰脚尖。

4. 要意志坚强,持之以恒　进行腿部柔韧性练习时,练习者往往容易感到枯燥乏味,尤其是练到一定程度,还会有腿、髋部酸痛的感觉,此时最重要的是要有坚强的意志,有恒心,不要停歇。因腿部柔韧素质与腿部其他素质比较起来,容易发展,也容易消退。此时应善于自我调整,适当减轻下压力度、幅度,减少压腿时间,或是进行踢腿练习,与压踢结合等。只要坚持下去,酸痛的感觉会逐渐消失。

5. 压前要做好准备活动　练习前,可做一些腰、胯、膝、踝关节、腿部肌肉的准备活动。因为肌肉、韧带的伸展性与肌肉的温度有关,通过准备活动,可提高肌肉的温度,降低肌肉内部的黏滞性,有利于腿部柔韧性练习。

(二) 正踢腿

踢腿是腿部柔韧性训练最为重要的一步,它可以巩固压腿、劈腿、吊腿的效果。

1. 踢腿时常出现的问题有

(1)重心不稳,甚至摔倒。

(2)支撑腿脚跟抬起或支撑腿膝部弯曲。

(3)弯腰弓背。

2. 踢腿时要注意以下几点:

(1)起腿要轻:腿将要踢起时,要迅速地将身体重心移到另一腿上,使将要踢起的腿部肌肉放松,这样才会起腿轻,踢腿快如风。为防止摔倒,也可背靠墙或肋木练习。

(2)踢时要快:腿由下至上快速向面部摆动,这里有一个加速的过程。踢时髋部要后坐,腿上摆有寸劲。刚刚练习踢腿时,必须保持动作的规范性,宁可踢得刚过胸也不可把支撑腿的脚跟抬起或膝部弯曲,或是弯腰弓背用头去迎碰脚尖,这些均说明腿的柔韧性训练不到位,韧带还没有拉开。只要坚持压腿结合,常练不辍,就会达到脚碰前额的目标。

(3)落腿应稳:初练者往往踢起腿刚落地,就踢另一腿,从而出现出腿笨重、身体歪斜的现象。这是因为踢出的腿刚落地时,身体的重心还在原支撑腿上,腿下落时转移重心,势必出现上述现象。正确的做法是:等腿落实,身体重心转换完毕后,再踢出另一腿。

(三)压肩

压肩是增加肩关节的柔韧性和灵活性的重要手段。

1. 压肩的种类

(1)正压肩:面对肋木或一定高度的物体开步站立,身体距离肋木一大步,双脚左右分开,与肩同宽或稍宽,两手抓握肋木,上体前伏、挺胸、塌腰、收髋,做下压、压肩动作。

要点:两臂、两腿要伸直,着力点集中于肩部。

(2)侧压肩:一手臂上举,放在门框或墙面上,身体向该手臂的侧前方运动,即手臂向脑后做压振动作。

(3)后压肩:双手放在背后,扶住办公桌,手臂不要弯曲,着力点在肩部,身体做蹲起动作。

(4)横压肩:手臂左右平伸呈一字,身体直立,两手扶住门框,身体前进,手臂后展,肩向后振压。

2. 练习步骤

(1)下振压的振幅逐渐加大,力量逐渐加强。

(2)肩压到极限时,静止不动,耗肩片刻。

(3)压肩与耗肩交替练习。

(4)压完肩后要放松手臂,有疼痛感时应停止。

3. 易犯错误　肩部紧张,手臂不直。纠正方法:练习时注意尽量沉肩,伸臂。

(四)下腰

下腰是锻炼腰部柔韧性和灵活性的重要手段。主要的练习方法有两种:

1. 单手扶把侧站,另一只手呈单托手。然后按头、颈、肩、胸、腰的顺序慢慢地先下半腰,先下到自己后腰的极限,撑大概10~20秒,然后收腰休息,再重复练习,直到能单手扶地后再试试不扶把下腰。

注意:练习者应根据个人的实际情况,不能勉强地进行练习。练习时最好有指导老师或同学监视保护。在做下腰时,保护者站在旁边双手掌心向上成弧形放在准备下腰者的背后,以防万一。保护者手不能紧贴着练习者的背,要保持着距离,让练习者能有空间大胆地下腰。

2. 背对着墙壁间隔一定的距离,双手向上举起,掌心向墙壁,然后按头、颈、肩、胸、腰的顺序慢慢地下后腰。

注意:下腰时,双手慢慢地扶着墙壁下行,直到双手触到地面。然后双手再慢慢地向上还原,还原后要收腰休息,再重复练习,练习时必须有人监督保护。

二、力量素质训练方法

（一）力量素质的定义

力量素质是指人体神经肌肉系统在工作时克服或对抗阻力的能力。肌肉工作时以收缩产生的拉力克服阻力。肌肉工作所克服的阻力包括外部阻力和内部阻力。外部阻力，如物体重量、摩擦力以及空气的阻力等；内部阻力，如肌肉的黏滞性，各肌肉间的对抗力，主要来源于运动器官，如骨骼、肌肉、关节囊、韧带、腱膜、筋膜等组织的阻力。

（二）力量训练的基本方法

1. 动力性等张收缩训练　人体相应环节运动，肌肉张力不变，改变长度产生收缩力克服阻力的训练为动力性等张收缩训练。可分为向心克制性及离心退让性两类工作形式。

（1）动力性向心克制性工作：肌肉在做动力性向心克制性工作时，肌肉长度逐渐缩短，所产生的张力随着关节角度的变化而改变，因此，练习时根据需要，掌握好发挥最大肌力的关节角度，可得到事半功倍的训练效果。

（2）动力性离心退让性工作：实验表明，肌肉做离心收缩时所产生的张力比肌肉做向心收缩时所产生的张力大 40%。股四头肌做离心收缩时所承受的负荷是做向心收缩时所承受负荷的两倍。由此，人们利用离心收缩的原理创造了"退让训练法"。肌肉退让工作是指肌肉在紧张状态中逐渐被外力拉长的工作，即肌肉的起止点彼此向分离方向移动，故又称离心工作。如用杠铃做的两臂弯举中，当臂部积极用力将杠铃往上举起后，再用手抵抗回降动作慢慢地将杠铃放下就属于此种性质工作。

与向心力量训练相比，退让训练能克服更大阻力，更有效地发展"制动力量"，这是因为离心收缩能动员更多的运动单位参与工作。

做离心收缩练习时，动作要慢，所需时间应比向心收缩的时间长一倍左右。

2. 静力性等长收缩训练　在身体固定姿态下，肢体环节固定，肌肉长度不变，改变张力克服阻力的练习方法，称之为静力性等长收缩训练。

肌肉做静力性收缩时，可以动员更多的肌纤维参与工作，表现出的力量大，力量增长也快，并节省训练时间。

但是由于肌肉紧张，血管封闭，肌肉中血液循环可发生不同程度的暂时中断，因而工作不能持久。

完成静力练习时常常憋气，憋气有利于表现出最大力量，如有人背肌力量在吸气时可达到 119kg，呼气时为 127kg，憋气时，可达到 133kg。但是，憋气时间过长，会使胸内压升高，肺的血液循环恶化，从而可导致脑贫血，产生休克。所以在练习前应先做几次深呼吸，并应注意控制憋气的时间，憋气时间与负荷强度有关，如负荷强度为 100% 时，憋气时间为 2.8 秒；负荷强度为 80%～90% 时，憋气时间为 4～8 秒；负荷强度为 60%～70% 时，憋气时间为 6～10 秒。静力练习应与动力练习结合起来，可按照 1∶5 的比例安排练习。

3. 等动收缩训练　等动收缩训练系由美国的李斯特尔等人于 1967 年创立。等动力量训练在特制的等动练习器上进行，练习时，肢体动作速度保持不变，肌肉始终发挥较大张力完成练习。等动练习集等长（静力性力量）和等张（动力性力量）之所长于一身,有利于最大力量的增长。美国的霍·西斯尔对等动力量训练的效果进行了实验,经过 8 周训练,等动力量训练组的最大力量提高了 47.2%,而等张力量训练组与等长力量训练组的最大力量仅分别提高 28.6% 和 13.1%。

4. 超等长收缩训练　超等长练习时先使肌肉做离心收缩,然后接着做向心收缩,利用肌肉的弹性,通过牵张反射,加大肌肉收缩的力量,如跳绳等练习。

超等长收缩的优点在于,在做离心收缩工作时,肌肉被迅速拉长,它所受到的牵张是突然而短促的,肌肉各个牵张感受器同步地受到刺激,产生的兴奋高度同步,强度大而集中,能动员更多的运动单位同时参与工作,使肌肉产生短促而有力的收缩。

完成超等长练习时,肌肉最终收缩力量的大小主要是由肌肉在离心收缩中被拉长的速度快慢所决定的,而肌肉被拉长速度的快慢比被拉长的长度更为重要。

5. 循环训练法　发展力量训练可将几个训练手段编组循环进行。如:手握轻杠铃片(哑铃)做双臂前后绕环,摆臂+肋木举腿+连续跳绳+手扶肋木腰弓起+连续快速摆髋+快速轻杠铃卧推+连续快速半蹲起+向前跨步跳。这样做可使上下肢、前后肌群和大小肌群的用力搭配在一起,一次课做 3~5 组,组与组之间可以慢跑作为间歇。

(三) 力量训练的主要手段

1. 负重抗阻练习　如运用杠铃、壶铃、哑铃等训练器械。负重抗阻练习可用于机体任何一个部位肌肉力量的训练,是训练最常用的手段。

2. 对抗性练习　如双人顶、推、拉等,依靠对抗双方以暂短的静力作用发展力量素质。对抗性练习不需要任何训练器械及设备,又可引起练习者的兴趣。

3. 克服弹性物体的练习　如使用拉力器、拉橡皮带等,依靠弹性物体变形产生的阻力发展力量素质。

4. 利用力量训练器械练习　利用力量训练器械,可以使身体处在各种不同的姿势(或坐、或卧、或立)进行练习,可直接发展肌肉力量。使用力量训练器,还可以减轻训练者的心理负担,避免伤害事故的发生。

5. 克服外部环境阻力的练习　如沙地和草地跑、跳练习等。做这种练习往往在动作结束阶段所用的力量较大,每次练习要求不用全力,动作要轻快。

6. 克服自身体重的练习　如引体向上、倒立推起、纵跳等。这类练习均由四肢的远端支撑完成,迫使机体局部承受体重,使机体局部部位的力量得到发展。

(四) 力量训练的基本要求

1. 注意不同肌群力量的对应发展　在发展大肌肉群和主要肌肉群力量的同时,也要十分重视小肌肉群、远端肌肉群、深部肌肉群的力量训练。

2. 选择有效的训练手段　应根据完成训练任务的需要,正确地选择有效的训练手段,规范并明确正确的动作要求。如发展股四头肌力量,可选负重半蹲起的练习,应要求在练习时双脚平行或稍内扣站立,以求有效地发展股四头肌的力量。

3. 处理好负荷与恢复的关系

(1)在一个训练阶段中,负荷安排应大中小结合,循序渐进地提高负荷量度。

(2)在每组重复练习中,注意组间的休息。一般来讲,训练水平低的人组间休息时间要长些。

(3)力量训练后,要特别注意使肌肉放松。肌肉在力量训练后会产生酸胀感,肌肉酸胀是肌纤维增粗现象的反映,也是力量增长的必然。但应采取积极措施消除肌肉的酸胀感,以利于减少能量消耗,并更好地保持肌肉弹性。

(五)力量训练注意事项

1. 在练习之前必须先热身 比如说,利用小跑步使体温增加,使肌肉与肌腱处在备战的状态,可以减少受伤的机会。

2. 在练习之时注意呼吸 练习时要缓慢地、深深地呼吸;暂停呼吸,屏气凝神,会使负氧量增加,动作不协调。

3. 在练习之后要放松 运动之后肌肉酸痛,需要再缓和地做一些放松活动,这样可使肌肉纤维重新调整,缓解疲劳的速度加快,下一次运动时肌肉的条件也会更好。

4. 练习的动作要缓慢而温和 利用肌肉肌腱的弹性及延伸性,刺激肌肉神经及肌腱感受小体的神经,逐渐增加伸展的潜力及耐受力。无论是律动式或固定式(连续30秒以上),千万不要为求速成而猛烈地做动作,用力不当,会对身体造成伤害。

5. 替换肌肉群 对同一个动作,可能由许多肌肉共同组成相同功能的群体协同地完成动作;但是这些肌肉,因为解剖位置的不同,可能需要靠不同的练习动作,才能一一地训练到,所以要经常替换肌肉群。

6. 力量练习的程度 练习要达到使肌肉感觉有点"张力"或"酸"的程度,但绝对不能到"痛"的程度。有"张力"或"酸"的感觉,是肌肉感觉神经元正确地反映出力量的成效;但到"痛"的感觉,就接近受伤的程度。每一个人,必须把握以上的原则,确立个人最适合的训练步骤,使之成为习惯。

7. 注意提高兴趣 肌肉工作力量的大小与中枢神经系统发出的神经冲动的强度有着密切的关系。神经冲动的强度越大,肌纤维参与工作的数量越多,冲动越集中,运动单位工作的同步化程度也就越高,表现出的力量也就越大。因此,在运动训练中应注意有意识地提高练习者的兴趣与积极性,以求提高力量训练的效果。进行爆发力训练对神经系统兴奋性要求更高。

8. 要持之以恒 力量的训练,要做好吃苦的准备,采用科学的方法,保持一颗平常心,一定能为自己塑造一个健美的形体。

三、呼吸方法

呼吸在美体训练中起着非常重要的作用。呼吸与动作协调配合,能使机体摄取更多的氧气排出更多的二氧化碳,增加肌肉力量,减缓疲劳,提高运动能力。

1. 同步式呼吸法 每做一次动作进行一次呼吸,呼吸是在动作过程中完成的:①肌肉收缩时瞬间闭气并快呼气,肌肉伸展时慢吸气。一般在负荷较重、俯卧位做动作或需固定肩带和胸腹部时采用这种呼吸方式。②肌肉收缩时快吸气,肌肉伸展时慢呼气,此呼吸方式与上式相反,吸气时快速有力,呼气时缓慢深长。

2. 自由调节式呼吸法 在进行小强度训练时,呼吸常采用自由调节式。

四、形体锻炼的注意事项

1. 锻炼前的身体检查与评定。健康检查一般包括:

(1)身体形态检查:目的是了解自身身体形态在生长发育的程度方面需要做哪些

改进,并经过一段训练后,对照检查效果。

常用的形态测量指标:身高、体重、坐高、肩宽、腰围、臀围、上臂围、腿长等指数。

(2)身体成分检查:目的是检查人体脂肪含量和分布,通过测定肥胖程度,确定是否需要减肥及制订减肥运动方案。

(3)生理功能检查:目的是了解目前身体各系统功能处在什么水平,为制订锻炼计划提供依据,还可以评定运动效果,检查运动后疲劳和恢复的程度。

通常以测量运动前后的心率、血压和肺活量等作为评定指标。

2. 形体训练应遵循循序渐进的原则 要遵循人体发展和适应环境的基本规律,必须根据练习者的实际情况来确定训练方法,逐渐提高,不要急于求成。

3. 合理安排锻炼的时间和运动负荷 每次 1~1.5 小时,每周练习的次数至少 2 次以上。参加形体训练要有恰当的生理和心理负荷量。准备活动应安排轻松自如、由弱到强的适度的练习,一般以 10~15 分钟为宜。运动时最大心率应保持在 70%~80% 最为合适,训练结束后要做调整。

4. 形体训练应做好准备活动 训练前充分的准备活动能使机体尽快达到适宜的运动状态,为正式训练做好身体功能上的动员和准备。训练的内容和量要有针对性,一般依据练习内容、个人身体状况、气候条件而定,既要做一般性准备活动,也要做专门性准备活动。

5. 形体训练结束后应做好整理活动 训练结束后的整理活动是通过肌肉放松而有节律的收缩来改善肌肉的血液循环,加快乳酸消除,减轻疲劳,促进体力恢复,使肌肉由紧张状态转入轻松的安静状态。整理活动时,要结合深呼吸运动,运动量要逐渐减小,速度逐渐减慢。

6. 形体训练应重视全面锻炼 全面锻炼要求身心全面发展,使身体形态、功能等各种身体素质以及心理素质等诸多方面都得到和谐的发展。有目的、有意识地加强职业实用性形体训练,效果更佳。

(1)力量与速度、耐力、协调性、柔韧性等素质相结合,促进身体素质的全面发展。

(2)动力性与静力性练习相结合,大肌肉群与小肌肉群相结合,促进全身肌肉群匀称发展。

(3)负重练习与徒手练习相结合,促进身心的协调发展。

(4)全身与局部的练习相结合,既要针对身体某部位进行强化训练,又要兼顾身体的全面发展。

(5)主动性部位运动与被动性部位运动相结合。

(6)无氧运动与有氧运动相结合,促进心肺和肌肉功能的协调发展。

7. 讲究动作与呼吸的协调配合 在用力时或肌肉放松时用鼻子深深地吸气,在运动还原或肌肉放松时用口充分地呼气,呼吸要深,要有节奏。练习时呼吸以自然为准,即呼吸与动作有节奏地协调配合。

8. 练习以培养良好形态为主,可选择多样化的练习形式。

9. 要注重合理的营养和饮食结构 人体所需的营养主要是糖、脂肪、蛋白质、维生素、矿物质和水。这些营养素在新陈代谢的过程中密切配合,共同参与,推动和调节生命活动,形体训练要注重营养的足够和各种营养素之间的平衡。

(都玉华)

扫一扫
测一测

复习思考题

1. 试论力量训练的基本要求。
2. 踢腿时要注意的问题是什么?
3. 在柔韧素质训练中,压腿时应注意哪些问题?

第七章

礼仪美体模拟训练

学习要点

1. 熟悉美容礼仪中基本体姿的重要性。
2. 掌握身体礼仪在工作与社会生活中的重要性及其运用。
3. 掌握基本的上肢、下肢、躯干、站姿、坐姿、走姿、蹲姿等,熟悉身体重要部位肌肉的练习方法。
4. 掌握规范的身体体态表现方法,能够运用仪态礼仪技巧展现自己良好的教养和优雅的风度。
5. 熟悉各种不良姿态的纠正方法;掌握塑造美好专业形象的方法。

第一节　基本姿势练习(手臂练习)

一、手位

学习手的位置之前必须学好手的形态:大拇指尖要轻轻地碰到中指的指根处,其他手指稍弯一些挨在一起放好。这种形态只是在初学时才要求这样做。因为那时学生还不能有意识地支配、控制自己的动作,所以手指容易紧张。初步学习后,手的形态变得比较自然,大拇指不必碰中指,而是朝向手心即可。礼仪中是右手在上,右手轻握左手四指处,放于肚脐部位。

手位不同,就会表达不同的意义。

掌心向上:坦诚直率、善意礼貌、积极肯定、无强制性和威胁性等。

掌心向下:强制命令、贬低轻视、否定反对等。

拳头紧握:挑战、表示决心、显示团结和力量、提出警告等。

伸出食指:训示或命令,指明方向或事物,有明显的强制性和威胁性等。

握手有力:热情、兴奋、好动或自我表现欲旺盛等。

握手无力:个性懦弱、缺乏气魄或傲慢、矜持、冷淡等。

手指幅度动作:不耐烦、没兴趣、心不在焉或持不同意见等。

我国至今沿用的是下面介绍的七个手位(也是芭蕾手位):

一手位:手自然下垂,胳膊肘和手腕处稍圆一些。手臂与手呈椭圆形,放在身体的前面,手的中指相对,并留有一拳的距离(图7-1)。

二手位:手保持椭圆形,抬到胸部的高度。在动作过程中,要注意保持胳膊肘和手指这两个支撑点的稳定(图7-2)。

图7-1　一手位

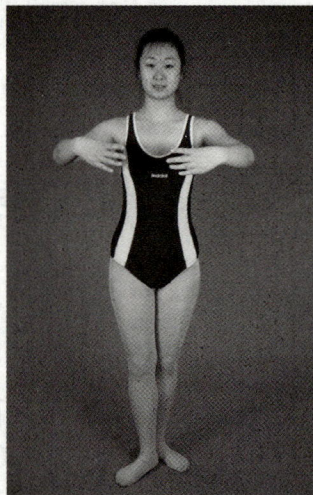

图7-2　二手位

三手位:在二位的基础继续上抬,放在额头的前上方,不要过分地向后摆,三手位就像是把头放在椭圆形的框子里(图7-3)。

四手位:左手不动,右手切回到二手位,组成四手位。它已是舞姿了(图7-4)。

五手位:左手不动,右手保持弯度成椭圆形。从手指尖开始慢慢向旁打开。手要放在身体的前面一点,不要过分向后打开,起到一个延续双肩线条的作用(图7-5)。

六手位:右手不动,左手从三手位切回到二手位,组成六手位,形成舞姿(图7-6)。

七手位:右手不动,左手打开到旁边,双手相同地放在身体的两边(图7-7、图7-8)。

结束:双手从七手位(手心朝前)划一个小半圈,手心朝下,向两边伸长后,胳膊肘先弯曲下垂,逐渐收回到一手位,结束。

图7-3　三手位

图7-4　四手位

图7-5 五手位

图7-6 六手位

图7-7 七手位(一)

图7-8 七手位(二)

知识链接

常见的几种手势

1. V形手势 食指、中指分开斜向上伸出,其余三指相握,掌心向外,其语义主要表示胜利。若掌心向内,则成为一种骂人的手势。

2. 竖大拇指的手势 这个手势几乎在世界范围内公认地表示好、高、妙、一切顺利、非常出色等类似的信息。但在美国和欧洲的部分地区通常用来表示搭车;在德国则代表数字1;在我国拇指向上表示赞同,拇指向下表示蔑视、不赞同等意思。

3. 背手 背手是一种表示至高无上、自信或狂妄态度的人体信号。将手背于身后、前胸突出,这是一种胆量的显示,还可以起到一定的镇定作用。

二、手臂的波浪练习

1. **手臂摆动** 手臂伸直,以肩为轴,并以肩带动肘、以肘带动手做钟摆或弧形运动。摆动时肩放松,手臂可同时或依次向前、向后、向左、向右以及水平方向摆动(图 7-9)。

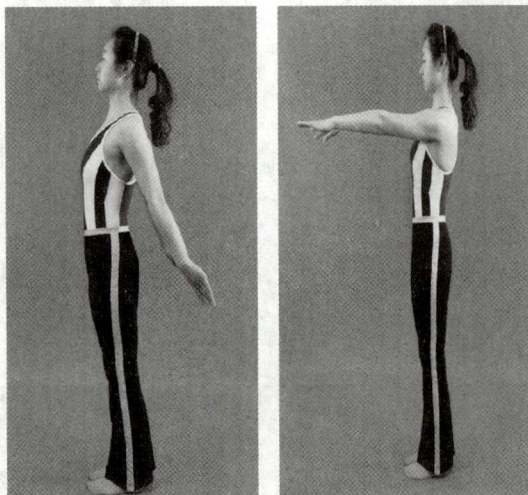

图 7-9 手臂摆动

2. **手臂侧波浪** 自然站立,两臂侧平举。以肩带动肘、腕,稍屈,手指放松下垂,紧接着肩部下沉,肘、腕、指各关节依次伸直侧举,形成连贯而柔和的、波浪式的运动(图 7-10)。手臂波浪还包括前波浪,与侧波浪动作相同,只是方向发生改变。

图 7-10 手臂侧波浪

手臂的波浪练习

准备动作:"双背手","双跪坐",身体朝向 1 点钟方向。

1—4:胸前"小波浪"四次。同时,右、左交替"倾头"各两次。

5—6:"旁大波浪"一次。当"大波浪"上提时候,"跪立,仰头";当"大波浪"下沉时,"跪坐,低头"。

7—8:"前大波浪"一次。当"大波浪"上提时候,"跪立,仰头";当"大波浪"下沉时,"跪坐,低头"。

9—10:向右"转腰",同时"旁大波浪"上提。

11—12:腰还原,手由原路线落至"旁按手位"。

13—14 向左"转腰",同时"旁大波浪"上提。

三、手臂基本动作的练习方法

1. 在连续做芭蕾手位的基础上,分开节拍练习。

2. 先练习两臂同方向的摆动,再练习反方向的摆动。

3. 结合步伐进行手臂摆动练习。

4. 波浪应由慢到快,幅度由小到大,由单臂波浪、双臂波浪再到依次波浪,在熟练的基础上配合手臂动作做各种练习。

四、手臂、肩、胸部力量和柔韧性练习

(一) 手臂、肩、胸部力量练习

力量练习的目的是增强肌肉的力量、耐力,通过科学的力量训练来增强肌肉的协调性。

1. 上臂肱三头肌

(1)臂屈伸

1)起始姿势:两手正握或反握杠铃,或两手合握一个哑铃。将其高举过头顶后,屈肘,让前臂向后下垂。全身直立或坐在板凳上。

2)动作过程:两上臂贴近两耳,保持竖直,不摇动。收缩肱三头肌,逐渐伸展肘关节,将前臂向上挺伸,直到臂部完全伸直,肱三头肌彻底收紧。静止一秒钟,再屈肘,让前臂徐徐下垂到开始位置,使肱三头肌尽量伸展。

3)呼吸方法:挺伸前臂时吸气,屈降前臂时呼气。

4)注意要点:挺伸前臂时切勿摆动上臂。

(2)俯身臂屈伸

1)起始姿势:向前屈体,单手握哑铃,另一手撑开或一手扶膝后腿上,使握铃的上臂贴靠身侧,与上体平行。屈肘,让前臂自然下垂。

2)动作过程:上体和上臂保持不动,收缩肱三头肌,将前臂向后上方挺伸,直到臂部完全伸直,同时彻底收缩肱三头肌。静止一秒钟,再屈肘,让前臂徐徐下垂到开始位置。

3)呼吸方法:挺伸前臂时吸气,前臂下垂时呼气。

4)注意要点:挺伸前臂时尽可能勿使上臂上下摆动,待臂部完全挺直后,将手腕向上抬,使肱三头肌收缩更彻底。

(3)卧式臂屈伸

1)起始姿势:平卧长凳上,两手反握或正握杠铃,向上举起,两臂与地面垂直后,屈肘使前臂下垂。

2)动作过程:保持上臂不摆动,收缩肱三头肌,将前臂向上挺伸,直至臂部完全伸

直。静止一秒钟,彻底收缩肱三头肌,然后屈肘有控制地让前臂徐徐下垂到开始位置,充分伸展肱三头肌。

3)呼吸方法:挺伸前臂时吸气,前臂下垂时呼气。

4)注意要点:挺伸前臂和前臂下垂时,上臂要保持原位不摆动。

(4)直臂后抬

1)起始姿势:身体直立,两手反握或正握杠铃,置于身后。

2)动作过程:保持两臂伸直,将杠铃尽量向后上方抬起。然后,向上屈转手腕,并尽力收缩肱三头肌,静止一秒钟,再使杠铃下降到原位。放松肱三头肌。

3)呼吸方法:臂部后抬时吸气,臂部回降时呼气。

4)注意要点:抬臂时,身体不可晃动,抬到可能的最高点时屈转手腕,才能使肱三头肌彻底收缩。

(5)双臂胸前屈伸

1)起始姿势:两手在胸前握一根连接拉力条的弯把,握距与肩同宽,或稍窄,或合紧。上臂贴靠两肋。屈肘,弯起前臂。

2)动作过程:保持上臂不动,收缩肱三头肌和前臂的肌肉,将弯把用力下压到臂部完全伸直。静止一秒钟,尽力收缩肱三头肌,屈肘,让弯把徐徐回到原位。

3)呼吸方法:弯把下压时吸气,缩回时呼气。

4)注意要点:弯把下压时,务必低到两臂完全伸直。上臂要固定不动。虽然前臂也需用力,但意念要注意肱三头肌的伸缩。

2. 上臂肱二头肌

(1)两臂弯举

1)起始姿势:全身直立,两手仰握杠铃,两臂下垂。

2)动作过程:上臂尽量保持不摆动,屈肘,弯起前臂到可能的最高点,同时收缩肱二头肌,静止一秒钟。松展肘关节,让前臂徐徐下落到两臂完全伸直。

3)呼吸方法:弯起前臂时吸气,前臂回落时呼气。

4)注意要点:要依靠肱二头肌的力量使前臂向上弯起,在前臂弯起到可能的最高点时,彻底收缩肱二头肌一秒钟,而不是立即放松它。避免在弯起前臂时让两肘随之向前上方摆动来使前臂上弯得更高。

(2)单臂蹲坐弯举

1)起始姿势:蹲在地上或坐在凳上,一手握哑铃,让上臂贴在大腿内侧,前臂向下垂直。另一只手扶压在另一大腿上。

2)动作过程:收缩握铃一臂的肱二头肌将前臂向上弯起,到可能的最高点时,彻底收缩肱二头肌一秒钟,然后伸展肘关节,让哑铃徐徐下落到开始位置。练完一侧,换另一侧练习。

3)呼吸方法:弯起前臂时吸气,前臂下垂时呼气。

4)注意要点:让上臂贴靠大腿是为了确保在弯起前臂时不移动肘部。

(3)两臂斜板弯举

1)起始姿势:立在斜板后,两手握杠铃,手心向上,将整个臂部或是上臂平贴在斜板上。

2)动作过程:收缩肱二头肌,将前臂向上弯起,直到可能的最高点时,彻底收缩肱二头肌一秒钟,然后慢慢地松展肘关节,让杠铃徐徐回落到板上。

3)呼吸方法:弯起前臂时吸气,前臂落下时呼气。

4)注意要点:平贴在斜板上的手臂,先要尽量向下伸直。上弯前臂时,肩部丝毫不可上缩。

3. 前臂

腕弯举

1)起始姿势:两手反握杠铃,蹲坐下来。将前臂贴放在大腿上,把手腕向前伸出,垂于膝盖前,两手也可正握杠铃。反握主要练前臂内侧肌肉。正握主要练前臂外侧肌肉。也可把上臂贴靠在平板或斜板上做或用哑铃左右轮流做。

2)动作过程:前臂平贴大腿,只把手腕尽力向上、向内屈转(收缩屈指肌),直到不能再屈转时,静止一秒钟。放松前臂肌肉,让手腕向前回落。

3)呼吸方法:屈转手腕时吸气,手腕回落时呼气。

4)注意要点:屈转到最后时,一定要尽力收缩前臂肌肉(屈指肌)一秒钟,再逐渐放松。

4. 三角肌前部

前平举

1)起始姿势:两腿直立,挺胸收腹。两手正握哑铃或杠铃,两臂下垂于腿前。

2)动作过程:直臂持铃向上举起,至稍高于肩。静止一秒钟,再直臂徐徐放下,还原至腿前。如用哑铃,可左右手各一次,连续交替做。

3)呼吸方法:上举时吸气,下落时呼气。

4)注意要点:上举和下落时全身保持直立,两臂保持直伸,意念集中在三角肌。

5. 三角肌中部

(1)侧平举

1)起始姿势:两脚自然开立,两手握哑铃,下垂于身体两侧。

2)动作过程:收缩三角肌,直臂向侧上方举起,直到略高于肩,静止一秒钟,再让两臂徐徐放下到下垂位置。

3)呼吸方法:上举时吸气,静止时呼气。下降时吸气,完全落下时呼气。

4)注意要点:上举和下落时,全身保持直立,不要摇摆弯曲,臂部保持直伸。

(2)单臂侧平拉

1)起始姿势:全身直立,一脚踩套住拉力器的一个握柄或胶皮条的一端,一手拉住拉力器的另一个握柄或胶皮条的另一端,另一手插按在腰间。

2)动作过程:收缩三角肌,一手将拉力器或胶皮条向侧上方拉到与肩齐高。另一手用力插按腰间以保持平衡。上拉到最高点后,静止一秒钟,然后,在三角肌继续用力控制下,让拉力器或胶皮条徐徐松缩到开始位置。重复练至一肩已无力上拉后,换另一肩练习。

3)呼吸方法:上拉时吸气,到达顶点后呼气。下落时吸气,落到底点后呼气。

4)注意要点:上拉时,身体不要借劲摇摆。这一动作也可侧卧时应用哑铃来做。

6. 三角肌后部

(1)俯身侧平举

1)起始姿势:两足开立,向前屈体 90°,两手握哑铃,两臂直垂肩下。

2）动作过程:收缩三角肌后部,直臂从两侧平举起哑铃,直到与地面平行。静止一秒钟,再让两臂徐徐放下。

3）呼吸方法:上举时吸气,下落时呼气。

4）注意要点:上举和下放哑铃时,全身保持稳定,不要摇摆。意念集中在三角肌后部。上举前,要彻底放松;到达最高点时,要彻底收缩。这一动作也可俯卧在长条凳上做。

（2）直立推举

1）起始姿势:把杠铃从地面上拉到胸上,全身直立。

2）动作过程:两臂向上直推至完全伸直,静止一秒钟,让杠铃慢慢下落到胸上。

3）呼吸方法:上举时吸气,下落时呼气。

4）注意要点:上举和下放杠铃时,身体不要摆动。该动作对上臂肱三头肌也有较大的锻炼作用。如将杠铃下落到颈后肩上,则对三角肌后部有更大的锻炼作用,称为颈后推举。胸前和颈后的推举,也可坐在凳上做。还可用哑铃,左右两臂同时做交替的上推和下落动作,如此做,则可在上推和下落时吸气,静止时呼气。

（二）手臂、肩、胸部柔韧性练习

发展手臂、肩、胸部柔韧性练习的目的是提高手臂和上肢的肌肉、肌腱、韧带等软组织的伸展性,为我们的美体训练打下坚实的基础。其伸展能力的提高主要是由于“力”的拉伸作用的结果。柔韧性的练习方法主要有两种,即主动或被动形式的静力拉伸法和主动或被动形式的动力拉伸法。这两种练习方法的特点,都是在“力”的拉伸作用下,有节奏地逐渐加大动作幅度或多次重复同一动作,使软组织逐渐地或持续地受到被拉长的刺激。

1. 肩关节柔韧性练习

（1）压肩

1）手扶一定高度,体前屈压肩。

2）双人手扶对方肩,体前屈直臂压肩。

3）面对墙一脚距离站立,手、大小臂、胸触墙压肩(逐渐加大脚与墙的距离)。

4）练习者背对横马并仰卧在鞍马上,另一人在后面扶练习者上臂下压。

5）两人互相以手搭肩,身体前倾,向下有节奏地肩压。

（2）拉肩

1）双人背向,两手头上拉住,同时做弓箭步前拉。

2）练习者站立,两手头上握住,帮助者一手拉练习者头上手,一手顶其背部助力拉。

3）练习者俯卧,两手相握头上举或两手握木棍,帮助者坐练习者身上,一手拉木棍,一手顶其背部助力拉。

4）背对肋木坐,双手头上握肋木,以脚为支点,挺胸腹前拉起成反弓形。

5）背向肋木站,双手反握肋木,下蹲下拉肩。

6）背向肋木屈膝站肋木上,双手头上握肋木,然后向前蹬直双腿胸腹用力前挺。

7）侧向肋木,一手上握肋木一手下握肋木向侧拉。

8）体前屈坐在垫子上,双手后举,帮助者握其两手向前上推助力拉。

（3）吊肩

1）单杠各种握法（正、反、反正、翻等）的悬垂摆动。

2）单杠负重静力悬垂。

3）杠悬垂或加转体。

4）后吊：单杠悬垂，两腿从两手间穿过下翻成后吊。

（4）转肩：用木棍、绳或橡皮筋做直臂向前、向后的转肩（握距逐渐缩小）。

（5）动作基本要求：速度均匀，动作舒展。

2. 胸部柔韧性练习

（1）俯卧背屈伸：练习者腿部不动，积极抬上体、挺胸。

（2）虎伸腰：练习者跪立，手臂放置在身体前方地面上，胸向下压。要求主动伸臂，挺胸下压。

（3）练习者面对墙站立，两臂上举扶墙，抬头、挺胸、压胸。要求让胸尽量贴墙，幅度由小到大。

（4）练习者背对鞍马头站立，身体后仰，两手握环使胸挺出。要求充分伸臂，顶背拉肩，挺胸。

（5）练习者并腿坐在垫子上，臂上举，同伴在背后一边向后拉其双手，一边用脚蹬练习者肩背部，向后拉肩振胸。

五、斜肩、溜肩矫正方法

（一）斜肩矫正

在日常生活中，斜肩表现为两种形态：一种是双肩向一侧倾斜，另一种是一肩高一肩低。造成斜肩的原因主要有二：一是经常单肩负重，两肩受力不均，使脊柱轻度侧弯造成的；二是与遗传因素有关，父母有斜肩缺陷。斜肩如不及时矫正，除有碍形体美外，还会影响到同侧胸肌的发达和心脏的健康。

治疗方法：

1. 低肩一侧做单臂单杠悬垂 10～15 秒钟。如力量允许，可再做引体向上 8～15 次，注意低肩一侧用力。

2. 双臂单杠悬垂 10～15 秒钟。如还有力量，可再做引体向上 8～15 次，注意两臂平衡用力。

3. 低肩一侧手持适当重量的哑铃，做前举、侧举、后举练习，每个方向做 4～6 次。

4. 低肩一侧手持哑铃，先做前平举，后屈臂弯举手触肩，做 6～8 次。

5. 低肩一侧手持哑铃于颈后做弯举练习。上举时掌心向后，下放时手触肩，做 6～8 次。

6. 低肩一侧手持哑铃做由低到高的耸肩练习 4～8 次，然后做双肩耸肩练习 8～15 次。注意，练习时两肩高度要一致。

7. 两臂伸直静撑双杠 10～15 秒钟。注意，两肩要平。如力量允许，可做双杠摆体臂屈伸 8～15 次。

8. 手持哑铃对镜做双臂前平举、侧平举 4～6 次。然后徒手做前平举，保持 1～3 分钟。

9. 双手持适当重量的哑铃，对镜立正，平肩站立 3～5 分钟。然后徒手闭目做 1～2 分钟立正平肩站立练习，注意肩平的感觉。

10. 生活中随时注意保持肩平,改变单肩负重的习惯。

(二)溜肩矫正

溜肩又叫"垂肩",是指肩部与颈部的角度较大。正常情况下颈部与肩部的角度是:男子为95°~100°;女子为100°~200°。如果角度大于此范围,就属于溜肩。很多人出现溜肩情况,从而导致穿衣服不好看。造成溜肩的原因,一方面是遗传,另一方面主要是日常生活中各种不良姿势导致肩部锁骨和肩胛骨周围附着的各种肌肉群无力,从而导致溜肩的形成。溜肩者看起来精神不是很饱满,溜肩者很多是因为本身骨骼不端正,还有就是肩胛骨和锁骨附着的肌肉群不发达。通过后期的锻炼和矫正,是可以让肩背变得挺拔的。

简单的自我训练方法:

1. 哑铃侧平举 主要锻炼止于肱骨的三角肌。每组做12个动作,一次做2~5组动作,练习者可根据自己的实际情况,慢慢地不断增加锻炼的强度。

2. 哑铃俯身侧平举 主要以锻炼三角肌后束为主。每组做12个动作,一次做2~5组动作。练习者应根据自己的实际情况,开始的时候要缓慢开始,不可用力过猛。

3. 坐姿颈后推举 锻炼的部位主要为三角肌前束。开始的时候,最好不要用太重的哑铃,最好有其他人在身旁做保护。一般也是以12个动作为一组,但是由于这种运动一般人平时很少做,所以开始的时候容易受伤,练习者一定要小心。

4. 直立提肘上拉 锻炼的部位主要为三角肌前束。每组做10~12个动作,一次做2~5组动作。

5. 扩胸运动 平时除了做健身运动以外,像扩胸运动这样的健身体操运动,空闲时也可以多做一做。该锻炼方法不但能消除因长期伏案学习或工作造成的压迫感,还能预防颈椎病。

第二节 基本姿势练习(下肢练习)

一、脚位

芭蕾中脚的5种基本位置,是学生最早要学习的动作。不是因为简单,而是芭蕾课堂上大部分动作都是以这5种位置作为开始和结束姿态。两脚外开并非易事,但也并不可怕,它需要坚持不懈地刻苦锻炼。有些人的自然开度好,以下的动作就能很轻易地完成。有些人开度较差些,但多做练习就会逐渐达到要求。

芭蕾的脚位

一位脚:两脚完全外开,两脚跟相接形成一横线(图7-11)。

二位脚:两脚跟在一位基础,向旁打开一脚的距离(根据自己脚的大小)(图7-12)。

三位脚:一脚位于另一脚之前,前脚跟紧贴

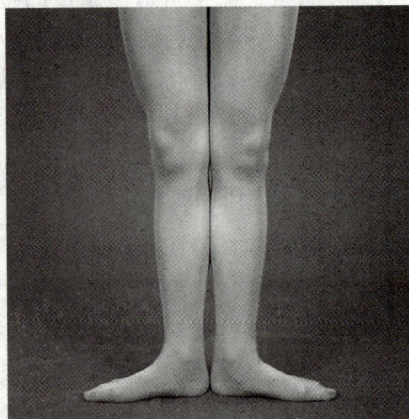

图7-11 一位脚

后脚心,前脚盖住后脚的一半(图 7-13)。

四位脚:一脚从五位向前打开,两脚相距一脚的距离。前脚跟与后脚趾关节成一条直线(图 7-14)。

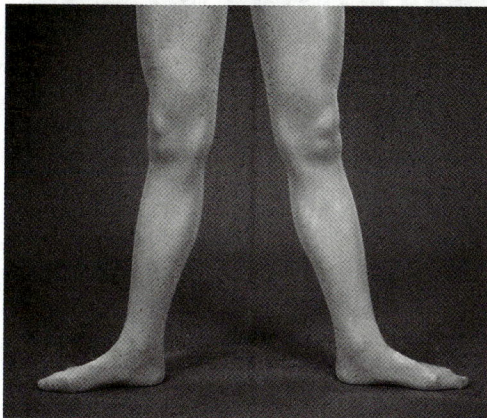

图 7-12　二位脚

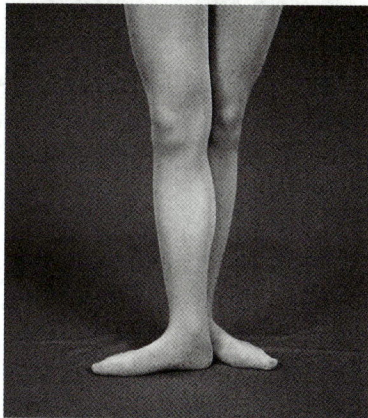

图 7-13　三位脚

五位脚:两只脚紧贴在一起,一脚的后跟紧挨着另一只脚的脚尖,前脚完全遮盖住后脚(图 7-15)。

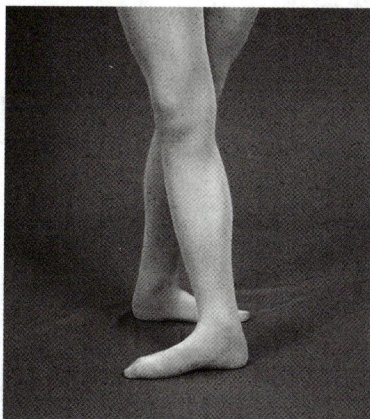

图 7-14　四位脚

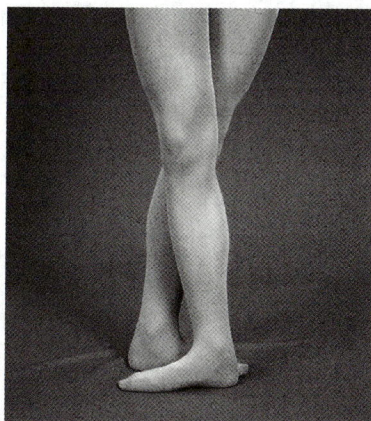

图 7-15　五位脚

二、把杆

把杆是舞蹈者基础训练用的一种专业器材,为对身体起支撑作用而设计,它是为了帮助练习者完成动作时调整重心、掌握平衡用的,以避免在支撑困难的情况下导致错误动作的出现。

把杆训练是气息、力量、稳定性及柔韧性的结合,是全方位综合训练的基础。

1. 蹲、立形态控制练习(4×8 拍)(图 7-16)　配 2/4 拍或 4/4 拍中速音乐。

(1)预备姿势:侧对把杆,左手扶把,右手自然下垂于体侧。

(2)第一个八拍:1~2 拍屈腿半蹲,上体保持正直,膝关节外展,同时右手臂侧平

图 7-16 蹲、立形态控制练习

举,3 拍双脚提踵立,4~8 拍控制。

(3)第二个八拍:1~4 拍右臂自然下垂,屈腿半蹲,5~6 拍双臂侧平举,提踵、控制,7 拍还原,8 拍右转体 180°。

(4)第三至第四个八拍同第一至第二个八拍。

2. 小踢腿形态控制练习(4×8 拍)(图 7-17) 配 2/4 拍或 4/4 拍中速音乐。

(1)预备姿势:右脚前丁字步站立,左手扶把,右手自然下垂。

(2)第一个八拍:1~2 拍右脚前丁字步,右手臂侧摆;3~4 拍右腿绷脚尖,前踢腿(腿要直,髋要正);5~6 拍右腿正前方吸腿;7~8 拍右腿以膝为轴,以脚背带动小腿,快速向前弹出。

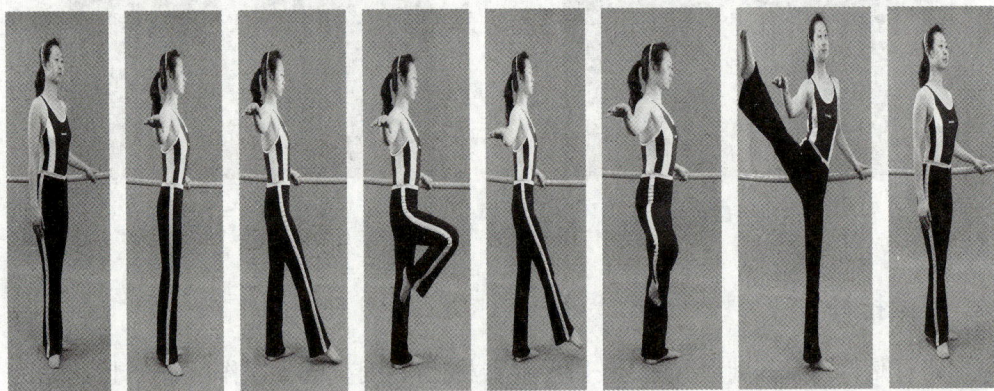

图 7-17 小踢腿形态控制练习

(3)第二个八拍:1~2 拍右脚侧方吸腿;3~4 拍右腿以膝为轴,快速向侧弹出,脚背向上,腿伸直;5~6 拍右腿正前方吸腿;7~8 拍右脚向左脚前交叉,右转体 180°成左前丁字步。

(4)第三至第四个八拍同第一至第二个八拍。

三、下肢基本动作组合练习

（一）大踢腿训练

1. 大踢腿训练的目的　大踢腿训练组合主要是为了提升下肢腿部肌肉的爆发力和拉伸韧带。

2. 大踢腿训练的动作顺序

（1）正步站好，单手扶把，外面的手从一位到二位打开至七位。

（2）前踢腿两次，注意收紧两胯，用手尖发力往上，膝盖和脚尖收紧，落下收回的时候要注意脚尖先着地，在这里尤其注意后背往上提住。

（3）旁踢腿两次，除了之前提到的注意事项外，身体要保持四点正（即身正、体正、腿正、脚正）。

（4）后踢腿两次，同控腿组合一样，后踢腿时身体微微向前倾即可，切勿过度。

（5）往下一位蹲一次，同时收从七位到一位，再从二位打开到七位。

（6）前踢腿一次。

（7）旁踢腿一次。

（8）立半脚尖三次，立半脚尖时整个身体往上，吸气下沉，往下踩压半脚尖。

（9）呼吸收回至一位。

3. 大踢腿训练的注意事项　大踢腿训练不仅能帮助练习者提高身体的柔韧性，还可以增强肌肉的爆发力，并能够增强踢腿中段的控制力。

在踢腿中起腿要轻，腿将要踢出时，要迅速地将身体重心移到另一腿上，使将要提起的腿部肌肉放松，这样才会起腿轻，踢腿快如风。为防止摔倒，也可背靠墙或肋木练习。

踢腿要快，腿由下至上快速向面部摆动，这里有一个加速的过程，踢腿时髋部要后坐，腿上摆要有寸劲。刚刚练习踢腿时，必须始终保持动作的规范性，宁可踢得刚过胸，也不要把支撑腿的脚跟抬起来或使膝部弯曲，或是弯腰凸背用头去迎碰脚尖，这些均说明腿的柔韧性训练还不到位，韧带还没有拉开。只要坚持压腿，常练不辍，定能达到脚碰前额的目标。

落腿应稳。初练者，往往踢起的腿刚落地，就踢另一只腿（当然，这里是指把下），从而出现出腿笨重、身体歪斜的现象，这是因为踢出的腿刚落地的时候，身体的重心还在原支撑腿上。踢出的腿下落时应转移重心，不然势必出现上述现象。正确的做法是等踢出的一只腿落实以后，身体的重心转换完毕再踢出另一只腿，其实这样的练习也有利于实战中连环腿法的应用。

大踢腿的形式有前腿、旁腿、后腿、盖腿、蹁腿、盖蹁腿、紫金冠等多种形式。在做基本功训练时，训练的准确性很重要。错误的训练方法往往难以起到锻炼的作用，而且基本功练不好正如地基没打牢，会影响到后续的训练。所以，同学们在练习基本功的时候一定要谨慎、认真。

（二）压腿训练

1. 练习者45°斜角面对把杆，双脚"五位站立"。一手扶把杆，一手自然下垂，挺胸、收腹，准备两小节。

2. 重心移至主力腿，动力腿旁吸后向前伸直抬至把杆之上，向前压腿三次，下腰一次。一手扶把杆,一手三位举起。

3. 直立腿旁转 90°,做旁压腿三次,下侧腰一次。

4. 直立腿再旁转成后腿,一手扶把杆,一手三位,向后压腿三次,直立一次,然后腿落地还原,成准备姿势,换脚重复以上动作。压腿训练时可配以合适的音乐。

(三)弹腿训练

动作要领:

1. 弹腿有小弹腿和大弹腿之分,弹腿是膝关节急速有力地伸直,主要训练关节的灵活性和大腿前面肌肉群的收缩力量和速度。

2. 弹腿时身体要保持正直,一腿支撑,另一腿屈膝,大腿不动,小腿迅速弹出、伸直,伸直不动,还原时收回屈膝部位。

3. 弹腿的动作应由慢到快,由小到大,先做小弹腿练习,然后再做大弹腿练习,动作要求干脆、利落、有力。

(四)控腿训练

1. 控腿训练可由屈膝上提的吸腿、后伸腿、举腿、踢腿、绕腿来连接,主要目的是训练腿部肌肉的控制能力。

2. 控腿训练时上体要保持正直,收腹、立腰、收臀,支撑腿膝关节不要弯曲,骨盆要正,在身体保持正直的情况下把腿举高。

3. 向前控腿时,切忌为追求举腿的高度而伸胯,身体往后仰;向后举腿时,避免塌腰或上体和骨盆向举腿方向转动。

四、腿部肌肉练习

腿部肌肉对于健身的人来说是非常重要的。在健身爱好者之间流传着这样一句话:"当你体重不增长的时候,请练腿部肌肉;当你手臂围度不增长的时候,请练腿部肌肉;当你核心肌群不够强的时候,请练腿部肌肉……"这说明训练腿部肌肉的重要性。腿部肌肉是全身肌肉增长的发动机,只有腿部肌肉足够强壮,才能更好地发展身体其他部位的肌肉。下面就来分享锻炼腿部肌肉最有效的 5 个练习动作。

1. 第一个练习动作——杠铃深蹲 对于杠铃深蹲这个动作大家再熟悉不过了。有一点需要注意:做杠铃深蹲的时候需要掌握下蹲的角度。下蹲时膝关节大于 90°是锻炼大腿正面股四头肌,下蹲时膝关节小于 90°是锻炼臀部和大腿后侧股二头肌。开始练习时,杠铃重量宜轻,每个重量做 2 组热身动作,然后逐步增加杠铃重量,每个重量做 4~6 组练习动作。

2. 第二个练习动作——坐姿器械腿屈伸 这个动作是用固定器械锻炼,主要是锻炼大腿股四头肌,动作的路线固定器械都已设定好,其次它还属于单关节动作。因此在练习的时候只需要掌握适合自己的腿部肌肉练习的重量即可。做 4 组练习动作,每组 8~12 次。

3. 第三个练习动作——坐姿器械腿举 这个动作同样是采用固定器械锻炼,有点像杠铃深蹲,练习的时候注意腿部膝关节弯曲的角度。小于 90°主要是锻炼腿部股二头肌和臀大肌,大于 90°主要是锻炼腿部股四头肌。做 4 组练习动作,每组 8~12 次。

4. 第四个练习动作——负重哑铃箭步蹲 这个动作既锻炼腿部肌肉,又锻炼臀部肌肉,练习时需要练习者注意箭步蹲的角度,下蹲时尽量保持双腿膝关节成90°,前脚膝关节不要超过脚尖。做4组练习动作,每组左右各10次。

5. 第五个练习动作——坐姿器械腿弯举 这个动作也是采用固定健身器械锻炼,主要锻炼大腿股二头肌,动作的路线和轨迹固定器械都已设定好,属于单关节动作。因此练习者不用过多地关注动作是否标准,更多地是要增加腿部肌肉练习的重量。做4组练习动作,每组8~12次。

以上5个动作可以说是锻炼腿部肌肉最有效的练习动作,练习者应尽可能多地采用以上5个动作。

案例分析

案例:抖腿的年轻人

曾经有一家中国企业和德国一家公司洽谈合作事宜,如果谈判顺利,中国企业将会成功引进外资,进行新一轮的项目研究开发。在洽谈过程中,中方企业一名年轻的谈判人员一直不停地抖腿,还时不时拿笔在谈判桌上敲两下,德国公司工作人员看到此情景非常反感,便向中方人员暗示。哪知道中方负责人没有阻止该年轻工作人员的失礼行为,为其简单辩解后继续与德方谈判。就是看到了这一个小的细节,德国公司立刻宣布取消投资项目。

分析:为什么德国公司取消了与中国企业的合作事宜?如果你是中方负责人,你会如何处理这件事情?

五、O 型腿和 X 型腿矫正方法

(一) O 型腿

O 型腿又称"罗圈腿",是指膝关节外翻,双脚踝部并拢,双膝不能靠拢,并形成 O 字形,是儿童期骨骼发育畸形造成的。其主要原因是幼儿时期站立过早,行走时间过长,缺乏营养和锻炼,导致大、小腿内外两侧肌群及韧带的收缩力量与伸展力量发展不平衡。有些人天生腿型不够美观,影响挑选衣服时的选择和心情,O 型腿的女生往往要放弃穿铅笔裤、短裤、短裙等。下面介绍几种能改善腿型的方法。

第一种方法:直立,双脚并拢,两手扶膝做双膝向正前方的下蹲起立运动。如此反复练习,20~30 次为一组动作。

第二种方法:端坐在椅子上,双脚并拢,夹紧两腿,可以在两腿间放一本书,尽力用小腿夹住书本。如果想要短时间见效,就用布带绑住小腿进行练习。

第三种方法:平躺在地面上,双脚的脚尖并拢,然后慢慢抬起并拢的双脚与身体成90°,然后将腿下垂至45°,坚持25秒左右,然后回到90°位置。如此反复练习,5次为一组动作。

第四种方法:站立,两脚分开与肩同宽或比肩稍宽一些,两手扶膝做向内环绕的动作,这样可以锻炼到小腿肌肉,改善腿型。

第五种方法:双手叉腰,两脚分开与肩同宽,脚尖略向外,吸气时两腿靠拢做深蹲动作并坚持一段时间,呼气时慢慢打开双膝,恢复直立站姿。如此反复练习,10次为一组动作。该方法可以锻炼到小腿肌肉,对于改善腿型很有效。

第六种方法:杠铃夹腿深蹲。肩负中等重量的杠铃,两腿分开与肩同宽,慢慢下蹲至全蹲(膝关节角度小于 90°),然后快速夹腿直立,反复练习。

第七种方法:提踵转脚,两脚开立。先以脚跟为轴,做脚尖外展、内收动作,做 8~16 次;然后以脚尖为轴,做脚跟的外展、内收动作。两脚始终并拢。

第八种方法:夹球蹲跳。练习者站姿,两脚踝内侧夹一排球,两膝内侧夹紧,两脚跟提起,半蹲,两手扶在两膝上做向前连续蹲跳,20~30 次为一组动作,做 2~3 组练习动作。

第九种方法:保持正确的坐姿。腿型不美观,大都是后天的因素,所以要在平时注意自己的坐姿,不要跷二郎腿,不要盘坐等。腿型不好的人最好坐端正,两脚并拢,夹紧双腿。

(二) X 形腿

X 形腿的形成原因与 O 形腿基本相似。它是股骨内收、内旋和胫骨外展、外旋形成的一种骨关节异常及腿部形态异常的现象。其特征是:站立时两膝并拢,两脚不能并拢,形成 X 形。X 形腿的矫正,一定要持之以恒,才会有效果。

第一种方法:盘坐压腿练习。练习者坐于垫子上,上体保持直立,左腿向前伸直,右腿屈膝外展,右脚放于左脚的膝关节处,左手扶右踝部,右手扶右膝内侧。右手掌向下用力,将右膝向下压,至最大限度,控制 15~20 秒,然后慢慢放开还原。再换右腿重复练习。

第二种方法:直腿夹物。坐在椅子上,两臂后撑,上体挺直,两踝关节处夹紧一件软物,开始练习时物体尽量用厚实者,膝关节并拢,脚跟着地。用脚带动腿做最大限度前伸,控制 4~5 秒,然后放松,反复练习。

课堂互动

运动后如何做放松运动?

运动后的放松运动可分两阶段:

1. 放松慢跑或走路　主要运动结束后通过放松慢跑或走路(亦可后退慢跑或走路),让身体缓和下来,再做整理运动。

2. 放松伸展　整理运动结束后可通过身体各部位的伸展,让整个身体放松下来,达到消除疲劳和降低肌肉酸痛的功效。

第三节　基本姿势练习(躯干练习)

一、身体波浪及其组合(含展胸练习)

1. **前波浪**　由半蹲体前屈开始,膝、髋、腰、胸、颈依次向前上方挺出,经含胸、低头、顶髋的反向弯曲和上体大幅度后屈姿势,由下至上,身体各关节依次伸展还原成直立(图 7-18)。动作中两臂由前经下向后绕至上举,全身协调配合。

2. **侧波浪**　左脚尖侧点地,两臂右侧上举,上体左侧屈,左、右腿依次屈膝向左移重心并随之依次伸直,同时髋、腰、胸、头依次经前屈向左侧上方挺出至右脚尖侧点地,

图 7-18　前波浪图

图 7-19　侧波浪图

上体右侧屈,两臂随着经下摆至左上方(图 7-19)。

3. 身体波浪基本动作的练习方法

(1)两手或一手扶把杆练习身体波浪,由分解练习到完整动作,由慢到快体会反向弯曲和依次屈伸的用力顺序以及重心的控制。

(2)徒手练习身体波浪。

(3)结合移重心练习身体波浪。

4. 含、展胸练习(4×8 拍)(图 7-20)

(1)预备姿势:两腿开立,两臂自然下垂,眼睛平视。

(2)第一个八拍:1~4 拍匀速挺胸,肩慢慢外展。5~8 拍慢慢含胸,两肩内合,胸廓内收。

(3)第二至第四个八拍同第一个八拍。

5. 动作基本要求　速度均匀,动

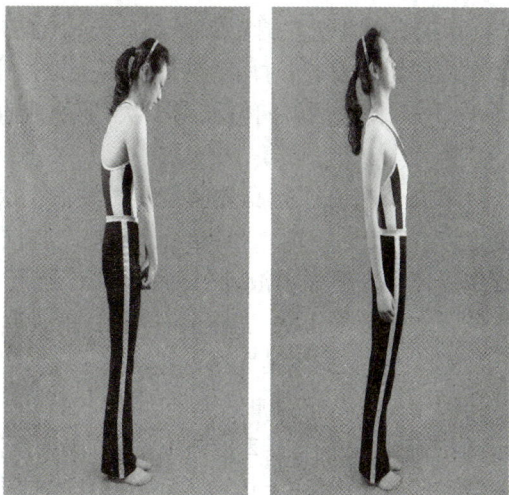

图 7-20　含、展胸练习

作舒展。

二、形体姿态操

1. 组合长度,一共 18 个八拍。
2. 音乐节拍及速度,3/4 中速(动作每一拍为音乐一小节)。
3. 预备姿势,自然站立。

第一个八拍:1 拍两臂呈弧形前举。2 拍两臂打开至侧举(保持弧形)。3 拍右脚向左前方脚尖点地,左腿半蹲,同时左臂上举,上体稍向右扭身,挺胸抬头,眼看右前方。4 拍右脚收回,还原成预备姿势。5~8 拍同 1~4 拍,方向相反。

第二个八拍:同第一个八拍。

第三个八拍:1 拍左臂向右上方波浪摆动 1 次,眼看左手。2 拍同 1 拍,换右手臂做,方向相反。3 拍左臂向内绕环 1 周至左侧下方,掌心向上,头随臂转动。4 拍左臂转时向左侧摆动侧波浪 1 次,眼看左手。5~8 拍同 1~4 拍,方向相反。

第四个八拍:1 拍左脚向左前方前漫步,脚尖点地,右腿半蹲向前移重心,左腿半蹲,同时两臂弧形前举,掌心相对。2 拍重心移至左腿,两腿伸直右脚尖后点地,同时左臂侧举,右臂上举,手臂成弧形,眼看右前方。3 拍重心后移至右腿,左脚尖前点地,同时右臂经前向下绕至侧举。4 拍左脚收回成自然站立。5~8 拍同 1~4 拍,方向相反。

第五个八拍:1~2 拍左臂向侧波浪 2 次,眼看左手。3~4 拍同 1~2 拍,换右臂做。5 拍左脚向前一大步并屈膝成弓步,同时两臂经侧向前至两手腕交叉,掌心向上。6~7 拍转腕掌心向下,两臂由前向侧在移动中连续做 3 次小波浪,同时重心后移至右脚。8 拍左脚收回成站立。同时两臂做 1 次小波浪柔软地落下。

第六个八拍:同第五个八拍,换右脚向前。

第七个八拍:1 拍左脚向左前方一步,同时左臂斜向上举,掌心向上,右臂斜后下举,抬头挺胸,眼看左手。2 拍右腿并于左腿屈膝弹动 1 次,上体经含胸低头至直立,同时左臂转肘向左上方做中绕环波浪 1 次,柔软地落下于体侧,眼看左手。3~4 拍同 1~2 拍,方向相反。5 拍左脚向前一步,同时两臂斜向上举,掌心向上,抬头,眼看前上方。6 拍右腿并于左腿屈膝弹动 1 次,上体经抬胸挺头,依次弯曲至前屈含胸低头,再依次伸展至直立,同时两臂转肘向斜上方做中绕环波浪 1 次。7~8 拍向后足尖碎步移动 4~5 步,同时两臂向前波浪 1 次,还原成直立。

第八个八拍:同第七个八拍。

第九个八拍:1 拍身体向左侧做波浪 1 次,同时两臂在左侧做 1 次小波浪,眼看左侧上方。2 拍同 1 拍,方向相反。3 拍左脚向左侧一步,脚尖点地,在向左移重心的过程中身体向左侧做波浪,同时两臂由右经下摆至左侧上举(左臂稍高),眼看左手。4 拍两臂做小波浪 1 次,上体向右侧屈,抬头看左手。5~8 拍同 1~4 拍,方向相反。

第十个八拍:同第九个八拍。

第十一个八拍:1 拍左脚向侧华尔兹步,两臂侧举水平摆动,上体随之向左转动,挺胸抬头,眼看前方。2 拍同 1 拍,方向相反。3 拍左脚向左前一步,右脚并左脚,同时两臂经侧绕至上举,上体前屈。4 拍身体向前做波浪,同时两臂经下向后绕至上举,成起踵站立。5~6 拍右脚向前一步,左脚并右脚,身体向后做波浪,同时两臂向后绕至体前下方。7拍身体向前做波浪,同时两臂经下向后绕至上举,成起踵站立。8拍向右转45度,同时两臂向侧做波浪1次。

第十二个八拍:同第十一个八拍,方向相反。

第十三个八拍:1拍屈膝弹动1次,同时右臂向内绕环1周,左臂侧举,头随右臂转动。2拍屈膝弹动1次,身体向右侧做波浪,同时右臂转肘向右侧做波浪摆至侧上举,眼看右手。3~4拍同1~2拍,方向相反。5拍右脚向右侧一步,左脚侧点地,身体左侧屈,同时右臂由右经前下向左绕至上举,左臂侧举,眼看左手。6拍左脚向右前交叉一步,身体右侧屈,同时右臂摆至体侧,掌心向上,左臂侧上举。7拍右脚向右侧一步,身体向右侧做波浪,同时右臂向右侧弧形摆至侧上举,眼看右手。8拍右脚向左脚靠拢,两臂向侧做小波浪1次。

第十四个八拍:同第十三个八拍,方向相反。

第十五个八拍:1~3拍左脚向左侧一步,右脚并左脚,左臂侧后上举,同时右臂做体前向内水平绕环接头上水平大绕环,身体向左做螺旋波浪,头随右臂转动。4拍右臂侧上举,左臂侧举,身体向左侧屈,同时两臂做1次小波浪,眼看右手。5~8拍同1~4拍,方向相反。

第十六个八拍:同第十五个八拍。

第十七个八拍:1拍左脚向左侧一步半蹲,右腿向左,右脚尖在左前方点地,同时两臂摆至左前下方,上体左侧屈,眼看双手。2拍右脚收至左脚前提踵立,向右足尖碎步移动4~5步,同时右臂经左侧绕至上举,左臂侧举,眼看右手。3~6拍原地向右足尖碎步转体360°(每拍两步转90°),同时两臂依次向下、上摆动做波浪4次(右、左、右、左)。7~8拍原地足尖碎步,同时两臂侧举做上、下小波浪2次。

第十八个八拍:同第十七个八拍,方向相反。8拍还原成预备姿势。

三、胸、背部肌肉练习

(一) 胸大肌

1. 平卧举

(1)起始姿势:仰卧长凳,将杠铃放在胸部上方。

(2)动作过程:将杠铃垂直上举至两臂完全伸直,胸肌彻底收缩,静止一秒钟,慢慢下落。

(3)呼吸方法:上举时吸气,下落时呼气。

(4)注意要点:上举时背部、臀部要平贴凳面,两脚用劲下踏。

2. 上斜卧举

(1)起始姿势:头朝上斜卧在30°~45°的长凳上,两手正握杠铃置于胸部上方。

(2)动作过程:把杠铃垂直上举至两臂完全伸直,静止一秒钟,慢慢下落至原位。

(3)呼吸方法:上举时吸气,静止时呼气。徐徐下落时吸气,落到原位时呼气。

3. 仰卧飞鸟

(1)起始姿势:仰卧于长凳上,两手拳心相对,持哑铃;两臂向上伸直与地面垂直,两脚平踏地面。

(2)动作过程:两手向两侧分开下落,两手肘绷直,直到与身体平行。静止一秒钟,让胸大肌完全伸展,然后将两臂从两侧向上,回合到开始位置。

（3）呼吸方法:两臂拉开时吸气,回复时呼气。

（4）注意要点:两手不要紧握。分臂时,背部肌肉要收紧。意念集中在胸大肌的收缩和伸展上。

4. 卧式两臂上拉

（1）起始姿势:仰卧于长凳上,两手正握哑铃或杠铃,两臂直伸,与地面平行。两脚平踏在地面或长凳上。

（2）动作过程:两臂保持平伸,将把哑铃或杠铃向上、向后拉,并下落到可能的最低点。静止一秒钟,让胸大肌尽量拉伸。然后,收缩胸大肌,把两臂拉向上,拉向前,直至下落到腿侧开始位置。

（3）呼吸方法:向上、向后拉时吸气,向上、向前回复时呼气。

（4）注意要点:后拉时,让两臂充分向后直伸;前拉时,让两臂充分向前直伸。该动作也可两手并握一较重的哑铃来做,因两手握距较窄,重量集中在中央,对发展胸大肌靠人体中线的边沿部分有较大的作用。

（二）腹直肌

1. 仰卧起腿

（1）起始姿势:仰卧在平垫上或头朝上仰卧在斜板上。两手握住头后方的固定物件,全身伸直。

（2）动作过程;收缩腹肌,将保持伸直的两腿向上抬起,直到可能的最大限度。保持一秒钟,再让两腿徐徐回落。

（3）呼吸方法:向上抬起两腿时吸气,两腿回落时呼气。

（4）注意要点:两腿下落时,仍要控制腹肌,勿使两腿下落过快。

2. 仰卧抬腿卷缩上体

（1）起始姿势:平卧床上或地上。两膝弯曲,抬起小腿,勿使其下降,两手抱头。

（2）动作过程:在保持小腿不下放的姿势中,尽力把上体向前卷缩,身体实际上不会上抬很高。

（3）呼吸方法:上体向前卷缩时吸气,回落时呼气。

（4）注意要点:上体向前卷缩时,腰要下沉贴床或地面,腹肌尽量收缩。

3. 悬杠屈膝缩腿

（1）起始姿势:两手正握单杠,全身直垂于杠下。

（2）动作过程:屈膝,把小腿尽力向上缩起,到最高点时,彻底收缩腹直肌一秒钟。然后徐徐下垂小腿,直到完全伸直。

（3）呼吸方法:缩起小腿时吸气,小腿降落时呼气。

（4）注意要点:缩起小腿时要尽力把两膝向上提升。

4. 坐式缩腿

（1）起始姿势:坐在凳边,两手向后撑在凳上。两腿向前直伸。

（2）动作过程:屈膝缩起小腿到可能的最高点。彻底收缩腹直肌一秒钟,然后徐徐降落小腿,直到完全伸直。

（3）呼吸方法:缩起小腿时吸气,小腿降落时呼气。

（4）注意要点:本动作较简易,其作用大小全在膝部上提的高低和动作的快慢上。膝部上提越高、动作越慢作用愈大,反之作用愈小。

（三）上背部

1. 立式耸肩

（1）起始姿势：身体直立，两手用正（俯）握法握杠铃或哑铃，握距稍宽于肩。

（2）动作过程：先让肩部尽量下倾，两臂完全不使劲，然后耸起两肩（主要是收缩斜方肌），静止一秒钟，松下肩部，重复再做。

（3）呼吸方法：耸起肩部时吸气，松下肩部时呼气。

（4）注意要点：耸起肩部把杠铃稍稍上提要完全靠收缩斜方肌所产生的力量，两肘不能有丝毫弯曲。

2. 直立划船

（1）起始姿势：两脚自然开立，两手握杠，用上握法，握距比肩窄（可窄到两拳在杠中央相接）。

（2）动作过程：把杠铃徐徐向上拉起，直到横杠几乎触及颏部。静止一秒钟，让杠铃徐徐下垂到两臂完全伸直，重复再做。

（3）呼吸方法：杠铃上拉时吸气，下垂时呼气。

（4）注意要点：上拉时要让横杠尽量贴近身体。如握把较宽，杠铃上提时让两肘尖向上。上拉时身体不要摆动。下垂杠铃要徐徐而行，最后要让杠铃尽量下垂到可能的最低点。

（四）中背部

1. 引体向上

（1）起始姿势：两手用宽握距正握（掌心向前）单杠，两脚离地，两臂、身体自然下垂伸直。

（2）动作过程：用背阔肌的收缩力量将身体往上拉起，直到单杠触及或接近胸部。静止一秒钟，使背阔肌彻底收缩。然后逐渐放松背阔肌，让身体徐徐下降，直到身体回复完全下垂，重复再做。

（3）呼吸方法：将身体往上拉时吸气，身体下垂时呼气。

（4）注意要点：将身体上拉时意念集中在背阔肌，把身体尽可能地拉高，上拉时不要让身体摆动。身体下垂时脚不能触及地面。可在腰上钩挂杠铃片来加重。

2. 坐式下拉吊棍

（1）起始姿势：坐在凳上，两手用宽握距向上伸直，正握（掌心向前）吊棍。

（2）动作过程：收缩背阔肌，将吊棍尽力往下拉，直到触及颈后肩背部或是触及前胸。然后慢慢地放松背阔肌，让吊棍缩回到两臂伸直拉住的高度。

（3）呼吸方法：将吊棍下拉时吸气，吊棍松回时呼气。

（4）注意要点：应将意念集中在背阔肌收缩和放松的控制上。如果坐着做该锻炼动作的高度不合适，可站着做或跪着做。

3. 俯身划船　该动作是锻炼背阔肌的基本动作之一，可借助杠铃、哑铃等器械来完成。如果借助杠铃来完成该锻炼动作，当握距较宽，并上拉到触及腹部时，对背阔肌下端有较大的锻炼作用；当握距较窄，并直接上拉到触及胸部时，对背阔肌上部的锻炼作用较大。若用哑铃来完成该锻炼动作，可左右手交替做或用单个哑铃先练一边，再练另一边。

（1）起始姿势：屈膝，上体前倾，两臂直垂握杠，应使杠铃稍离地面。头不要低垂。

(2)动作过程:收缩背阔肌,将上臂上拉,把杠铃尽量拉高,静止一秒钟,让杠铃徐徐下降到两臂完全伸直下垂。

(3)呼吸方法:上拉杠铃时吸气,放下杠铃时呼气。

(4)注意要点:上拉杠铃时要想着让主要力量来自背阔肌的收缩,而不是臀部。上拉杠铃时,腰要收紧,上体尽量不摇动,腿部用力,臀部后移,以保持平衡。如做单臂划船,另一手可撑扶在膝上或凳上。

(五)下背部

1. 直腿硬拉

(1)起始姿势:两脚开立,比肩稍窄。向前屈体,不要屈膝。两手用正、反握握杠,握距稍宽于肩。勿低头。

(2)动作过程:收缩下背部肌肉,把上体向上、向后挺起,两肩尽量后移。最后,尽力收缩骶棘肌,静止一秒钟,再慢慢屈体向前,直到杠铃片几乎触及地面。如欲加大后背部的屈伸幅度来加大锻炼效果,两脚可放在垫木上,杠铃放在地上。

(3)呼吸方法:上拉时吸气,放下时呼气。

(4)注意要点:两腿始终直立,膝部勿弯曲。意念要始终集中在后背部。动作要平稳,用大重量,但又切勿过重。切勿突然用大重量。也可屈腿做这个动作,称为"屈腿硬拉",虽然对下背部的锻炼作用稍小,但有助于锻炼股四头肌。

2. 负重躬身

(1)起始姿势:颈后肩负杠铃,两手用宽握距握杠,全身直立。

(2)动作过程:慢慢向前屈体躬身,直到上体与地面平行,静止一秒钟,身体向上挺起,直到回复全身直立。

(3)呼吸方法:向前屈体时吸气,身体向上挺起时呼气。

(4)注意要点:屈伸上体时,应始终保持挺胸收腹、紧腰和两脚伸直。两手紧握横杠,勿使横杠在颈椎上滑动。身体向上挺起时有意识地彻底收缩骶棘肌。

3. 超度挺身

(1)起始姿势:俯伏在长凳上,让上身前滑,直到小腹贴在凳边。向前屈体,让上体直向下垂。让同伴压住或坐在小腿上。两手交叉放在胸前。若要增大抗力,还可抱一杠铃片在胸前。

(2)动作过程:上体尽量向上挺,到最高点时,静止一秒钟。然后慢慢回复。

(3)呼吸方法:上体挺起时吸气,前屈时呼气。

(4)注意要点:上体向上挺伸时应尽力收缩骶棘肌,动作不要过快。

(六)综合练习

1. 坐姿的胸腰练习(4×8拍)(图7-21)　配2/4拍或4/4拍中速音乐。

(1)预备姿势:直角坐,两腿并拢伸直,绷脚面,两臂垂直于体侧。

(2)第一个八拍:1~2拍上体前屈压腿(腹部尽量贴近大腿),同时两臂前摆;3~4拍上体抬起成直角坐(抬头、挺胸、立腰、立背),同时收臂上举(掌心相对);5~6拍上体向后下腰(用力仰头),同时两臂经体侧摆至身体后支撑。

(3)第二至第四个八拍:同第一个八拍。

2. 跪姿胸腰练习(4×8拍)

(1)预备姿势:分腿跪姿,上体正直,手臂上举。

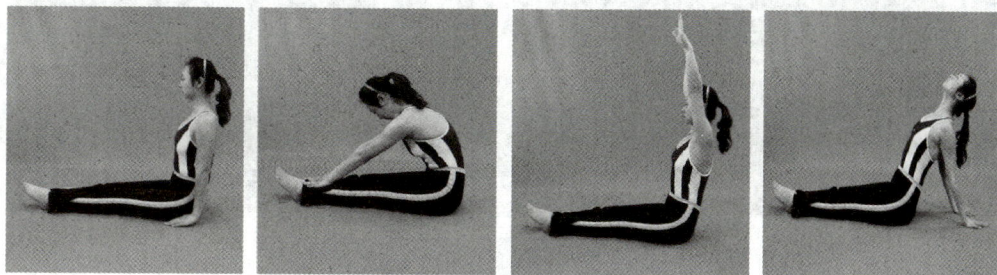

图 7-21　坐姿的胸腰练习

（2）第一个八拍：1~6 拍上体向后下腰，控制；7~8 拍还原成预备姿势。

（3）第二个八拍：1~6 拍臀部后跪坐于两腿之间，上体后倒，平躺于地上，两臂置于体侧；7~8 拍腰背用力，挑腰起，还原成预备姿势（图 7-22）。

图 7-22　跪姿胸腰练习

（4）第三至第四个八拍：同第一至第二个八拍。

（5）动作的基本要求：下腰时，要抬头，再依次肩、胸、腰向后倒地。

3. 背弓练习（4×8 拍）（图 7-23）　配 2/4 拍或 4/4 拍中速音乐。

（1）预备姿势：俯卧，两腿伸直稍分开，手臂上举。

（2）第一个八拍：1~4 拍上体和两腿两头翘（用力仰头）；5~6 拍两腿放下，双手曲肘撑地；7~8 拍双臂撑直，上体后仰成最大反背弓。

（3）第二个八拍：1~2 拍还原成预备姿势，3~6 拍上体和两腿两头翘，7~8 拍还原成预备姿势。

（4）第三至第四个八拍：同第一至第二个八拍。

（七）腹部力量练习

1. 坐姿收腹吸腿练习（4×8 拍）（图 7-24）　配 2/4 拍或 4/4 拍中速音乐。

（1）预备姿势：坐地，两腿并拢吸腿，脚尖点地，双手抱住膝部。

（2）第一个八拍：1~2 拍上体后倒，两臂上举，两腿伸直；3~4 拍利用腹部力量，抬

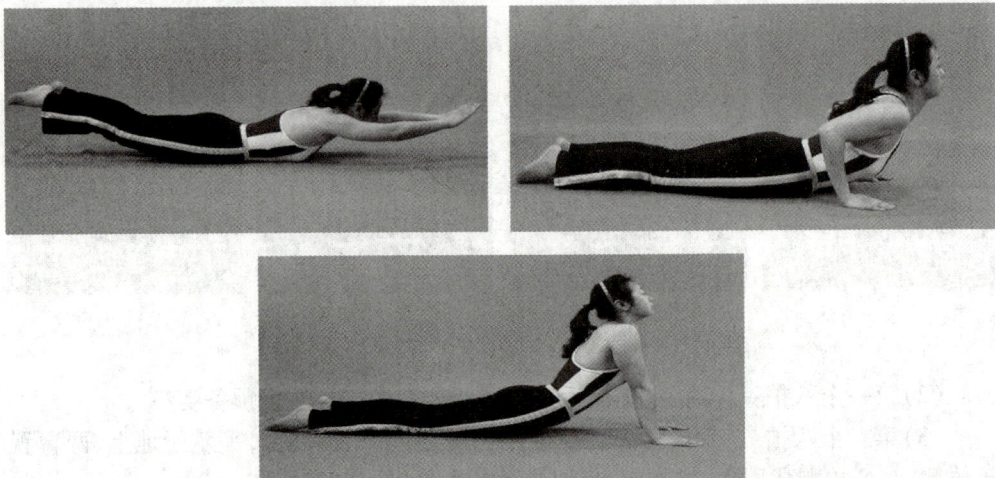

图 7-23　背弓练习

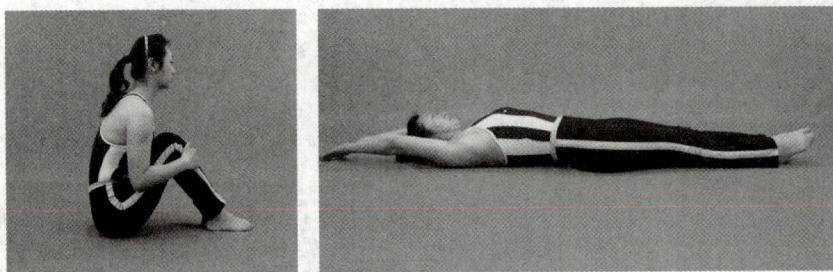

图 7-24　坐姿收腹吸腿练习

上体吸腿(身体团紧),还原成预备姿势;5~8拍同1~4拍。

(3)第二至第四个八拍:同第一个八拍。

2. 仰卧收腹剪腿练习(4×8拍)(图7-25)

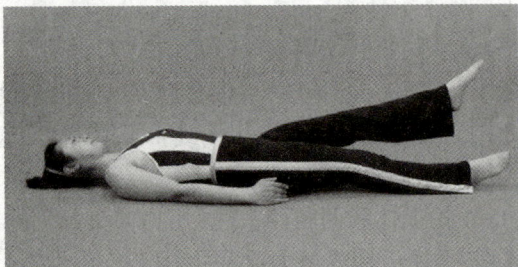

图 7-25　仰卧收腹剪腿练习

(1)预备姿势:仰卧,两臂置于体侧。

(2)第一个八拍:1~2拍两腿伸直,斜40°举腿;3~6拍两腿在空中做上下交叉动作各两次;7~8拍还原成预备姿势。

(3)第二至第四个八拍:同第一个八拍。

四、"鸡胸"、弓背矫正方法

（一）弓背形成的原因及矫正方法

弓背是指胸椎后凸所引起的形态改变,不是脊柱本身有病变而是因为低头、含胸,背部肌肉薄弱、松弛无力所致。

弓背的人,平时要注意纠正自己的姿势,强调挺胸抬头,经常做扩胸动作,提高后背肌群力量,使后背平直,胸挺起。还可通过以下几组练习来改善肌肉力量,进行矫正。主要的训练方法有:

1. 肩胸部位的伸展、拉伸

（1）俯卧两头起:练习者俯卧在垫上,两臂伸直放于体侧,然后吸气,头胸部和腿部同时向上抬起,使身体呈最大限度背弓形,稍停 3~4 秒钟。再呼气,还原放松。重复 10~15 次,共练习 4 组。

（2）头胸挺身:两腿开立与肩同宽,双手在体后交叉相握,头后仰,尽量挺胸展肩,用力伸展躯干,拉伸控制 10 秒左右,随后放松,反复练习。

2. 肩胸部位的力量练习

（1）站姿直臂扩胸:自然站立,两脚开立与肩同宽,挺胸、收腹、紧腰,两手握哑铃,掌心相对,两臂伸直置胸前,随即吸气,两手平稳而均匀地将哑铃向两侧拉开,两臂与两肩成一直线,稍停 2~3 秒。然后呼气,缓慢还原。重复 10~12 次,共练习 4 组。

（2）俯卧飞鸟:练习者俯卧在高脚长凳上,两手握哑铃直臂垂悬（要求高于地面）,随即吸气,双臂用力提起,向两侧分开,当握哑铃的双手高出肩背水平部位后,稍停 2~3 秒。然后呼气,再慢慢下落,成还原姿势。重复 10~12 次,共练习 4 组。

（二）"鸡胸"矫正训练

"鸡胸"是一种软骨病,由于先天或后天患佝偻病使得肋骨后侧向内凹陷,胸骨部分抬高、突出而形成。因胸前壁呈楔状凸起,状如禽类的胸骨故而得名。

1. 平卧扭臂飞鸟　练习者仰卧在凳上,身体保持平直,两手掌心相对持铃,两臂伸直持铃置于胸部上方。随即呼气,两臂同时分别向身体两侧放下,两肘稍屈。当两臂分别向两侧下落时,两臂要外旋,两肘最大限度地向内侧翻转朝上,使胸肌外侧部拉得更开,然后吸气,持铃呈两臂抱树状举起,直至两臂伸直,然后还原成预备姿势。

2. 平卧扩胸　练习者仰卧在长凳上,两手握拉力器,掌心相对,两臂伸直持器械置于胸部上方。然后吸气,两臂向两侧慢慢将弹簧拉力器向两侧及下方拉开到两手略低于两肩,控制几秒钟,接着呼气,缓慢还原。

3. 含胸抱腿　练习者自然站立,两腿侧分与肩同宽,两臂做最大限度地向外环绕一周,双腿下蹲,同时含胸低头,至最大限度,双手抱住小腿,静止几秒钟,然后还原。反复练习。

课堂互动

学生面对镜子或者两个学生面对面,伴随音乐练习,互相提出不足,尽量达到规范要求,以提高学习的自觉性和目的性。

第四节　站姿、蹲姿、行礼、凝视、微笑训练

一、站姿训练

（一）站姿训练的基本要求

1. 靠墙站立法　具体做法如下：练习者身体背靠着墙，让后脑勺、肩胛骨、臀部、脚后跟都能与墙面呈点的接触，这样就能体会到正确站立时身体各部位的感觉。之后，可以每天练习，比如每天靠墙站立 20 分钟，或者分时间段来练习体会站立的感觉。

2. 俯卧支撑法　这种方法还对我们练习腹肌力量很有帮助。具体来说就是，先让身体面朝下俯卧，然后用手肘和脚前掌支撑起身体，使身体除前臂、手肘部和脚前掌与地面接触外，身体的其他部位都离开地面并与地面平行，注意肩要放松，胸不要往里含，要和地面平行，腰背也是一样，要有支撑住身体的力度，保持身体平直的紧张度。这样保持一会儿，就恢复俯卧的姿势，然后做 3~5 次。这样有助于加强我们的腰、背、腹部的力量，让身体有支撑感，可以让我们在站、坐、行的时候能收腹、立腰、直背，获得支撑身体的力量和感觉，特别是平时有习惯性含胸、驼背、弯腰问题的学生，更要加强这方面的训练。

（二）站姿的训练方法

1. 五点靠墙　背墙站立，脚跟、小腿、臀部、双肩和头部靠着墙壁，以训练整个身体的控制能力。

2. 双腿夹纸　站立者在两大腿间夹上一张纸，保持纸不松、不掉，以训练腿部的控制能力。

3. 头上顶书　站立者按要领站好后，在头上顶一本书，努力保持书在头上的稳定性，以训练头部的控制能力。

4. 两人背靠背　练习者以身高相近的两人为一组　背靠背站立，尽量使后脑、肩、臀、小腿肚、脚跟均彼此紧密相贴，按上述的站姿要求进行站姿训练，每次 15 分钟。

训练效果检测：轻松地摆动身体后，瞬间以标准站姿站立，若姿势不够标准，则应加强练习，直至无误为止。

（三）站姿的禁忌

1. 禁止双脚随意乱动　人在站立时，两脚应当老实规矩，不可肆意乱动。例如，不应用脚尖乱点乱划，双脚踢来踢去，用脚去够东西、蹭痒痒，脱下鞋子把脚"解放"出来，或是半脱不脱，脚后跟踩在鞋帮上，一半在鞋里一半在鞋外。

2. 禁止双腿叉开过大　站立过久，可采用稍息的姿势，双腿可以适当叉开一些。但出于美观与文明方面的考虑，在他人面前双腿切勿叉开过大，女性尤其应当谨记。

3. 禁止表现自由散漫　站得久了，若条件许可，应坐下休息。但不应站没有站样，在站立时随意扶、倚、靠、趴、踩、跨，显得无精打采，自由散漫。

课堂互动

　　两人为一组，背靠背站立，要求两人脚跟、小腿、臀部、双肩、后脑勺都贴紧，每次训练坚持 15~20 分钟，要使身体形态完美。

二、蹲姿训练

蹲姿的运用要优美、典雅。基本要求：一脚在前，一脚在后，两腿向下蹲，前脚完全着地，小腿基本垂直于地面，后脚脚跟提起，脚掌着地，臀部向下。男士两腿间可留有适当的缝隙，女士则要两腿并紧，穿旗袍或短裙时需更加留意，以免尴尬。

（一）蹲姿的基本要求

下蹲动作应平稳，操作方位准确，姿态优雅。下蹲时一脚在前，一脚在后，两腿缓缓下蹲，前脚完全着地，小腿基本垂直于地面，后脚脚跟提起，脚掌着地，臀部向下。不要面对他人和背对他人蹲下，要扶裙，有遮掩。

蹲姿一般包括：高低式蹲、交叉式蹲姿、半蹲式蹲姿、半跪式蹲姿。

（二）蹲姿的训练方法

1. 高低式蹲姿　侧身下蹲，向后移右脚半步，呈一脚在前一脚在后，双腿靠紧向下蹲，左手整理衣裙，缓缓下蹲，挺胸收腹，调整重心，起身，收回右脚。

2. 交叉式蹲姿　下蹲时右脚在左脚后点地，左小腿垂直于地面，或交叉步下蹲，两膝交叉，右脚前脚掌着地，合力支撑身体，上体保持直立姿势。

3. 拾物蹲姿　若用右手捡东西，可以先走到东西的左边，右脚向后退半步后再蹲下来。脊背保持挺直，臀部一定要蹲下来，避免弯腰翘臀的姿势。

（三）蹲姿禁忌

1. 弯腰捡拾物品时，两腿叉开，臀部向后撅起，这是不雅的姿态。

2. 下蹲时低头，弯背或弯上身、翘臀部，特别是女性穿短裙时，这种姿势十分不雅。

三、行礼训练

1. 鞠躬礼　鞠躬礼是人们在生活中对别人表示恭敬的一种礼节，既适用于庄严肃穆、喜庆欢乐的仪式，也适用于一般的社交场合。

练习方法：取站立姿势，双目平视，以髋为轴，身体上部挺直向前倾斜15°～30°，目光落在前方1～2m处，双手交叠或相握，随身体的前倾自然下垂，随即恢复原位。

注意在行鞠躬礼时，避免出现低头含胸、仰首观望、目光游移等不良姿态。并注意双手不可按在腹部，或扶在双腿，否则有损行礼者的风度与形象。

2. 握手礼训练　练习者两人一组，双方相距1m，相互注视对方，面带微笑，双腿立正，上身稍微前倾，伸出右手，四指并拢，拇指张开，与对方相握。

3. 指引手势训练　手势作为信息传递的方式，在日常交际中使用频率较高，范围较广。通过正确优美的手势引领客人，可以表达一个人的礼仪素养。

训练基本要领：左手或右手抬高至腰部，四指并拢，拇指微张，掌心向上，为"尊敬"和"请"的敬意语态，以肘部为轴，可以右手单臂或双臂横摆式，朝一定的方向伸出手臂。当请他人坐下时，手臂伸向前左侧、前右侧、正前方，手臂摆动幅度不要太大。

课堂互动

握手礼训练。练习者两人一组，双方相距1m，相互注视对方，面带微笑，双腿立正，上身稍微前倾，伸出右手，四指并拢，拇指张开，与对方相握。

四、凝视训练

美容专业人员与顾客交谈及与同事交谈工作时,可以用眼睛看着对话者脸的三角部位,这个三角部位以双眼线为底线,上顶角到前额。

固定点凝视法的练习方法:

1. 准备一张白纸,在纸上从上往下,用黑色墨水笔画几个圆点,上面的大一点,向下逐渐变小。

2. 坐好,调整一下呼吸,尽量使用丹田呼吸法,总之尽量让自己的心平静下来,保持放松的状态。

3. 一开始用你的眼睛看最上面的圆点,注意保持放松。

4. 暗示自己黑点变大了,且清晰入目。

5. 凝视圆点,呼吸时要尽量保持丹田呼吸法,尽量把不眨眼睛的时间延长。当然不要使眼睛疲劳,特别记住,一切要自然。

6. 练到眼睛能很长时间一眨不眨地凝视这个黑点时,就换小一些的黑点继续训练。

这个训练法配合丹田呼吸法,集中我们的注意力于一个圆点,使圆点在我们的眼中、心中扩大,增强我们的意念力(或称自我控制力)。

练习:自己对着镜子练习或两位同学一组,用眼睛看着脸的三角部位,这个三角部位以双眼线为底线,上顶角到前额。这种凝视给人以郑重、严肃之感,适用于工作交往。

五、微笑训练

微笑可以感染客户。面对客户时,美容工作者要报以真诚的微笑,这样可以让客户感受到轻松愉快的服务。

每天用几分钟的时间对着镜子练习,看镜子中的自己是否能坚持微笑。放首欢快的乐曲,静坐,思想集中,感情投入,发自内心,自然而然地微笑。

微笑训练步骤:

1. 课堂上,每个人准备一面小镜子,做脸部运动。

2. 配合眼部运动。

3. 做各种表情训练,活跃脸部肌肉,使肌肉充满弹性;丰富自己的表情;充分表达思想感情。

4. 观察、比较哪一种微笑最美、最真、最善,最让人喜欢和感到亲切。

5. 每天早上起床,经常反复训练。

6. 出门前,可心理暗示"今天我真美、真高兴",让自己的心情处于愉悦的状态。

第五节　走姿训练

一、基本走姿

行走是人的基本动作之一,是行走过程中所呈现出的姿势,最能体现出一个人的精神面貌。行走姿态的好坏可反映人的内心境界和文化素养的高低,能够展现出一个人的风度、风采和韵味,从而给人留下美好的印象。

标准走姿:从容自信、潇洒大方等。

弓着背走路:精神状态处于低潮或有自我防卫的心理等。

双手反背在身后:傲慢、呆板等。

身体晃荡:轻佻、浮夸、缺少教养等。

标准走姿要领:

1. 走姿是站姿的延续动作,行走时,必须保持站姿中除手和脚以外的各种要领。

2. 走路使用腰力,身体重心宜稍向前倾。

3. 跨步均匀,步幅约一只脚到一只半脚。

4. 迈步时,两腿间距离要小。女性穿裙子或旗袍时要走成一条直线,使裙子或旗袍的下摆与脚的动作协调,呈现优美的韵律感;穿裤装时,宜走成两条平行的直线。

5. 出脚和落脚时,脚尖、脚跟应与前进方向近乎一条直线,避免出现"内八字"或"外八字"。

6. 两手前后自然协调摆动,手臂与身体的夹角一般在 $10° \sim 15°$,由上臂带动前臂摆动,肘关节只可微曲。

7. 上下楼梯时,应保持上体正直,脚步轻盈平稳,尽量少用眼睛看楼梯,最好不要手扶栏杆。

二、持物行走

1. 持文件夹　正确持文件夹的姿势:头、肩、上身、两腿同行走要求。手持文件夹的边缘中部,放在前臂内侧,持物的手紧靠腰部,文件夹的上边边缘略内收。

2. 端盘　正确的端盘姿势:头、肩、上身、两腿同行走要求。双手托盘两侧 1/3 或 1/2 处,拇指在盘侧的边缘,其余四指成扇形打开托住底部。肘关节成 $90°$,双肘尽量靠近身体腰部。双手端盘平腰处,盘距胸前方约 5cm,盘不触及上体。

3. 推治疗车　治疗车是美容理疗工作中常用的运输工具。推车的正确姿势:推车者位于无护栏一侧,肩、上身、两腿同行走要求。两手扶治疗车左右两侧扶手,身体略向前倾,重心集中于前臂,治疗车距身体前侧约 30cm,肘部自然放松,成 $135° \sim 160°$,向前轻轻推动治疗车,尽量减少治疗车推行过程中发出的声响。

三、行走与避让训练

行走时,要抬头,挺胸收腹,目视前方,避免背、腰、膝部弯曲,使全身成一条直线。起步时掌握重心在前,脚尖前伸,步幅适中,双肩保持平衡,双臂自然摆动,直线前进。训练时可配上节奏感较强的音乐,掌握走路的速度、节拍,保持身体动作的自然、协调。

练习方法:

第一步,练习腰腿力量。双手固定腰部,正步出脚,脚背绷直,踮脚行走。

第二步,练习颈背挺直。头顶书本,按上述要求,但不踮脚行走。

第三步,修正脚步。两脚内缘的落点力要求在一条直线上。

第四步,训练全身协调运动,轻步行走,达到柔步无声。

遇到熟人要打招呼,互致问候,不能视而不见;需要交谈,应靠路边或到角落谈话,不能站在道路中间或人多拥挤的地方。

行人互相礼让,主动给长者让路,主动给残疾人和有需要的人让路。

四、力量素质练习

力量素质是指人的机体或机体的某一部分肌肉工作(收缩和舒张)时克服内外阻力的能力。外部阻力是指物体的重量、支撑反作用力、摩擦力以及空气或水的阻力等。

按肌肉收缩的特点可分为静力性力量和动力性力量;按衡量肌肉力量大小,可分为绝对力量和相对力量;按其表现的形式又可分为最大力量、速度力量和力量耐力等。

力量素质训练的基本方法:

虽然各种不同力量素质均有其各自的练习手段,但力量素质训练也有一些共同的练习形式,现分述如下:

1. 负重抗阻力练习 这种练习主要依靠负荷重量和练习的重复次数刺激机体发展力量素质,如运用杠铃、哑铃、壶铃等进行的练习。

2. 对抗性练习 这种练习的双方力量要相当,依靠对方不同肌肉群的相互对抗来发展力量素质,如双人弓步对推手、双人弓步对拉手、坐姿双人静悄悄蹬腿等。此练习既不需任何器械设备,又能提高练习者的兴趣。

3. 克服弹性阻力练习 这种练习是利用弹性物体变形产生的阻力来发展力量素质。如使用拉力器和握力器、拉橡皮条等。

4. 克服自身体重的练习 这种练习主要是由人体四肢的远端支撑来完成的,迫使机体局部部位来承受体重,促使其力量得到发展,如引体向上、单腿蹲、倒立推起、纵跳等。

力量素质训练的具体方法有以下几种:

(一)静力性力量练习法

这种练习的主要特点是肢体不产生明显的位移,肌肉收缩产生张力,但一般不发生长度的变化。完成静力性练习时,因工作的肌肉一直处于紧张收缩状态,会影响其血液循环,疲劳出现较早。

静力性力量锻炼的一般方法是以最大用力来维持某一动作,主要应注意掌握持续时间的长短。主要手段有:①对抗性静力锻炼。②负重静力锻炼。③动静结合锻炼。

(二)动力性力量练习法

动力性力量是指肌肉做非等长收缩时产生的力量。动力性力量锻炼又分为:

1. 最大力量训练法 最大力量的增长主要有三个途径:一个是依靠肌肉内协调能力的改善;再一个是增加肌肉体积;第三个是完善运动技巧。发展最大力量最常用的手段是负重抗阻练习,其基本要求是:

(1)强度:负荷强度以负荷的重量为指标,通常采用本人最大负荷量60%~80%的负荷进行负荷练习,有基础或适应性较强的练习者也可采用其最大负荷量90%~100%的负荷穿插进行负荷练习。

(2)重复次数与组数:重复练习的次数和组数与负荷强度有很大的关系。负荷强度越大,重复练习次数就越少,反之就越多。发展最大力量以练习重复次数1~3次为宜,在多数情况下应采用8~12次的重复次数。一般来讲,一次训练课可安排10~12组的练习,且练习的速度不宜过快,但最重要的是要根据练习者的实际情况按照循序渐进的方法进行练习。

(3)组间间隙时间:一般组间间隙时间为 3~5 分钟,组间休息时可让队员做一些轻微的放松活动。

2. 相对力量训练法 相对力量的提高主要是依靠肌肉内的协调功能来实现,其基本要求是:

(1)强度:负荷强度必须大,通常采用 85% 以上的强度,从而动员肌肉中更多的运动单位参加工作,以此来提高肌肉内协调功能的水平。

(2)重复的次数与组数:一般每组重复 1~5 次,由于每组练习的次数少,每次练习的组数可以适当增多,可安排 10~15 组练习,练习动作应是连贯、爆发式的,注意力要高度集中,避免受伤。

(3)间隙时间:每组练习后,都应有足够的时间休息,以偿还氧债的恢复及能量物质的恢复,通常可安排 3~4 分钟的间隙时间。休息过程中一方面可做些轻微的放松活动,另一方面要保持神经的兴奋性,以利于下一组的练习。

3. 速度力量训练法 速度力量的发展受力量和速度两个因素的影响,其中力量大、速度快所表现出的速度力量就大。其基本要求是:

(1)强度:负荷强度要适宜,一般多采用最大力量 30%~50% 的负荷强度,这样可兼顾力量和速度两个因素,并要求练习者尽量体会最大用力感和速度感。

(2)重复次数与组数:练习重复次数不可过多,必须确保队员以爆发式的方式完成动作,一般每组可重复 5~10 次。练习的组数可视练习者的具体情况而定,其原则是在不降低速度的情况下,完成最后一组练习,通常可安排 3~6 组,练习动作应尽可能地协调流畅。

(3)间隙时间:发展速度力量间隙时间可充分些,组间休息 2~3 分钟,但不可过长,否则使练习者运动兴奋性下降,不利于下组练习。

4. 力量耐力训练法 兼有力量和耐力的双重特点,既要求肌肉具有较大的力量,又要求肌肉能够长时间的工作。

(1)强度:采用极小的负荷强度进行练习,通常可采用 20%~40% 的负荷强度。

(2)重复次数与组数:一般每组可重复 30~100 次,通常可安排 3~6 组。

(3)间隙时间:间隙时间的长短是由练习的持续时间和参加工作肌肉的多少而定,也可由心率控制时间,当心率恢复到 110~120 次/min 时,便可进行下一组练习。

五、发展平衡力的练习

下面我们把平衡力训练分为了初级、中级、高级三个阶段。

(一)初级训练

初级阶段平衡能力的练习主要是体验平衡的感受,通过身体重心的转移建立初步的平衡感。

1. 坐姿平衡

(1)训练目地:训练身体在静态下的平衡,矫正坐姿,初步培养平衡感。

(2)训练方法

1)坐在椅子上,抬头挺胸,后背倚靠椅背。

2)双臂自然放在前面的桌子上,身体保持平衡。

（3）训练要求：放松肩膀及身体其他部位的肌肉，不要过度紧张。

2. 单脚站立

（1）训练目的：初步训练在重心偏离常态时的身体平衡感。

（2）训练方法

1）双手左右侧平举，身体正直，目视前方站稳。

2）一只脚站立，另一只脚抬起，上身保持不动。

3）换脚练习，并逐渐延长站立时间。

（3）训练要求：单脚站立时尽量不要东摇西晃。

3. 脚尖站立

（1）训练目的：训练在小支撑点上的平衡。

（2）训练方法

1）双脚尖站立，并从 1 数到 10。

2）双脚尖站立平稳后，改为单脚尖练习。

（3）训练要求：最初训练以光脚练习为宜。

4. 平衡板上站立

（1）训练目的：利用器具训练身体平衡。

（2）训练方法

1）在支撑点较宽的平衡板上站立，目视前方，并从 1 数到 10。

2）训练中逐渐减小支撑点的宽度，并从 1 数到 20。

（二）中级阶段

在身体的连续移动中掌握平衡。这是比较困难的阶段，因为身体两侧所进行的动作不相同，这样对平衡能力就提出了更高的要求。

1. 顶物走

（1）训练目的：初步锻炼在动态中的平衡能力。

（2）训练方法

1）地面上画一条直线，头顶一本书或一个枕头站在起点。

2）沿直线走，同时保持头上的东西不掉下来。

3）在练习达到一定程度时，可以将直线改为圈线。

（3）训练要求：忌用手扶头上的东西。

2. 跳华尔兹舞

（1）训练目的：培养在方向不断变化的活动中保持动态平衡的能力。

（2）训练方法

1）地面上画一个大圆圈，围绕着某一垂直的轴转圈。

2）速度逐渐加快。

（3）注意事项：若出现头晕、出汗、脸色苍白时，应及时停下来休息，并调整转动的速度与弧度。

3. 走平衡木

（1）训练目的：利用器具训练平衡感，使之能够在平衡木上保持平衡；在保持身体平衡的基础上表现某种韵律，为较高级的知觉动作做准备。

（2）训练方法

1）在平衡木上行走,保持身体平稳。

2）在以上基础上按节拍或音乐行走。

（3）训练要求:跳下的动作要轻,前脚掌先着地。

4. 不倒翁

（1）训练目的:训练旧的平衡状态破坏后建立新的平衡状态的能力。

（2）训练方法

1）在座位上保持良好的坐姿。

2）坐正后,从一侧推动练习者以破坏其平衡,要求其再度保持坐正的体姿。

3）要求练习者在推动下要保持平衡,可在其不注意的情况下进行推动,并要求其继续保持平衡。

（3）注意事项:推动力由轻到重,并注意保护,以免跌倒而受伤。

（三）高级阶段

1. 蒙眼走

（1）训练目的:发展不依靠视觉的空间平衡知觉能力。

（2）训练方法

1）开始时两眼睁开站立,并注意地面所画直线的走向。

2）然后闭上眼睛站立,并向正前方行走。

2. 倒走

（1）训练目的:发展平衡知觉能力;从二维平衡感发展到立体平衡感。

（2）训练方法

1）地面上画一条直线,沿直线倒着走。

2）在平稳的基础上计时,训练速度。

3）上下楼梯时练习倒着上、下台阶。

3. 拿横杆走平衡木

（1）训练目的:利用手持器具练习平衡走动。

（2）训练方法

1）拿着横杆在平衡木上走动。

2）横杆的长度可不断加长,两头可挂上物品进行练习。

第六节　坐　姿　训　练

一、基本坐姿训练

坐姿是人在就座后一种可以维持较长时间的工作劳动姿势,也是一种主要的休息姿势,更是人们在人际交往中、娱乐中的主要身体姿势。良好的坐姿不仅有利于健康,而且能塑造沉着、稳重、文雅、端庄的个人形象,给人自然大方的美感。

（一）标准坐姿要领

1. 精神饱满,表情自然,目光平视前方或注视交谈对象。

2. 身体端正舒展,重心垂直向下或稍向前倾,腰背挺直,臀部占座椅椅面的2/3。

3. 双膝并拢或微微分开,双脚并齐。

4. 两手可自然放于腿上或椅子的扶手上。

除基本坐姿以外，由于双腿位置的改变，也可形成多种优美的坐姿，如双腿平行斜放，两脚前后相掖，或两脚呈小八字形等，都能给人舒适、优雅的感觉。如要架腿，最好后于别人交叠双腿，女子一般不架腿。无论哪种坐姿，都必须保证腰背挺直，女性还要特别注意使双膝并拢。

（二）坐姿的基本要求

一种正确的坐姿，一般要兼顾深浅、角度、舒展等三个方面的角度。

1. 深浅　坐有深坐、浅坐之别，深浅是指坐下时臀部与座位所接触面积的多少。

2. 角度　指的是坐定后上身与大腿、大腿与小腿所形成的角度，坐姿因为角度的大小而有所不同。

3. 舒展　即入座前后手、腿、脚的舒张、活动程度。其舒展与否，往往与交往对象相关，可间接反映双方关系。

（三）坐姿的训练方法

按正确的方法与要点，在开会、打字或其他个人习惯的时间段进行练习，开始时每次练习 15~20 分钟，逐渐延长练习时间，最后让正确的坐姿成为自己的习惯姿态。

1. 就座训练　练习者保持站立的基本姿态，立于椅子前面，面带微笑，左脚退后半步（女士右手捋裙）坐下。女士一般坐椅子的 2/3，不可坐满椅，也不可坐 1/3；坐下后，上体要端直，女士应双膝并拢、双手交叉于腹前或放一侧腿上。

2. 起立姿势训练　在就座姿势的基础上，练习者右脚向前移动半步，左脚蹬地起身，随即重心移至右脚，最后收回左脚，成规范的站立姿势。在整个过程中，注意重心的移动，始终保持上体端直。

3. 正身侧坐姿势训练　练习者保持标准坐姿，上体要端直，双脚向右斜伸出内收，双足尖点地，足尖要绷紧，右脚置于左脚掌处，力求使斜放后的腿部与地面呈 45° 角。手的姿势不变，控制动作，双脚收回并拢，双脚垂直于地面，身体转正，然后换方向反复练习。

4. 双腿重叠就坐姿势训练　在标准坐姿的基础上，练习者右腿垂直于地面，左小腿的脚尖绷直，正前方前伸一脚，右小脚外展，右脚外侧搭在左脚的脚背上。控制此动作，然后换右腿，反复练习，到熟练掌握为止。在练习过程中手的姿势不变。

课堂互动

准备好各式椅子、凳子若干把，纸片若干和书若干，两人一组进行站、坐、走、蹲练习。

二、入座与离座训练

入座时，应转身背对座位坐下，距座位较远时，可将右脚后退半步待腿触到座位边缘后，再轻轻坐下。离座要注意礼仪，稍稍起身，由左侧离席不要突然跳起，惊吓他人；也应注意不弄出声响，或把身边东西碰翻掉地。

入座、离座要领

1. 从椅子后面入座。如果椅子左右两侧都空着，应从左侧走到椅前。

2. 不论从哪个方向入座,都应在离椅前半步远的位置立定,右脚轻向后撤半步,用小腿靠椅,以确定位置。

3. 女性着裙装入座时,应用双手将裙子后面向前拢一下,以显得娴雅、端庄。

4. 坐下时,身体重心徐徐垂直落下,臀部接触椅面要轻,避免发出声响。

5. 坐下之后,双脚并齐,双腿并拢。

6. 在离座时,应注意起身时的幅度与声音。

7. 在离座时,着裙装的女性应注意起身时的裙摆。

三、交谈模拟训练

设计一个模拟美容工作场景,让学生进行角色扮演,分别演示美容专业人员、顾客、家属等角色,模拟设想各种场景,让学生在训练中学习言谈交流的技巧,学会如何礼貌地善待顾客,如何轻松自如地与顾客交流沟通,如何融洽友善地与同事往来相处等。

四、坐姿交谈模拟训练

设计一个模拟招聘现场,进行角色扮演,模拟设想各种场景,让学生在训练中学习言谈交流的技巧,学会职场应聘礼仪,学会如何轻松自如地与招聘人员交流沟通。

注意在模拟场景中所扮演的角色应该用何种坐姿、如何就座、就座角度、就座深浅、起立离座姿势等。

五、站姿交谈模拟训练

设计一个模拟和领导、同事交谈的场景,让学生进行角色扮演,分别演示领导、店长、医药美容专业人员、客户等角色,模拟设想各种场景,让学生训练中学习言谈交流的技巧,学会如何轻松自如地与领导交流沟通,怎样融洽友善地与同事往来相处等。注意在模拟场景中自己所扮演的角色应该是一种怎样的站姿与态度,从而达到训练的意义。

第七节　形象塑造

一、肥胖的原因及诊断

脂肪是人体内的正常组成部分,对人体正常生理功能起着重要作用,但体内脂肪过多积累,便可造成肥胖。肥胖是指一定程度的明显超重与脂肪层过厚,是体内脂肪,尤其是甘油三酯积聚过多而导致的一种状态,它给生活、学习、工作带来诸多不便。大量的研究表明,肥胖与冠心病、动脉硬化、高血压、糖尿病等严重危害人体健康疾病的发生有关。

肥胖的种类很多,这里主要讨论的是无明显内分泌代谢性疾病的肥胖,也称为单纯性肥胖。肥胖是相对于正常体重而言,体内脂肪含量过多,体脂的积聚是由于摄取食量高于人体所需的能量,过多的能量在体内转化成脂肪细胞。

对于肥胖的发生机制,许多学者从不同角度进行了广泛的研究,提出了各种假说,但大家普遍认为肥胖是多因素作用引起的综合征。

1. 影响肥胖的因素

(1)年龄:成人,尤其中年人更易出现肥胖。

(2)性别:女性脂肪含量一般较男性高。

(3)摄食成分:高脂肪饮食可导致肥胖。

(4)体力活动水平:活动水平低导致超重。

(5)能量摄入量:无节制的过度进食,会造成体重和体脂增加。

(6)基础代谢率:其值低与体重和获得体重的正常体重比例有关。

(7)脂肪组织蛋白酯酶活性:肥胖者高,降低体重后仍保持高水平。

(8)社会因素差异:肥胖与社会经济地位、经济条件、业余活动形式、个人生活习惯等因素相关。

2. 减肥的误区

(1)误区之一:每天只要运动,就可达到减肥的目的。

运动可以消耗人体内的能量,但单纯靠运动进行减肥,是不能系统地解决问题的。只有能量的摄入小于能量的消耗和支出,才能减轻体重。除了科学的进行运动外,合理的饮食也是至关重要的。近年来的研究认为,单纯性运动和单纯性节食效果不如运动结合控制饮食减肥的效果好。运动不仅能够消耗机体能量,还可以增强机体代谢功能,有利于保持瘦体重,增进健康。

(2)误区之二:运动强度决定运动效果。

运动强度过大,脂肪消耗的比例反而相应减少,这是因为小强度运动时,肌肉主要利用氧化脂肪酸获取能量,使脂肪消耗快。强度过大,脂肪消耗的比例反而相应减少,脂肪供能比例只占15%,因此长时间低强度的运动或心率维持在 $100\sim120$ 次/min 的长时间运动,最有利于减肥。

(3)误区之三:减肥只看体重,不看围度。

每个人的体型受先天因素的影响都是不同的,每个人的体内脂肪含量也不同。身高和体重相等的两个人,有的人会看起来臃肿,这是由于其体重小,脂肪含量过高,造成围度大而表现出来的现象。在减肥时,除了关注体重外,同时也要测量前后的围度变化,以掌握瘦体重的增与减。

(4)误区之四:只要每天坚持有氧运动 $20\sim30$ 分钟,即可减肥。

通过持续不断的训练,增加肌肉毛细血管中的血流量、血液中的含氧量,提高肌肉中酶的活性是有氧训练,实现它的前提需要氧的供应,人体的吸氧能力越大,有氧氧化水平越高。研究表明,人体内储存的脂肪要在运动 1 个小时后才能被用作"燃料燃烧",这一过程需要一定的时间,所以一般的减肥训练,应在 1.5 小时左右,动作之间的间歇不宜过长,以保证脂肪"燃烧"的效果。

二、形体减肥瘦身法

1. **运动瘦身法**　运动是为了增加热量消耗,"支出"体内脂肪,况且运动还有健美的作用,因此是瘦身的最佳方法。这类方法可以是器械练习,也可以是跑步、游泳、打球、打拳、练瑜伽等。

2. **饮食瘦身法**　肥胖主要是热量的摄取与消耗失衡造成的。因此,控制饮食是减肥的重要方法之一。饮食瘦身不是单纯地少吃或不吃,而是要调整膳食结构,建立正确的饮食方法和适当控制进食量,两者要结合起来进行。

3. **药物瘦身法** 长期以来,医药专家致力于研究安全有效的减肥药。但客观地讲,到目前为止,还没有疗效确切又无任何副作用的特效减肥药,故肥胖者不要将瘦身的希望全寄托在减肥药上。

4. **催眠瘦身法** 催眠瘦身法,可使肥胖者情绪稳定,食欲减少,并逐渐改变进食习惯,达到减肥目的。

练习方法:先让患者做深呼吸,放松全身,当身体处于高度放松状态后,医生就开始给肥胖者暗示,也可以将暗示的语言录在录音带上,放给肥胖者听。暗示语言多数是增强减肥者信心、良好的心态等,还可暗示肥胖者"你的体重在下降""你的体重每天都在减少"。

5. **洗热水澡瘦身法** 洗热水澡不但可以消除身上的污垢,解除疲劳,而且还有很好的瘦身作用。进行热水浴时,体温逐渐上升,升到 38℃ 左右时,身体便开始出汗。出汗可把大量的水分排出体外,同时也可消耗大量的热量。

三、运动处方

减肥运动处方大致可分为以下两种:一是治疗性运动处方。用于某些疾病或损伤的治疗和康复,它使医疗体育更加定量化、个别对待化。例如,某人中等肥胖,体重超标 10kg,他需每天爬山 1 小时,约 16 周的时间体重可以降到标准范围,这就是治疗性运动处方。二是预防性运动处方。主要用于健身防病。如人过中年,身体就开始衰退,动脉硬化就慢慢开始出现了。为了预防动脉硬化,运动处方规定了中等强度的耐力跑,使脂肪和胆固醇等物质不易沉积,从而达到预防动脉硬化的作用。这就是预防性运动处方。

1. **颈部减肥练习法** 颈部肌肉松弛,颈部就会向前弯曲,人显得软弱无力,影响风度。由于脂肪过多引起的颈粗、"双下颌"、脂肪重叠等现象,也会造成颈部的不美观。经过练习,使颈部正直,显得修长,防止肌肉松弛和脂肪堆积,减少脸部和颈部的皮肤皱纹。

(1)前后对抗:双腿开立,双手交叉握于头后。用力将头慢慢拉向前屈,同时颈部肌肉用力做退后动作,直到头前屈至最大限度。然后头后仰,同时双手下压施加反作用力,对抗后仰,重复 8 次。注意用力舒缓,动作缓慢而均匀。

(2)左右对抗:双腿开立,左手中指按压右太阳穴。用左手将头往左侧扳,颈部肌肉用力收缩克服左扳力,使头慢慢屈向左侧,持续 5 秒后还原,然后换右手向右侧扳,重复 8 次。注意练习时,肩要下沉。

(3)转头:双腿开立,双手叉腰。头颈自然放松,向左慢慢转头,当下颌转到肩部时,持续 5 秒后还原,然后向右转,重复 8 次。注意练习时,头要正,不要抬下颌。

(4)抬头:双腿开立,双手叉腰。头向左转,慢慢抬头,持续 5 秒后还原,然后换方向练习,重复 8 次。注意练习时,对抗肌要相对放松。

(5)后仰:双腿开立,双臂背后。同时头向后仰,持续 2 秒,重复 8 次。注意头后仰时要匀速,上身要保持挺胸、塌腰。

(6)前探:双腿开立,双手叉腰。头向前移,颈部向前探,还原成预备姿势。此练习也可采用坐姿进行,重复 8 次。注意身体保持正直,不能前倾,肩放松。

(7)绕环:头慢慢向左绕环 1 周,然后再向右绕环 1 周,重复 4 次。注意绕环时,对抗肌要相对放松。

2. 肩部减肥练习法　三角肌环抱着肩关节,形成了肩的柔和曲线。肩部长期位置不正确,就会造成端肩、斜肩、背肩、扣肩等。有的人由于缺乏锻炼,肩部显得小而干瘪,肩无力而前倾,使得胸部下陷,背部异常,肩胛骨凸出。经常练习,可以促进肩部肌肉和骨骼的活动,增强肩部的柔韧性,使人外表产生可观的变化。

(1)提肩:双腿开立,双臂垂在身体两侧,双肩慢慢上提至耳朵下方,然后下沉,颈部伸长,重复 10 次。注意颈与头不要前探。

(2)摆肩:双腿开立,双手叉腰,左肩向前摆,同时右肩稍向后摆。然后做右肩向前摆,左肩向后摆,重复 10 次。注意肘关节摆动不要过大。

(3)交叉:双臂侧平举,握拳,体前直臂快速交叉,中途不能停顿,双臂侧摆时要有力,重复 15 次,注意双拳始终紧握。

(4)绕环:双腿开立,双手握拳,以前臂带动上臂向前或向后大绕环,重复 10 次。注意身体保持正直。

(5)扩展:双腿开立,双手握拳,一臂上举,一臂下垂,双臂依次上举后振,重复 10 次。

(6)小绕环:身体直立,双臂侧举,双臂伸直,手、臂、肩以各自关节为轴自行绕环,重复 10 次。注意速度要均匀,不要太快,绕环要充分。

3. 胸部减肥练习法　胸部肌肉萎缩会造成含胸、驼背。特别是对于女性来说,线条起伏的胸部是女性曲线美的重要基础。但是很多女性乳房发育并不理想,有的扁平,有的下坠。经常进行胸部锻炼,可使胸廓更好地发育,增大肺活量,同时对乳房的发育十分有益,可使产后乳汁分泌旺盛;对已生育的女性,可防止乳房下垂和乳腺炎,使胸部保持健美。

(1)展胸:双腿开立,双臂垂在身体两侧,匀速挺胸,使双肩外展,然后匀速含胸,使双肩内合,胸廓内收,重复 10 次。注意速度要均匀,动作要缓慢。

(2)扩胸:双腿开立,双臂胸前平屈,双手握拳,拳心向下,拉臂、振肩、扩胸,然后双臂经前举伸直后拉臂扩胸,重复 10 次。注意扩胸时,双臂保持水平,胸向前挺。

(3)摆臂上举:双腿开立,双臂垂在身体两侧,双臂稍屈于体前交叉,双手握拳,头稍低,然后双臂经前摆至侧上举,抬头拉胸。

(4)后振:双腿开立,双臂垂在身体两侧,双手握拳,双臂经前至上举后振,同时稍抬头。然后双臂经前向后摆,同时稍低头,重复 10 次。注意双臂上举时要吸气,下落时呼气。

(5)撑地挺胸:跪立,双手体前撑地,屈臂、上身前倾至胸部触地,同时抬头,屈膝,小腿抬起,然后还原,重复 10 次。

(6)俯撑:身体保持平直,屈臂,身体下落,然后臂伸直,将身体撑起,重复 10 次。注意身体下压时,肘关节外开。

4. 腹部减肥练习法　腹部是人体极易储存脂肪的部位,男性储存在上腹部,女性则储存在脐周或下腹部。腹部脂肪堆积损坏了体型的协调性,加重了腰部负担,使臀部和腿受到严重影响。进行腹部锻炼可以防止腹部肌肉松弛,减少皮下脂肪的堆积。

（1）仰卧起坐：仰卧在垫子上或斜板上，踝部固定，双手抱头，快速抬起上体收腹起坐，20 次为 1 组，做 2~4 组。练习一段时间以后可以适当加大动作难度，如斜板的倾斜角度或负重，难度加大后，每组的次数可以适当减少。

（2）仰卧直膝两头起：仰卧在垫子上，双臂伸直于头后，上体收腹起坐，同时双腿伸直尽量上举，然后还原，10~15 次为 1 组，共做 2~4 组。

（3）仰卧收腹举腿：仰卧在垫子上，上肢固定，然后收腹直腿上举至两足到面部上方，每组 20~30 次，如足部负重可做 20 次，共做 2~4 组。

（4）仰卧直腿绕环：同上开始姿势，双腿伸直并拢抬起，做以腰髋部为轴的绕环练习，顺时针、逆时针各绕 15 圈，顺时针、逆时针交替绕 20 圈。

（5）仰坐左右剪腿：仰坐在垫子上，双臂体后伸直，双手分开撑垫，然后双腿伸直左右分开抬起，双腿同时内收，做左右剪腿，每剪绞 1 次，上下换 1 次腿，25 次为 1 组，做 2~4 组。

（6）仰卧收腿：仰卧，双腿并拢、屈膝，脚离地面 10cm，下腹用力使腿部举起，臀部离地，然后还原，每组做 10 次，共做 2~4 组。注意腿一定要弯曲，下落时脚不能着地。

（7）坐立抬腿：坐立，双臂伸直在体后支撑，屈膝抬腿，使双膝尽力靠近胸部，双膝位置不动，小腿做屈伸动作，每组做 15 次，共做 2~4 组。

（8）半卧收腿：双腿并拢伸直，肘支撑，上身抬起 45°，一腿前屈收到胸前，另一腿前伸离地 10cm，双腿交替进行，注意脚不能着地，每组做 15 次，共做 2~4 组。

5. 腰背部减肥练习法　腰背肌肉伏在脊柱两侧，形成脊椎沟。当这些肌肉萎缩时，这种脊椎凹状消失，脊柱便相应凸起。发胖时，脂肪把脊椎沟淹没，影响形体美。腰背肌发达，使人显得结实挺拔，富有朝气；反之，弯腰驼背，给人以老态龙钟或未老先衰的感觉。进行腰背部锻炼，预防脊柱肌肉的萎缩，防止由此而引起的脊柱弯曲，同时可以防治慢性腰肌劳损。腰背练习配合背部肌肉训练可矫正因不正确的姿势而对胸腔、乳房以及心理上产生的不良影响。腰背肌肉对肩胛骨也有固定作用，从而可改变腰背部的线条。

（1）俯卧两头起：俯卧在垫子上，双臂及双腿伸直，低头，然后挺胸抬头，双臂尽力斜上举，同时双腿尽力向斜后上方摆起，使胸部和上腹部同时离垫成俯姿反弓状，静止用力 6~8 秒后还原成俯卧姿势，此练习每组做 10~15 次，共做 2~4 组。

（2）胸腰波浪：跪撑在垫子上，弓腰、低头，双臂前伸。先屈肘、塌腰，胸和下颌几乎贴近垫子并向前移动，后伸直手臂抬头挺胸（使身体成波浪式运动），双腿伸直成俯卧，然后还原成跪撑，10~15 次为 1 组，共做 2~4 组左右。

（3）侧卧上体起：侧卧，双腿伸直并拢，双手放在头后，脚踝由同伴固定，侧抬起上体，还原侧卧，交替反方向练习，每侧 20 个为 1 组，各做 2~4 组。

（4）体前旋转：双腿开立，双臂上举，身体向右转，做体前屈，然后还原，再向左转体，重复此动作，注意体前屈时双腿、双臂都要伸直，上身做最大限度的弯曲。

（5）直立侧弯：双腿并立，双臂上举，双手相握，身体尽力向一侧弯曲，同时髋部向反方向移动，由体前慢慢划半圆还原，再向反方向依次重复，每组做 10 次，共做 2~4 组。

（6）反弓腰背：仰卧，双腿伸直分开，双臂放在身体两侧，双臂不动，向上挺髋，后背、腰、臀部的肌肉收缩，使身体挺直成弓形，然后还原，每组做 15 次，共做 2~4 组。

6. **臀髋部减肥练习法**　臀部主要由臀小肌、臀中肌和臀大肌组成。臀部缺乏锻炼,会造成臀部皮下脂肪增厚或臀体下坠,也有人臀部发育不好,臀体扁平,这些都会影响身体的曲线美。经常进行髋与臀部锻炼,可以提高髋关节的灵活性,减少臀部脂肪堆积,使臀位上提,臀部肌肉紧而富有弹性。

(1)跪撑后摆腿:身体跪撑在垫子上,含胸低头,双腿并拢,双手扶垫,先后腿向后上方伸直摆动,同时抬头挺胸塌腰,后腿还原,再重复做同样的动作,每条腿各练习15～20次,共做2～4组。

(2)转体扭髋:仰卧在垫子上,双腿并拢微屈,双臂自然置于体侧。当髋和双膝向左转时,上体和上肢向右转摆;当髋和双膝向右转时,上体和上肢向左转摆。整个动作成扭髋转体状,每20～30次为1组,共做2～4组。

(3)仰卧挺髋:仰卧在垫子上,双腿屈膝,双脚分开与肩同宽,双臂自然放在体侧,双腿蹬伸,臀部用力,髋部尽量向上挺起,使身体成反弓形,然后还原,每组20～30次,共做2～4组。

(4)俯卧上下打腿:俯卧在床边,髋部控制在床的边缘,双手抓住固定物,双腿伸直并轮流抬起放下,双腿各重复15～20次,共做2～4组。

(5)跪立侧踢:跪坐,低头,双臂前举,身体前移,双臂撑起,同时抬头,左腿用力向左侧踢起,然后还原,重复做10次,换方向练习。

(6)转髋练习:双腿开立,膝关节稍屈,双手叉腰,髋部从右侧经前、左、后做绕环5周,然后反方向再做5周,注意腰以上部位不要晃动。

7. **腿部减肥练习法**　大腿主要由前外侧群、后群和内侧群三组肌肉组成。缺乏锻炼可使腿部堆积过多脂肪,造成上身、臀部和大腿连成一片。通过锻炼,可以巩固臀部线条、维持骨盆和脊柱的位置以及增强骨盆底肌肉。坚持进行腿部锻炼,可保持腿部围度适中,减少大腿脂肪堆积,使下肢修长,体态健美。

(1)侧卧肘撑侧踢腿:双腿并拢侧卧于垫子上,上体微抬起,一手体侧肘撑,一手体前撑地,右腿伸直体侧上踢,做15～20次,然后翻身左腿做同样的动作15～20次,各做2～4组。

(2)仰卧交替举腿:仰卧垫子上,双腿伸直并拢,双臂上举,双腿伸直交替向头上举,上举时绷脚尖使腿前部肌肉拉长,钩脚尖使腿后肌肉拉长,绷脚尖每腿举20次左右,钩脚尖每腿举20次左右。

(3)侧卧前踢腿:侧卧,上侧腿伸直前踢20～30次后,翻身做同样的动作20～30次,共做2～4组。

(4)侧卧举腿:左侧卧,双腿并拢,右腿屈膝,右足尖触左膝部,右腿向上伸直外展,左腿上举与右腿并拢,然后左腿先慢慢放下,接着右腿再慢慢放下,还原成预备姿势,左、右腿各做10次。

8. **小腿部减肥练习法**　小腿弯曲,膝关节扭斜,韧带松弛,严重影响了膝的稳定性,特别是扁平足的人走起路来容易造成膝、髋关节疲劳,同时还会影响脊柱的垂直度,使骨骼产生变形。

(1)提踵:双腿开立,双手叉腰,足跟用力向上提起,然后足跟下落,但不能着地,每组10次,注意力量不要过大或过猛,训练要循序渐进。

(2)绷脚:坐立,双臂在体后撑地,双腿伸直并拢,绷脚,足背屈,足趾张开,然后足背伸,还原成预备姿势,速度不要太快。

(3)屈膝绕环:仰膝,一条腿由双手扶持上举,另一条腿屈膝,上举的腿以踝关节为轴,在空中沿顺时针和逆时针方向依次画圆,左右腿各做 10 次,尽量收缩小腿肌肉。

(4)静止下压:双手在足尖前约 1 m 处撑地,臀部上提,左腿弯曲,搭在右腿外侧,右腿跟下压着地,静止用力 10 秒,然后换腿再做,左右腿各做 10 次。

上述练习可交叉组成 1~2 套动作,每套动作中每个动作的间歇时间不得超过 15 秒,每套动作间歇时间不得超过 3 分钟。各种徒手和器械练习负重不宜过大,练习组数和次数可适当多些。应保持一种连续不断的、较为激烈的运动,方可达到减肥效果。

四、健美形体的科学饮食

1. 合理科学的饮食规划

(1)食物交替:人体需要不同作用的营养物质,要从各种食物中摄取,这就需要经常变换摄入食物的种类,才能保证机体不断地从食物中获取丰富的营养物质,满足正常的生理需要。这就说明,人不能每天每餐固定吃某种食物。

(2)热量摄入量平衡:人体能量的摄入量受性别、年龄、工作量和气温等因素的影响,人的健康是建立在能量摄入与消耗平衡的基础上,只有能量的需要量和供给量一致,机体才能正常运行,否则,会对人的健康造成危害。

2. 饮食方法

(1)减少每天总热量的摄入量。

(2)最低摄入量:男性 6400 kJ/d,女性 5000 kJ/d。

(3)营养成分比例:脂肪占 15%~25%,蛋白质占 10%~15%,碳水化合物占 55%~70%。

(4)由早餐开始,少吃多餐。

(5)合理的饮食和运动,每周减肥的重量不能超过 1 kg,如单纯依靠节食减重,新陈代谢下降,会造成瘦体重的流失。

(6)避免进食高热量食物(含高糖或高脂肪)。

(7)减少饮酒。

(8)避免禁食、周期性节食及低热量的流质膳食,因为它们会使新陈代谢率减慢,增加食物的吸收率,导致脂肪积聚。并且,节食后如果再次过量饮食,会引起体重反弹,而导致体脂量增加。

(9)饮食习惯:将过去的餐食动机,转变到讲究营养的目的上来;保证营养素摄取平衡,力求做到能量平衡、营养平衡(蛋白质、碳水化合物、脂肪)、维生素平衡、矿物质和微量元素平衡、体液平衡以及食物的酸碱平衡等;要优选物美价廉、热量较低、营养价值较高的食物作为健康生活中的重要伙伴;要以少量的食物摄取更多的营养,从较多的营养中获得健身的优势;坚持以粗、素、淡、果和蔬菜为主的杂食方式;切忌偏食,避免暴饮暴食或盲目节食;改变有害于健身的餐食习惯,防止危及身体健康的有害成分的摄入,热量高的食物要少吃,而热量低的食物也不能多吃,要减少饭桌上多脂肪、多糖和多添加剂的食物;纠正不科学的烹饪方法,把营养损失减少到最小,提高营养水平;要做到膳不过咸、嗜不过甜、酒不过量、烟不沾嘴、食不忌讳、吃不求精、食不求细、增加餐次(少吃多餐)、食不过饱、物不单一和定时不缺;切忌快食、蹲食、走食、卧食、吞食、愁食、泡食、烫食和挑食。

(10)维持预定的饮食计划最少一年。

（姜安娜）

扫一扫
测一测

复习思考题

1. 试述标准走姿的几大反面事例。

2. 给自己制订一套科学的饮食方案,并坚持科学饮食。

3. 身体肥胖的同学根据身体情况给自己制订一套减肥计划,并坚持锻炼。其他同学给自己制订一种美体训练方法,并坚持锻炼。

第八章

PPT 课件
08章PPT

人 际 沟 通

扫一扫
知重点

学习要点

1. 掌握人际沟通的含义、过程与模式。
2. 熟悉人际沟通的特点与功能。
3. 熟悉人际沟通的分类。
4. 熟悉培养人际沟通的重要性,以及人际沟通与人际关系的辩证关系。

第一节 人际沟通概论

人际沟通是人与人之间交流的一种自然而然的、必须的、无处不在的活动。具备良好的人际沟通能力是医疗美容专业人员必备的职业技能;对于医疗美容专业人来说,如何养成良好的人际沟通能力,不仅体现了职业素养、专业技能,而且能够提高销售能力、商务谈判能力等。

一、人际沟通的含义与过程

(一) 人际沟通的含义

人际沟通是指人际间交流信息、交换知识、传递思想、表达情感等信息的过程,是信息在个人或群体之间的传递。

人际沟通是一种有意义的信息传递,也是一种信息的互动。与朋友之间的交流、与客户的谈判,或通过网络聊天等都是人际沟通。在沟通过程中人们采用语言、表情、文字、手势、体态等方式对知识、思想、情感等进行表示,以达到彼此之间对交流信息的理解,使双方认识达成一致,取得彼此之间的了解和信任,从而形成良好的人际关系。

(二) 人际沟通的过程

人际沟通的过程是一个复杂的过程,包括信息发送者、信息、渠道、信息接收者、信息反馈和沟通干扰等六个要素(图 8-1)。简单介绍如下:

1. **信息发送者** 指信息输出者,一般指主

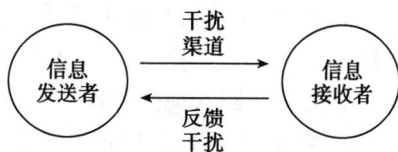

图 8-1 人际沟通的过程

133

动发起信息并试图进行沟通的人。在信息输出时,要充分了解信息接收者的情况,选择合适的沟通方式将想表达的信息传递给信息接收者。

2. 信息 是指信息发送者将要传递给信息接收者的观念和情感,它们必须转化为各种被人理解的信号,这些信号包括语言类、非语言类。

3. 渠道 主要指沟通的传递方式。如面对面的沟通、书信的沟通、讨论沟通等,不同的信息都有不同的渠道传递。

4. 信息接收者 指获得信息的人。信息接收者将信息发出者的信息通过理解,转化成自己的认识和感受,这样才能更加准确地接收到对方所传递信息要表达的期望和目的。

5. 信息反馈 信息反馈是沟通的核心,是一个相互交换的过程。信息接收者在获得信息后根据理解、感受和判断,提出自己的想法和建议,从而根据对方的反应调整自己的信息发送过程,以便达到预期的沟通目的。

6. 干扰 在人际沟通中,干扰可能会发生在任何环节,这些干扰有内在干扰和外在干扰。如沟通者语言表达能力较差或方言过重,使对方不能准确地理解发送的信息,这就属于内在干扰;如外界环境中的噪声、光线、温度等,这对沟通的过程也会产生干扰,这属于外在干扰。

二、人际沟通的模式与层次

(一)人际沟通的模式

人际沟通是一个互动的过程,沟通的双方不仅是信息发送者将信息通过各种渠道传递给对方,同时,还要将其理解的信息反馈给对方。美国专家黑贝尔·威沃尔提出了人际沟通循环图(图8-2),他认为人际沟通的模式是一个相互循环的过程。

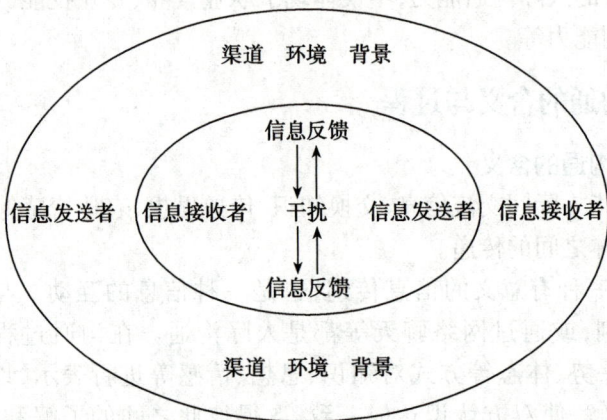

图8-2 人际沟通循环图

除此之外,人际沟通的模式还有:我国二级心理咨询师徐丽丽提出的沟通模式,即"我好,你不好","我不好,你好","我不好,你也不好","我好,你也好"四种类型。

(二)人际沟通的层次

通常来讲,人们习惯将沟通分为五个层次,随着沟通双方信任度的增加,沟通的层次会逐渐提高,信息量也会逐渐扩大。

1. 一般性交谈 是指一般性社交应酬开始语,属于沟通的最表层。如"您好!"之类的应酬式语言,这种浅层次的沟通,有利于短时间内打开局面和建立关系。

2. 陈述事实 是指不参与个人意见和感情,不牵涉人与人之间的关系,只陈述客观事实的沟通。医疗美容工作者在与顾客交谈时多采用陈述事实的方式,有利于了解顾客的需求及情况,同时防止产生误解或引起不必要的麻烦。

3. 交换意见 是指沟通双方已经建立了一定的信任,可以彼此谈论看法、交流意见的沟通。医疗美容工作者和顾客之间可以对某一问题的看法进行交流或者对某种方案的建议进行探讨,这时双方容易引起共鸣,获得认可或产生同情感。

4. 交流感情 是指沟通双方彼此无戒备,有了安全感时进行的沟通。在这一层次上,人们会愿意说出自己的想法和对各种事件的反应,尊重彼此间的感情和分享其感觉。作为医疗美容工作者应做到坦诚、热情,准确地了解顾客需求,帮助顾客满足其需求。

5. 共鸣沟通 是指一种短暂的、完全一致的高度和谐的感觉。这一层次属于沟通的最高境界,也是人们非常向往的理想境界。"心有灵犀一点通",就是沟通的最高境界。

三、人际沟通的分类

根据不同的标准,可以把沟通划分为不同类型。一般常用的分类有以下几种:

(一)按照人际沟通的线路分类

1. 单向沟通 是指信息发送者与信息接受者的地位不变,信息发送者只发送信息,信息接受者只接收信息不做出反馈。如下命令、做报告等。

2. 双向沟通 是指发送者与接收者地位发生转变,双方既是信息发送者也是信息接收者。如商务谈判、学术讨论等。

(二)按照人际沟通的方向分类

1. 上行沟通 是一种自下而上的沟通形式,是下属向上级汇报工作、表达意见等的主要沟通形式。

2. 下行沟通 是一种自上而下的沟通形式,是上级向下属宣布消息、下达指令等常用的沟通形式。

3. 平行沟通 是同等级别之间的沟通形式,是平级之间进行工作交流、培养员工之间情感的主要沟通模式。

(三)按照人际沟通的方式分类

1. 语言沟通 语言沟通是人类特有的一种沟通方式,是指以语词符号实现沟通,是最常用、最准确、最有效的沟通形式。语言沟通一般分为口头语言和书面语言。口头语言沟通是日常生活中最普遍的沟通形式。其特点是传递速度快、反馈及时、灵活性大、适应面广等。如面对面谈话、开会等。书面语言沟通是借助书面文字来实现的信息传递,相比口头语言沟通其逻辑性更强、更周密、便于保存。如书信、文件、报告等。随着互联网时代的发展,人们借助电子信息技术进行语言的编码、解码和传递,如手机短信、网络传输等,在人们生活和工作中占据了重要的位置,它也是一种语言沟通的形式。

2. 非语言沟通 非语言沟通是语言沟通的补充形式,通常与语言沟通一起进行,相辅相成,有时也可以单独使用。如手语、面部表情和副语等。手语通过打手势来表达想传送的信息。在我国"OK"手势,通常就表示可以、没问题等;V形手势,通常表达胜利、成功等。同时手语也是聋哑人主要的交流方式。面部表情是通过面部肌肉的变化来表现各种情绪,它是非语言沟通中最丰富的一种,同时语言沟通中,适当应用可以加强沟通效果。副语是指语气、语调、音调、语速节奏等,也称为辅助语言。副语丰富多彩,成为人们理解语言表达内容的重要线索。

四、人际沟通的特点与功能

(一)人际沟通的特点

1. 人际沟通的目的性　人与人沟通时,有其目的性存在。在人际沟通中,沟通者都有各自的动机、目的和立场,都设想和判定发出的信息会得到什么样的反馈。不管接收信息者是否正确理解,不管最后信息发送者是否得到满意的回应,沟通的目的都是客观存在的。

2. 人际沟通的多样性　人际沟通方式很多,有语言性的也有非语言性的,如肢体语言表现出的非语言沟通方式;书信、图片等语言沟通,也能够传达出其表示的含义。对于解决某件事,双方可以选择面对面的语言交流沟通,也可以选择网络沟通。

3. 人际沟通的互动性　人际沟通存在于人与人之间,是一个互动的过程,信息发送者和信息接收者之间信息的传递和反馈,形成了一个良好的沟通过程。一旦沟通一方停止互动,沟通就失效了。

(二)人际沟通的功能

人际沟通随时随地发生,沟通在心理上满足了人们的社会需求,也发展和维持了人际关系。

1. 人际沟通的心理功能　在心理学中认为人是一种社会的动物,与他人交流沟通就像衣、食、住、行等同样重要。人们日常简单的交流,即使信息不重要,但人们在交流沟通的过程中却满足了彼此互动的需求而感到愉快与满意。

2. 人际沟通的社会功能　社会是人与人形成的关系总和,而人际关系提供了社会功能,人际关系的维持发展离不开人际沟通。人们通过沟通来了解彼此,经过沟通使彼此之间的关系得以发展、改变或者维系,从而形成了社会关系。

3. 人际沟通的决策功能　信息的选择和决策作用于人的选择和决策,没有信息的传递就没有选择和决策可言。沟通满足了信息的传递,人们才有了选择和决策。如和朋友去购物,在朋友询问意见与你的传达意见之间的互动就可能会影响到结果。因此,通过各种渠道的收集信息,在与人交往中获得启发和帮助,是决策的正确途径。

五、人际沟通的障碍与影响因素

(一)人际沟通的障碍

1. 个性心理障碍　人的性格、气质、能力、兴趣等不同,会造成人们对同一信息的不同理解,并对沟通方式产生直接影响。一般来讲,热情、豪爽、开朗大方的人易于与人沟通;相反淡漠、苛刻、性格孤僻的人则容易产生沟通障碍。因此交流沟通的过程中,沟通者无论位于什么位置,应该有一个良好的态度、正确的情绪和恰当的言行,才能达到有效的沟通。沟通之前一定要将心态、情绪等层面梳理好后,再进行沟通交流。

2. 文化背景障碍　文化障碍是沟通者的语言、习俗、教育背景等不同,在相互交流时产生的各类分歧和冲突。人际沟通主要通过语言来进行,由于沟通者的表达能力不同、语言不同,对同一思想观念或事物理解就会有不同。同样沟通者拥有不同的受教育水平程度、文化素养和文明程度时,各自的理念也有差别。当沟通时,信息的接收者对信息的内涵理解不同,也会造成沟通的障碍。

3. 组织结构障碍　包括空间距离障碍和年龄性别障碍。信息发送者与信息接收者空间距离过远,信息传递过程中干扰过多,就会使信息失真或被扭曲;信息传递的工具落后或者不灵,造成信息接收者不能及时了解信息的内容,也会加重沟通的障碍。由于不同年龄的人所处的时代不同、环境不同,决定了其思想观念、行为习惯也有了差异,这就是所谓的"代沟"。不同年龄阶段,代沟是人际沟通障碍产生的主要因素。同样在性别上,男性和女性有着不同的语言表达方式和习惯。

(二) 人际沟通的影响因素

1. 环境因素

(1)距离远近的影响:在社会交往中,人们有意识或者无意识地保持一定的距离,当个人的空间距离受到限制或威胁时,人们会产生防御反应,从而影响了沟通的有效性。作为医疗美容工作者,与顾客沟通时,应当保持适当的距离,既让顾客感到亲近,又没有心理压力。

(2)社会背景的影响:沟通双方因社会背景不同而影响沟通效果,如文化、职业、地域、社会地位等。不同地域、不同民族的文化有鲜明的地域性和民族性,这些差异都影响着人的行为习惯,从而影响人际沟通。作为医疗美容工作者应该了解顾客的社会背景,这有利于进行有效沟通。

(3)自然环境的影响:人际沟通的自然环境影响也是不可忽视的。嘈杂的环境可影响沟通有效进行;周围环境光线过强或暗淡,温度过高或过低等,都会使沟通双方注意力不集中、精神涣散,影响沟通。反之简单、舒适而庄重的环境有利于沟通的顺利进行。

(4)网络的影响:互联网创造了跨时间、跨地域的人际沟通方式,使人际沟通变得更为广泛和便捷。人们在享受网络沟通的自由和快捷的同时,难免被其自身交流的缺陷和弊端影响,如网络沟通的虚幻性和依赖性等。

2. 个人因素　沟通者的生理、情绪、知识、心态、经验和水平等都会不同程度地影响人际沟通。

(1)沟通者的生理和情绪:健康的身体、稳定的情绪有利于双方的表达和交流。任何一方处于激动、焦虑或者身体不适的状态,都可能影响有效的沟通。作为医疗美容工作者,在与顾客沟通时一定要调整好自己的情绪,同时要引导顾客有一个良好的精神状态。

(2)沟通者的知识、经验和技能水平:在沟通中沟通双方的知识、经验和技能水平的差异将影响沟通效果。

(3)沟通者的态度:沟通者的态度对信息的传递和沟通的效果会产生相应的影响。一是对人的态度,在沟通中双方的友好态度、相互配合的程度;二是对事的态度,就是说沟通者对信息重视程度和所关注的重点。

(4)沟通者的性格特征:性格热情、豪爽、开朗、善解人意的人有益于沟通,性格孤僻、冷漠、狭隘、以自我为中心的人很难与人沟通。

第二节 人际沟通能力的养成

一、培养人际沟通的重要性

社会活动中，人与人之间需要交往，人际交往就需要交流、沟通。人际沟通在人际关系中有着重要的作用，人际沟通是建立和维护人际关系的手段，人们常用人际沟通来维系现有的人际关系，去建立新的人际关系。人际关系和人际沟通相辅相成。

（一）人际沟通是获取和传递信息的重要途径

在社会活动中，人与人交往最基本的方式就是人际沟通，通过沟通彼此了解、传递各类信息。信息的传送、信息的交换、信息的收集都是通过沟通形成的，生活中通过沟通，人们进行社会热点的讨论、娱乐的分享；工作中通过沟通，可以有效快速地获得信息，提高办事效率。

（二）人际沟通是改善人际关系的重要方法

人际沟通和人际关系相互促进，相互影响。有效良好的人际沟通可以获得和谐舒适的人际关系，和谐舒适的人际关系可以使人际沟通更加顺畅；相反，人际关系不和谐，就会使人际沟通难以开展，因此导致不恰当的人际关系。

（三）人际沟通是人们心理的基本需求

人不仅有低级的需求，如衣、食、住、行等基本需求，还有高级需求，如人际交流，无论在生活还是工作中，都需要通过人际沟通来达到某种目标。在医疗美容行业，医疗美容工作者与顾客的关系是在卖与买的沟通中形成的，满足顾客心理需求，完成销售任务是一种良好的销售关系；在日常生活邻里之间，相互问好、相互帮忙，彼此之间的交流就形成了良好的邻里关系，满足了人们的心理情感需求；通过人际沟通，让人们有了安全感，增强了人与人之间的亲密感，因此人际沟通是人类心理需求必不可缺的行为。

二、人际沟通能力的养成

人际沟通能力指一个人与他人进行有效沟通的能力，也是沟通者具备沟通工作的良好主观条件。具备良好沟通能力可以将自己的专业知识及专业能力得以充分展示，给对方留下深刻印象。人际沟通的养成需注意以下三点：人际沟通的意识方面、人际沟通的情绪方面、人际沟通的语言方面。

（一）人际沟通的意识方面

意识主导着人们的行动，作为沟通者要有主动、积极、正面的沟通意识。在人际交往过程中，如果沟通者积极主动的迈出沟通的第一步，就会很容易与对方建立人际关系，在与对方交流过程中处于主导地位。此时沟通者就会集中注意力，主动去了解对方心理状态，并调整自己的沟通方式，达到更好的有效沟通。

（二）人际沟通的情绪方面

每个人都有喜、怒、哀、乐、悲、恐、惊七大基本情绪，人的情绪有正面和负面之分，在进行交流沟通时要懂得管理自己的情绪、理解对方的情绪。具有亲和力的人在与他人进行沟通时表现出来的是积极、乐观和友好的态度，具有亲和力的人很容易产生吸引力，让对方产生好感和信任感。

（三）人际沟通的语言方面

语言是沟通的载体，沟通者通过语言来传递信息、表达情感。良好的表达能力是建立人际关系的重要基础，充满激情的语言可以让沟通变得更有感召力。当然人际沟通的语言分为很多类，不管是哪种语言都会使沟通拥有感召力、吸引力和说服力。

三、人际沟通与医疗美容工作者的关系

在人才竞争日益激烈的时代，具备良好的人际沟通能力是医疗美容工作者成功的关键。在医疗美容工作中，医疗美容工作者与顾客之间的交流是一种专业性的人际沟通，是为了解决特定的医疗美容问题，为了完成特定的专业任务而建立和发展起来的。

（一）人际沟通与医疗美容工作者是一种帮助与被帮助之间专业性的沟通

医疗美容工作者与顾客之间是以满足顾客在美学方面需求为目的专业性人际关系。医疗美容工作者运用专业的医学美容知识、技能及个人的品质帮助顾客改变外貌，满足其需求。

（二）人际沟通与医疗美容工作者是一种工作需要的治疗性关系

医疗美容工作者与顾客之间沟通是工作需要，也是职业行为。医疗美容工作者对待顾客要一视同仁，为顾客着想，并给予真诚的帮助，医疗美容工作者以顾客求美问题为目的，以服务顾客为宗旨。

（三）人际沟通与医疗美容工作者是一种多方面、多层次的关系

医疗美容工作者不仅要面对顾客，还要面对医疗美容过程中多方位的人际关系，如顾客家人、朋友、同事领导等。每层关系都要基于相互信任、相互尊敬，这种相互信任、相互尊敬都是在沟通交流中逐渐形成和发展的。

（四）人际沟通与医疗美容工作者是一种专业性的互动关系

医疗美容工作者与顾客不仅是简单的相遇关系，而是彼此之间相互影响、相互作用的专业性互动关系。在互动过程中，医疗美容工作者与顾客之间的关系会出现一定程度的改变及发展。医疗美容工作者在与顾客交流沟通中，积极努力满足顾客需求，才是评价服务质量的唯一标准。

四、人际沟通与人际关系之间的辩证关系

人际关系与人际沟通既有密切的联系，又有一定的区别。两者相辅相成，人际沟通是人际关系的基础，人际关系是人际沟通的目的。

（一）人际关系的建立和发展是人际沟通最直接的目的和结果

人际关系是在人际沟通的过程中形成和发展起来的，任何性质、任何类型的人际关系的形成，都是人与人之间相互沟通的结果，而良好的人际关系也是人际沟通的目的所在。

（二）良好的人际关系是顺利交往和沟通的基础条件

在沟通中如果各方所处的位置恰当、联系方式得体，那么沟通各方可以处于和谐、有效的良好状态中，沟通的内容可以顺利展开。如果在沟通中各方地位不当、联系方式不得体，则人际关系将处于不和谐状态，沟通的内容将产生障碍，甚至无法进行。

（三）人际沟通与人际关系的研究有不同的侧重点

人际沟通的研究侧重于人与人之间交流的形式和程序；人际关系的研究侧重于人与人通过沟通形成的心理和情感关系。

（李潇潇）

扫一扫
测一测

复习思考题

1. 结合课堂内容,说出影响人际沟通的个人因素。
2. 结合医疗美容工作,谈谈人际沟通的功能。
3. 简单阐述人际沟通与人际关系的辩证关系。

第九章

人 际 关 系

PPT 课件
09章PPT

扫一扫
知重点

学习要点

1. 掌握人际关系的概念、内容、特点与作用。

2. 熟悉人际关系的行为模式和伦理道德规范;熟悉马克思的社会交往理论和伦理道德规范;熟悉主动交往和帮助别人。

3. 熟悉影响人际关系的因素,提高人际沟通能力的方法,建立良好人际关系的策略。

第一节　人际关系概述

一、人际关系概念

人与人之间的关系是一个非常复杂的社会现象,从学科角度来说,不同的学科对人际关系的认知和理解是不同的。社会学将人际关系定义为人们在生产或生活过程中所建立的一种社会关系。行为科学认为,人际关系是指人与人之间构建起来的行为关系,体现出的是人们社会交往和相互联系的状况。心理学将人际关系定义为人与人在交往中建立的直接的心理上的联系。

人际关系是指人与人之间的关系,是人与人交往过程中所产生的各种社会关系的总和。不同的发展阶段,会形成不同的人际网络。

人际关系越广,路子越宽,事情就越好办。这已经被无数经验和教训所验证。一个优秀的人往往能接受并影响他身边的人,机遇与交际能力和交际活动范围成正比。因此,我们应把开展交际与捕捉机遇联系起来,充分发挥自己的交际能力,不断扩大交际,只有这样才会发现和抓住难得的发展机遇,使自己与他人的关系更好。拥有良好的关系网是成大事者最重要的因素之一,也是必备的条件之一。紧张的人际关系将会导致人际冲突和关系内耗,这不但会影响人们的正常生活、学习和工作,而且不利于人的身心健康。因此,构建良好的人际关系是我们每个人努力追求的目标。

二、人际关系的内容、特点与作用

（一）人际关系的内容

人际关系是一个非常复杂的系统,它不是人与人之间简单的静态关系,而是一个动态的人际沟通过程。人际关系包含有三个方面的内容。

1. 互动性 人际关系存在于人与人之间的日常沟通中,它是人际沟通的根本要素,表现在人与人之间意识和行为的互动沟通过程中。

2. 情感性 人是情感动物,是有感情和意志的,所以,人际关系是现实生活中由情感和意志所形成的一种沟通关系,即人际关系中包含有情感和意志等因素。

3. 社会性 人离不开其生活的社会。所以,人际关系也具有社会性,它是人进行社会交往的连接点。人际关系实际是人与人之间在社会生活中的交往关系。

（二）人际关系的特点

人际关系的特点主要体现在以下四个方面。

1. 复杂性 人际关系的复杂性体现于两个方面:一方面,人际关系是多方面因素联系起来的,且这些因素均处于不断变化的过程中;另一方面,人际关系还具有高度个性化和以心理活动为基础的特点。因此,在人际交往过程中,由于人们交往的准则和目的的不同,交往的结果可出现心理距离的拉近或疏远,情绪状态的积极或消极,交往过程的冲突或和谐,评价态度的满意或不满意等复杂现象。

2. 多重性 所谓多重性是指人际关系具有多因素和多角色的特点。每个人在社会交往中扮演着不同的角色:一个人可以在病人面前扮演护士角色,在同事面前扮演朋友角色,在丈夫面前扮演妻子角色,在孩子面前扮演母亲角色等。在扮演各种角色的同时,又会因物质利益或精神因素导致角色的强化或减弱,这种集多角色多因素的状况,使人际关系具有多重性。

3. 多变性 人际关系随着年龄、环境、条件的变化不断发展、变化。

4. 目的性 在人际关系的建立和发展过程中,均具有不同程度的目的性。随着市场经济的推进,人际关系的目的性更为突出。

（三）人际关系的作用

人际关系的作用主要表现为:

1. 产生合力 合力,就是人的力量、能力的有机组合。人的力量、能力如果按照正确的方式组合起来,就会产生很大的力量,就会产生 1+1 大于 2 的效果。我们平常说的"团结就是力量""人心齐,泰山移"就是这个道理。

2. 形成互补 互补,是指集体内部,人与人之间能够互相学习、取长补短。实际上是通过交往,在多方面的双向交流中产生能力上的跃进的行为。俗话说:"荷花虽好,也要绿叶扶助",这是对人际关系互补的生动比喻。在实际工作中,互补越来越被人们所认识,配备领导班子讲人员知识、专业、性格、年龄、男女互补,组成科研攻关组织更要讲究人员知识结构上的互补,不同知识、才能、气质、性格的科学工作者,优化组合成一个研究集体的作用,是任何一个科学家所望尘莫及的。

3. 互相激励 所谓激励,就是激发鼓励。对于群体中的人来说,通过互相激励,能够给群体成员带来创造活力。

4. 联络感情 人有合群的需要,不愿意孤立、独处。医学心理学的研究表明,孤独的人,会变得精神忧郁、变态,其寿命比乐观、开朗、爱交往的人短。人们通过彼此的互相交往,诉说各自的喜怒哀乐,增进相互间的思想感情,产生一种亲密感甚至依恋之情,从中吸取力量。因此,人际交往对人的身心健康来说,也是十分重要的。

5. 交流信息 在社会生活中,信息的交流与沟通,是人们相互联系的重要形式。人们的生产、生活、工作、娱乐都离不开信息的交流。可以说,没有信息交流,就没有个人和社会的进步。当今的时代,是信息时代,信息对于每个人都更加重要,每个人都是一个信息源,既是信息的传播者,也是信息的接收者。以信息的两步传递法来看,第一次是广播、电视、报纸、因特网等传媒,但不少人没有听广播、看报、看电视、没有上网,得不到信息内容。第二步是听过广播、看过电视、阅读过报纸和上过网的人将信息传递给朋友、同事、亲人。依靠两步传递的方式,使重要的信息最终传达到人们中间。这说明,人际关系具有交流信息的功能。

三、人际关系的行为模式和伦理道德规范

(一) 人际关系的行为模式

人际关系是建立在交往双方满足需要的互动的关系,一般有以下三种:包容的需要、支配的需要和情感的需要。这三种基本的人际需要都可能转化为不同的行为动机,并使人们的行为产生不同的行为模式。人们在表现三种基本人际需要时,分为主动和被动两方面,由此人际关系行为模式可以列为六种(表9-1)。

表 9-1   人际关系的行为模式

需要	行为模式	
	主动	被动
包容	主动与他人交往	期待他人接纳自己
支配	支配他人	希望他人指引
情感	主动表示友爱	等待他人对自己亲密

交往双方的人际交往需要相对稳定,通过观察个体的人际关系的行为模式特征,就可以了解双方的交往需求。在个体人际关系的行为模式中,两类相对应的行为模式特征虽然相反,但可以反映出同一人际交往需求。比如,最近一段时间,辅导员老师发现,林新积极参加学校班级的活动,而张明却故意疏远辅导员老师,这两种行为都应该反映了这两名学生对包容的需要。不同的是可能辅导员老师一直对林新比较重视,关注得多一些,张明受到忽视。此时,如果辅导员老师适时关注引导张明,张明有可能会转变自己的行为模式,变被动为主动,积极参加活动。

(二) 伦理道德规范

人际交往是在一定社会条件下的交往,其实质是一种社会关系。所以,人际交往不能是随心所欲、杂乱无序的,它必须遵循一定的伦理道德规范,受到一定的控制、制约和调节。

人际关系最基本的伦理道德原则包含以下几个方面:

1. 尊重人格,平等待人 学会尊重别人就必须首先认识到人与人之间在人格和

法律地位上是平等的。不能以家境的贫富、智力的差异、父母职务地位的不同来论人，不能把这些差异作为我们另眼看人、不尊重人的理由。必须做到不凌弱欺生。要从自我做起，养成文明礼貌、爱护公物、保护环境、遵纪守法的好习惯。

2. 诚恳谦让，文明礼貌　讲文明、有礼貌是做人的基本品质。诚恳谦让地交往，能增进人与人之间的信任，促进团结友爱。在与人相处过程中，应当诚实谦让，不要妒贤嫉能；对待他人的批评，能虚心接受，诚恳感谢，宽宏大度，要善于和同事合作；心情不愉快时，不要迁怒于他人，要善于控制自己的情绪，做到既不忧形于色，也不喜形于色。意识到礼貌在交往中的好处，从点滴做起，态度诚恳、仪表大方、语言文明、行为得体地与人交往。

3. 不谋私利，竭诚服务　我们作为社会中人，应当尽力做到全心全意为人民服务，忠于职守，做好本职工作。当个人利益与集体利益发生冲突时，要以集体利益为重，必要时要勇于牺牲个人利益，要有"辛苦我一个，幸福千万人"的崇高社会主义风尚。

4. 实事求是，勿弄虚作假　实事求是是我们人际关系中必须坚持的一个原则，它直接影响人际关系的成效。所以，我们在与人相处时应当一切从实际出发，做到实事求是、求真务实、善始善终、善作善成、把准方向、敢于担当，做老实人，说老实话，办老实事，实实在在为人，踏踏实实工作。切勿弄虚作假，欺上瞒下。

5. 恪守信誉，保守秘密　正常的人际关系中，我们会接触到各种各样的人，会有各种各样的事情需要我们处理。在这个过程中，就要求我们恪守信誉，遵守承诺，讲信用、重信用，信守诺言，不为利益所诱惑，为交往对象保守秘密。具体来说，就是工作中遇到的机密资料不外传、不外泄，为交往对象的隐私守口如瓶。这样，才能取得交往对象的信任，有利于同他们保持良好的人际关系，促进进一步交往。

四、影响人际关系的因素

任何人际关系都离不开认知、情感和行为三个方面的内容。其任何一种心理倾向，实际上都是人际关系中表现的态度，交际态度对人际关系有重要意义。

影响人际关系的因素主要有以下几种：

（一）美感性因素

人的美也如自然美、艺术美一样，具有一种不可抗拒的吸引力。女性在舞会上总是喜欢接受英俊潇洒的男子的邀请；在日常生活中，人们也总是对外表俊美的人更饶有兴趣、刮目相看、品评较高。美的人能吸引他人，这是因为美能给他人一种心理上的愉悦感，使人感到赏心悦目。

当然，这里所说的人之"美"包含着外表美与内在美两个方面。外表美首先给人良好的第一印象，使人感到愉悦，给人以吸引。为了适应人们这种天然的心理需要，注重自己的仪表，讲究风度，是很必要的。这不仅是对别人的尊重，也是对自己的尊重。随着接触的频繁，内在美便超过了外表美给人以经久不衰的吸引力。一个人尽管具有令人羡慕的外表，但内在品质冷酷无情、贪婪成性、邪恶自私……就不能获得良好的人际关系；而一个具有忠诚无私、热情善良、开朗正直的人，尽管其貌不扬，仍然能像磁石一样吸引人并与之建立起密切友好的关系。那些天生缺乏外表美的人，务必要发展精神、态度和个性，从而洋溢出内在美，成为社交场上受欢迎的人物。

（二）熟悉性因素

人际关系的由浅到深，是从相互接触和初步交往开始的，通过不断的了解，才开始引发对一个人的喜欢。可见，熟悉对人际吸引力会产生很大的影响，事实上，仅仅看到某人，就能增强我们对他的喜欢，这就是曝光效应。那么，为什么会如此呢？伯恩斯坦用进化论的观点加以解释，他认为在进化过程中，人类常以小心谨慎的方式不断去应付不熟悉的事物，通过与环境不停的相互作用，给我们带来危险的不熟悉的事物慢慢地为我们所适应，也就变得熟悉和安全了。随着戒心的解除和舒服性的上升，人们对该事物的正性情感也必然增加。可见，增进喜欢需要有一个最佳水平的曝光频率，也就是熟悉性。

（三）接近性因素

接近性因素对人际交往有着十分重要的影响。人们常说"远亲不如近邻"。十几年前当人们还是住着老式住宅时，左右前后的邻居全都认识，而且越是相邻的关系越是密切。不难看出，较小的空间距离有利于建立密切的人际关系，时空的接近性是影响人际吸引的重要因素，但随着时间的推移，它所发挥的作用会慢慢变小。

首先，距离的邻近为人际交往创造了频繁接触相互熟悉的环境，而熟悉是建立友好关系的前提条件之一。越是邻近的人，交往的机会就越多，机会越多越熟悉，越熟悉就越了解。其次，距离邻近影响着相互之间的利害关系，大家都比较重视搞好邻近关系。如果你与周围的人相处得比较融洽，在遇到困难时，大家热情相助，就会使困难得到较快的解决；如果你与周围的人关系紧张，在遇到困难时，大家不仅不帮助，还会幸灾乐祸，这时候你就会品尝到世态炎凉的滋味了。所以，在和周围人交往中，经常关心和帮助他人，这样不但对他人有好处，对自己也将十分有益。

（四）相似性吸引

常常有这种情形，有的人初次见面，就能和人聊得热火朝天，很快交上朋友，这就是"一见如故"，有人认为这是缘分。其实不对，主要是因为他们之间有许多相似性因素，从而产生较强的吸引力，所以才能一见如故。具体说，这些相似性因素包括：在态度、信念、思想、理想、目标、志趣等方面的"志同道合"；在教育水平、经济收入、职业身份、社会地位等方面的"门当户对"；因经历、遭遇相似而产生的"同病相怜"。

如果追求相似性吸引的心理归因的话，只要稍加注意一下你周围朝夕相处的人们，就不难发现这样一个事实：一方面，态度等方面相似的人往往具有共同的心理特征；另一方面，每个人都对自己满意和喜爱，人们喜欢与自己相似的人，实际上是一种间接的自我肯定和欣赏。了解了这些，我们就知道，懂得建立和培植友谊的人，一定善于寻找和创造相似性因素。

可见，相似性在人际吸引力的大小上发挥着重要作用。

（五）互补性吸引

人们不但追求文化历史背景、个性特征、态度、价值体系的相似性，而且还追求需要的互补性；在人格上与自己相似的人，而且还喜欢能满足自己的需要、补充自己人格的人。当双方的需要及对另一方的期望正好成为互补关系时，就会产生强烈的吸引力，从而形成密切的人际关系。

相似性和互补性事实上是相互联系、相互作用的。有些时候人们要追求相似基础上的互补。每个人的性格、志趣等除具有个别特征以外，还具有共同的特征。比如，爱国、恨敌、正直、从善、爱美、好学等,而这些就是我们喜欢与之交往的基本点。这说明,人们为了和谐相处和完善人格,总是把相似性和互补性结合起来考虑,不但要求对方在人格、物质、心理诸方面与自己相似,而且要求双方需要的满足能相互补充。事实上,有些性格迥异的人,因为能求大同、存小异,各自尊重对方的性格,保持自己的兴趣,互相支持,互相适应,互相补充,所以生活得很有味道。

(六) 报偿性因素

在人际交往中,双方或一方具有要达到一定目的、满足一定需要的想法,并由此而产生交往,这种吸引就是报偿性吸引。可见,报偿是自觉或不自觉的人际交往中的一种社会动机。在现代效益观念日益增强的情势下,交往能否互惠互利,能否从中得到好处,这种报偿性的社会动机,更明显地支配着社交的频率和深度。交往中能够在物质上或精神上得到某种报偿,则交往活动能产生吸引力,得到的报偿越多,交往的吸引力就越大。

君子之交淡如水,小人之交甘如饴。真正的友谊靠的是赤诚相见、志趣相投,而不在于甜言蜜语或重金送礼。君子之交是"神交",即以精神上的互相交流为乐趣,不仅能经得起时间考验,也经得起外界环境的考验。也只有这样的友谊才算得上纯真,才可以地久天长。总之,君子之交与小人之交的根本区别在于:前者追求的是精神报偿,后者追求的是物质报偿。

(七) 能力性因素

英国作家毛姆写道:"友情有两种类型。第一种类型是一种动物性本能的友情……第二种类型的友情是理性的,即被对方的才识所吸引,对方具有自己陌生的思想,能预先未知的人生,有丰富的经验……"事实确是如此,凡是聪明能干、知识丰富而又热情的人一般都能引起人们的喜爱、钦佩、尊重和敬慕,在人际交往中具有吸引力。因为与这样的人交往,可以使自己知识上变得充实,精神上变得充实,生活上变得充实。人们崇敬名人,实际上就是被名人较强的能力所吸引的缘故。所以,要想对他人有吸引力,提高能力是一种行之有效的方法。有理由相信,随着你事业的蒸蒸日上,你的吸引力也就越来越强。

在现实生活中,我们还会常常碰到这种情形,有人在道德品质方面有严重的错误,但他某方面的才华却很突出,很能吸引人,这种人不是不可与之交往,但要在交往中注意,不要让他的坏习惯、坏思想影响你。如果你能用健康的思想影响他、改造他固然好,如果做不到的话,最好保持"独善其身",至于那些意志不坚定、对拒绝诱惑缺乏自信的人,最好不要与之多交往。

(八) 个人特征

一般来说,个人特征主要包括一个人的外貌、性格、能力等。

首先说一个人的外貌。最近全国火热的相亲节目就很好地说明了外貌的重要性。我们看到在节目中,由于节目时间限制没有给双方足够的交流时间,完全只能靠第一感觉来选择。这样,那些长相较好的女嘉宾通常很容易得到男嘉宾的青睐,而那些长相一般的女嘉宾则往往难以短时间内给男嘉宾留下深刻印象。由此不难看出,外貌的确有着很强的辐射作用,因为光环效应的存在,人们往往会不自觉地认为外表好的人也会有其他优秀品质,如大方,善良,聪明等,自然那些长相漂亮的人就有着更好的人际吸引力。当然,这种情况通常只发生在交往的初期,双方不是特别了解的时候,随着时间的推移,这种光环效应的作用渐渐变小。

其次是性格与能力。性格和能力不仅关系到个体的心理发展,还可影响人际关系的建立。诸多实践表明,个体的良好性格和较强能力,是其人际交往中引人注意、令人欣赏的重要条件,而由此建立的良好人际关系,又是个体事业成功的首要因素。如一个人具有诚恳、坦率、幽默等性格特征,人际交往中就容易对他人产生较强吸引力或赢得别人赞赏;又如某人在某方面才华出众,或学业名列前茅、或竞技比赛夺冠等,都会引起众人的羡慕眼光和由衷欣赏,形成"众星捧月"般的人际吸引力。

总之,上述的几大要素并不是孤立存在的,而是互相联系、相互作用的。其中,外貌和空间等外在吸引力是有限的。如果要深交,保持长久的密切交往,还要靠强烈的内在吸引力。在这方面,高尚的道德品质和丰富的才识无疑是最为重要的。

第二节 人际关系理论

从20世纪初开始,许多西方学者,尤其是一些哲学家、管理学家、社会学家、社会心理学家,纷纷关注人际关系领域,并在各自的研究领域发表了独到的见解,以致形成了早期人际关系领域的不同理论流派,并为后来的人际关系研究奠定了理论基础。

一、人际认知理论与冲突理论

在人际交往过程中,我们对自己的交往对象要有充分的认识和理解,准确判断和推测交往对象的心理活动和心理状态,才有可能和他们建立和发展良好的人际关系。所以,提高人际认知能力对我们发展人际关系非常重要。

(一)人际认知理论

1. 人际认知　认知是指人的认识活动,人际认知是指个体根据环境中的社会信息形成对他人或事物的推论。人与人之间正是通过相互认知而实现情感互动的。人际认知包含有对他人的仪态表情、心理状态、思想性格和人际关系等方面的认知。

2. 认知效应　心理学把人际认知方面具有一定规律性的互相作用称为人际认知效应。在人际沟通过程中,一个人给别人留下的最初印象(或第一印象),往往会影响别人对他的总体认知。有时人们常常会因为某人最近表现不好,而忽略其过去的表现等。我们掌握了这些认知效应的规律,就有助于我们在人际交往中更合理、更科学地相互认知,减少认知偏差,更为妥善地处理人际关系。

(1)首因效应:也是人与人第一次交往中给人留下的印象,在对方的头脑中形成并占据着主导地位的效应。个体在社会认知过程中,通过"第一印象"最先输入的信息对客体以后的认知产生的影响作用。第一印象作用最强,持续的时间也长,比以后得到的信息对于事物整个印象产生的作用更强。首因,是指首次认知客体而在脑中留下的第一印象。首因效应,是指个体在社会认知过程中,通过"第一印象"最先输入的信息对客体以后的认知产生的影响作用。

(2)第一印象:在人际交往场合,和陌生的交往对象第一次接触时所形成的总体印象称为第一印象。形成第一印象的主要因素有性别、年龄、衣着、姿势、面部表情等外部特征。认知者从被认知者那里接受到了以上信息之后,通过联想、想象和推理等心理活动,并对这些信息进行主观上的综合加工,形成了对被认知者的总体印象,这就是第一印象,也叫"初次印象"。

第一印象和首因效应是两个不同的概念。首因效应指最先的印象对人的认识是有强烈影响的,会左右对此人以后的一系列特性所作出的解释。第一印象是从短暂的接触中,通过对方的外表,如体态、举止、言谈、仪表等获得的认识。人际交往中,首因效应先于第一印象影响人际认知,是形成第一印象的重要因素。首因效应是单个因素形成的,第一印象是由多个因素综合形成。第一印象一旦形成就有较为牢固的持久性和稳定性,有先入为主的作用。因此,在人际交往中,第一印象有非常重要的意义。

(3)近因效应:是指当人们识记一系列事物时对末尾部分项目的记忆效果优于中间部分项目的现象,这就是近因效应。因为在人际交往中,人们常常会有喜新厌旧的心理,人际交往时新的信息容易引起人们的重视,旧信息容易被人忽视。近因效应多产生于熟人之间,由近因效应形成的人际认知,甚至会成为压倒一切的认知因素,左右着人们对一个人的总体评价。

(4)成见:又叫"定型"或"刻板印象",是指对人或事物所抱的固定不变的看法。它含有这类人或事物的一些固有的或一般的特征,人们只要一见到这类人或事物,就会以为他们必然会具备这些特征,这就是所谓的成见。

(5)先礼效应:在人际交往中,要想向交往对象提出批评意见或某种要求时,必须先用礼貌的语言或行为开始,以便对方容易接受,从而达到交际目的。先礼是一种与对方建立人际认知的过程,可以体现出善意和诚意,对方有这种认知之后就比较容易接受意见或要求。

(6)免疫效应:当一个人已经相信或接受某种观点时,就会对与之相反的观点产生一定的抵抗力,有一定的免疫力,这就是所谓的免疫效应。

人际交往中参与交往的对象是具有主观能动性的人,对自己的言行都有控制能力。所以,以上各种人际认知效应,都具有规律性,但又有各自的独特性。

3. 人际认知效应的应用策略　人际交往中,掌握人际沟通的规律,合理运用人际认知规律效应,有助于建立和发展良性人际关系。

(1)避免以貌取人:人际交往中的首因效应和第一印象虽然重要,但不一定十分准确,需要经过长时间的观察,深入交往,才能及时修正因为首因效应和第一印象而产生的人际认知偏差。

(2)注重一贯表现:要客观准确评价一个人必须重视其较为稳定的长期表现。因为人在特定情况下,由于某种原因和动机,可能会有与日常大相径庭的行为和态度出现,我们不能因此而对一个人轻易下结论,造成不应有的认知偏差。

(3)重视人的个性差异:要避免因"成见"出现以偏概全的认知偏差。尽管人都有自己的固有特征,但人的个性差异是客观存在的,如果忽视这种差异,就会造成认知偏差,给人际交往带来麻烦。

(4)重视动态发展中全面观察认识人:既要重视人的过去表现,又要看到他当下的表现;既要重视他的一贯表现,又要关注他的近期变化;既要看到他的长处,也要看到他的缺点。

(二) 人际冲突理论

人与人之间总是会发生各种各样的矛盾冲突,这就是所谓的人际冲突。按照冲突的来源,人际冲突大致可以分为以下几种类型。

1. 观念冲突 观念冲突主要是指价值观、政治理想、社会理想方面的冲突,具有不同价值观、政治理想和社会理想的人们之间往往不可避免地存在冲突,这种冲突叫观念冲突。观念冲突有两种解决途径:一是观念的转型或者消灭;一是主义之间、党派之间的调和。

2. 利益冲突 人际交往中,人们会因为政治利益、经济利益甚至日常生活中的微小利益发生冲突。人际交往中,小的冲突如岗位竞争、争强好胜、争宠吃醋、排队抢先等;大的冲突表现为阶级利益、集团利益,如贫富分化的对立、既得利益集团与改革派的冲突等。

3. 理论冲突 不同的人,对同一事物会有不同的理论见解,"仁者见仁,智者见智"易造成冲突,这就是所谓的理论冲突。

4. 学识冲突 学识冲突就是不同的学问层次、类别之间的冲突。所谓"文人相轻",学问高深者鄙夷学识浅薄的人;学问浅薄者嫉妒知识层次高的人,如此等等都属于学识冲突。

5. 方法冲突 是指决策中、执行中、追求中为相同相近的目标持不同的方法论者之间的冲突。多发生在同事、亲友、合伙人之间,也有发生在上下级之间的。

6. 习俗冲突 不同的个人习惯、民族习惯、地域习俗之间的冲突。

7. 个性冲突 指人与人不同性格之间的冲突,张扬与内敛、开朗与内向、活泼与沉寂等不同性格、气质、心理之间的冲突,都属个性冲突。个性相容,工作互补,这是与人合作共事的基本原则,要想成就一番事业,就要有容人的雅量。

8. 情绪冲突 人在某种情绪状态下会莫名其妙地发牢骚、泄私愤、无端指责别人等,都属于情绪冲突。

二、马克思的社会交往理论与马斯洛的交往需要论

(一) 马克思的社会交往理论

马克思(1818—1883 年)从宏观视角,把人际交往看作是社会生产和生活中不可缺少的因素,认为人际交往在本质上是社会交往。马克思指出:"迄今为止的一切交往都只是一定条件下的个人交往,而不是单纯的个人交往。"马克思在这里所说的"条件"主要指社会条件。人际交往都是社会条件下的交往,即社会交往。马克思不仅强调社会因素对人际交往的制约性,而且指出了交往对生产力的作用,说明交往已经成为生产力发展的必要条件。随着人类交往范围的不断扩大,社会生产力将不断走向新的阶段。马克思的社会交往理论把人际交往看作是社会系统的要素,并把它放在人类整个发展过程中去考察,从而揭示了人际交往的发展趋势是共产主义社会将实现普遍交往。

(二) 马斯洛的交往需要论

需要层次理论是由美国心理学家马斯洛(1908—1970 年)首创的一种理论。他认为人的动机是由多种层次与性质的需求所组成的,而各种需求之间有高低层次之分。他将人的需要按其强度不同归纳为以下七类:

1. 生理需要 马斯洛指出生理需要是人的第一层次的需要,也是人类最基本、最重要的需要。人类生存必须具有的生存条件,如食物、阳光、住房及基本生活设备。

2. 安全需要 马斯洛指出当生理的需要获得适当的满足后,寻求安全就成为起

主导作用的需要。所谓安全的需要,是指防御灾害疾病,获得福利和稳定的生活环境。

3. 社交需要　社交的需要是人们第三层次的需要,表明人希望和他人建立关系,并通过社会交往得到他人的关心和爱护、帮助与支持、建立爱情与友谊等,从而获得一种归属感。

4. 尊重需要　这是更高层次的需要,尊重包括自尊与他尊。这种需要既包括渴望自由与独立、获得知识与能力,从而感到自信与自豪的需要;又包括对权力、地位、荣誉的追求。

5. 自我实现需要　这是在上述需要得到充分满足之后的一种更高追求。

6. 认识与理解的需要　这一需要须以安全、自由、社交、尊重以及自我实现为先决条件。

7. 追求完美的需要　追求完美是最高层次的需求,也是人类行为的普遍现象。

可见,马斯洛的人际需要理论的七个层次,是呈逐级上升趋势,即当低层次的需要相对满足之后,才会追求更高层次的需要。

三、米德的象征性符号互动理论

米德的象征性符号互动理论主要涵盖了两个要素:一是运用符号的象征性定义个体的行为意义;二是运用符号的象征性解读他人的行为意义。在人与人交往的初期过程中,个体给人的第一印象是仪容仪表,然后才是语言行为的应变反应。米德的象征性符号互动理论就是将个体的行为反应给他人,让他人了解个体行为隐含的意义。人与人在交往沟通的同时,一定要注意聆听对方表达的含义,注意观察对方的非语言行为,如手势、面部表情等,理解对方表达的隐含意义。

米德的象征性符号互动理论重点研究个体和他人的关系,重视个体的主观因素,认为人既是主体又是客体,强调个体的自我概念是个体和他人交流中互动的产物,注重个体之间的互动过程的研究。

米德对语言符号的阐述揭示了在社会交往情境中,正是由于有了共享意义的符号,人类的交往互动才能得以顺利进行。在建立良好人际关系的过程中,我们要学会使用符号互动理论,熟悉运用技巧,实现人与人之间的有效沟通。当然有效的人际沟通也和个体的沟通能力有关。掌握语言、非语言、倾听等多种象征性符号的意义和运用技巧,更容易与他人建立和谐的人际关系。

四、主体-环境相互作用论

皮亚杰认为儿童个体已经形成的心理结构会对其心理发展产生能动的调节作用,即遗传和环境因素对心理发展的影响通过个体内部心理结构的桥梁作用才能实现。他认为先天的遗传因素是后天心理发展的基础,后天环境对心理起到影响作用。

交往双方在建立人际关系时,人是主体。主体成熟只是认知发展的必要条件,而不是充分条件,通过个体与外部环境的适应促进,主体通过反复练习,可以获得一定的交往经验,同时主体也会影响社交环境的改变。人们生活在自然环境和社会环境中,受环境的影响会产生各种心理变化。同时人们所产生的众多心理变化也会作用于后天人际交往的环境,影响交往双方人际关系的建立。

五、控制程度与人际吸引的规律

（一）控制程度

人际关系复杂多变,仔细研究还是可以遵循一定规律的。把握好这些规律,可以帮助我们提高预测、制约和改变人际关系的能力。人际关系依据发展进程和交往双方的控制程度会发生亲疏远近的逐级变化。交往双方在建立人际关系过程中,从最初的选择进程,到试探接触进程,到情感强化进程,到最后的包容理解进程,随着交往双方信任程度和接纳程度的提高,人们对人际关系的控制程度也会有所改变。

1. 互补性　是指交往双方一人处于支配地位,另一人处于被支配地位。

2. 对称性　指参与者平均分享控制权,双方差异不大,控制权在谁并不明确,双方对控制或顺从以竞争为特征。

3. 平行性　介于互补性和对称性之间,具有灵动性,不易出现不良的相互作用。双方彼此的控制地位可根据具体情况确定,双方不会争夺控制权。

（二）人际吸引的规律

人际吸引是指人与人之间在感情方面相互接纳、喜欢及亲和的现象。人际吸引是以情感为主导的以相互之间的肯定性评价为前提。喜欢、尊重和友谊等都是在肯定性评价基础上发展来的。

1. 人际吸引的规律　依据心理学家在人际吸引方面的研究,人际吸引的条件和规律有以下几种:

(1)邻近与熟悉:邻近指地域或空间上的接近,熟悉指相互了解的程度。居住或空间距离较近等都是形成人际吸引的条件,因为空间距离近,联系方便,相互接触的机会多,便于了解和熟悉。

(2)相似:人们彼此间某些相似的特征是导致相互吸引和喜欢的主要原因。人际沟通中,交往对象之间各种情况的相似都能不同程度地引起人们之间的相互吸引。如:共同的籍贯、出生地、居住地,共同的国籍、民族、语言文化、宗教背景等都可以成为相互吸引的条件和原因。

(3)互补:交往双方的需要和满足途径正好能补充对方的缺憾时,彼此之间的吸引和喜欢程度机会增多。双方的个性倾向和行为特征正好弥补了对方的不足,构成互补关系。

(4)喜欢回馈:获得他人褒奖是一般人都具有的社会动机,这种褒奖常常以喜欢的方式表现出来,成为人际吸引的因素之一。心理学研究发现,"喜欢"具有"往返回馈"的特征,别人的喜欢,能对我们构成"酬赏"。

(5)能力:一个人的能力越大,就越容易被人喜欢。一个聪明能干富有才华的人,常常比庸碌平淡的人更讨人喜欢,更具有吸引力。这是因为人们都有追求自我完善、崇尚能力、探求补偿的欲望。与能力较强的人交往,能得到某些帮助和补偿,获得精神上的激励。所以,能力吸引是人际吸引的重要因素。

(6)个性品质:具有优良个性品质的人,会让人产生敬仰、亲切、赞赏等感情,对人有较强的吸引力。良好的性格和较强能力是引人注意的重要条件。性格好比能力强更具持久、稳定的人际吸引力。

(7)外表:端庄美丽的容貌、大方高雅的仪态,会有较强的人际吸引力。随着交往的日益加深,个性品质会超越外表这一外在因素,显得更为重要。

2. 人际吸引规律的应用策略

(1)缩短与对方的距离,增加交往概率。

(2)培养良好的个性品质。

(3)锻炼才能,克服交往心理障碍。

(4)注重自身形象,给人美感。

第三节　建立良好人际关系的策略

人是社会化的人,在人短暂的一生当中,会从事各种政治经济文化娱乐等社会活动;其中,也伴随着个人养儿育女、生老病死的一系列的社会化过程;在这不断变化的活动和过程当中,人不可避免地和社会发生千丝万缕的联系,不可避免地开展各种各样的人际交往,不可避免地形成这样或者那样的人际关系。由于每个人都有其独特的社会背景,过往经历、思想、个性、价值观以及行为方式,因而人际关系对每个人的生产和生活都会产生很大的影响,乃至影响其一生。从某种意义上说,人际关系决定着人的成败与命运。

社会心理学的调查研究表明,良好的人际关系是一个人心理正常发展、个性保持健康和生活具有幸福感的重要条件之一。古语云:"天时不如地利,地利不如人和。"对于远离家乡外出求学的大学生来说,无论在什么情况下都应重视"人和"这个重要因素。美国著名成人教育家戴尔·卡耐基经过大量的研究发现说:"一个人事业上的成功,只有百分之二十是由于他的专业,百分之八十要靠人际关系、处世技巧。"此话也许说得绝对些,但也从另一侧面说明良好人际关系对成就事业的重要性。

因此,建立良好的人际关系对每个人来说都极其重要。

通过主动交往、帮助别人、关注对方、肯定对方自我价值等方法和策略,能够快速地帮助我们建立良好的人际关系。

一、主动交往

人际关系,是人们在生产或生活活动过程中所建立的一种社会关系。人际关系,反映了人与人之间在活动过程中直接的心理上关系或心理上的距离,是以一定的群体为背景,在相互交往的基础上,经过认知调节、情感体验、行为往来等手段而形成的,是人们长期交往的结果。

积极主动的交往不仅是良好的人际关系的开端,更是良好人际关系的基础。

大家都知道,在与陌生人交往的时候,开始如果没有人率先打破沉默的话,往往大家都默不作声;如果有人开始主动地谈笑风生起来,其他人也会很快响应。人际交往中,如果谁也不去主动交往,可能彼此间就一直沉默下去;如果有一个主动一些,大家彼此就会亲热起来。

在现实生活中,有许多人困于个人与工作的狭小范围与具体环境的局限。除了自家人和亲戚关系,还有那么几个同学、同事、朋友和熟人,这些人际关系都是顺其自然、被动接受才形成的,他们过着两点一线的生活,几十年如一日地来往在家庭和工作单位之间,他们没有主动争取和别人交流,也就很难开拓出广泛而友好的人际关系网络。

在现实生活中,也有许多人尽管与人交往的欲望很强烈,但仍然不得不常常忍受孤独的折磨,他们的友人很少,甚至没有友人,因为他们在社交上总是采取消极的被动的退缩方式,总是等待别人来首先接纳他们。因此,虽然他们同样处于一个人来人往、熙熙攘攘的世界,却仍然无法摆脱心灵的孤寂。要知道,别人是不会无缘无故对我们感兴趣的。

因此,我们要想赢得别人了解、信任、支持,同别人建立良好人际关系,就必须做人际交往的始动者,就必须要有与人交往的主动意识和主动心理,就必须积极主动地去和人发生交往并始终处于主动地位。

同时,我们要积极主动地去克服个人恐惧心理,主动地伸出友谊之手,主动地介绍自己的名字、个人情况、兴趣爱好、优点特长等,给人以亲近随和的印象,吸引对方的注意,主动地与人结为朋友,并投入大量的时间和精力来培养相互间情感和人际关系,在不断地主动交往、互动回馈当中,才能不断地增强人们之间的相互了解和感情深化。

二、帮助别人

帮助别人是打开人际关系的一把速成钥匙,能让人迅速对你产生良好印象,迅速融洽人际关系,迅速获取他人的信任,对人际交往的发展起着极其重要的作用。

(一) 帮助别人,应该分为精神和物质两个方面,精神上的满足和物质上的支持

人与人之间的相互帮助,首先是情感上的,然后才是物质上的,在心理学中帮助是广义的,既包括情感上的支持,对痛苦的分担,观点的赞同及建设性的建议,也包括困难解决上的协助和物质上的支持。

研究发现,以帮助和相互帮助开展的人际关系,可以确立良好的第一印象,以及人与人之间的心理距离可以迅速缩短,亲密关系很快建立起来。日常生活中,所谓患难之交,就很好地证明了这一点,当人们在观念上或情感上面临困境时,一旦获得别人及时的支持,对于陌生人的心理防线会一下子大打折扣,甚至完全消除;当人们物质上遇到困难时,哪怕你给一个很小的支持,也会起到帮助人们远离绝望的作用,使人们对你产生很高的接纳性;所以试图帮助他人,并学会帮助他人,是建立良好人际关系不可缺少的条件。无论怎样亲密的关系,都不能一味的只利用而不投资,否则原有的亲密的关系也会转化为疏远的关系,使面临人际关系的困境。

(二) 帮助别人,有得有失,或得比失多

帮助别人是自己主动积极地帮助他人,是一种极易需要自我的某种牺牲;同时,帮助别人又是一种获取,他是自我牺牲后的丰厚的报偿,因为你从帮助别人的过程当中,以及由此产生的效果中,可以深深地体会到自我的力量、自我的境界、自我的价值,从心理上产生某种满足感,且有说不出的愉悦和幸福。当助人为乐成为人的内在一贯的品格,就会获得很多的朋友,获得很多的友谊,尊重和帮助,从某种意义上说,帮助别人,得到的比失去的更多。

三、关注对方

想要建立良好人际关系,我们就需要主动迈出自我的圈子,学会关注别人。人际关系始于一种相互了解过程,无论是在宴会还是在其他场合,每个人都希望自己有人关注。当你认真关注对方的时候,他人往往会感觉到自己魅力指数上升,就会更加愿

意与你交往。

所以在人际交往中,你必须学会关注别人,而不是只想要自己被关注;有时我们常常会顾影自怜,总觉得怎么没有朋友;其实,只有你学会关注他人,你才能打开对方的话匣子,找到对方感兴趣的话题,从而彼此双方拥有常来常往的关系。如果一个人只顾自己开心和感受,想怎么样就怎么样,不顾场合,估计就会让人难以接受,更别提有良好的人际交往了。

因此,在人际交往的过程当中,关注对方也是极其重要的。每个人在建立良好的人际关系之始,就要学会关注对方。

关注对方,可以从两个方面入手,一是对方的现状,包括对方的名字、年龄、兴趣爱好、性格特点、家庭背景和社会关系等;二是对方的需求,又包括对方物质和心理两个方面的需求。这样,我们就完成了对一个陌生人的基本了解。基于现状和需求的了解,我们就更好地认同对方,理解对方的处境,心理上也就和对方更加亲近,语言和行为上也就能更加地亲近对方的需求,也就能更好地与对方建立良好的人际关系。

四、肯定对方自我价值

美国心理学家詹姆斯说过:"人类本质中最殷切的需求是渴望被肯定。"要想建立良好人际关系,肯定对方的自我价值是人际交往中积极重要的策略之一,主要包括两个方面:

(一)从心理上尊重对方的自我价值

尊重,是每个人的基本心理需求。尊重包含着待人处世的智慧,尽显人格操守的高贵。每一个人都希望被尊重。

在人际交往中,自己待人的态度往往决定了别人对自己的态度,因此,你若想获取他人的好感和尊重,必须首先尊重他人。

每个人都有强烈的友爱和受尊敬的欲望,爱面子的确是人们的一大共性。假如你不小心,在不经意间说出令同事尴尬的话,表面上他也许只是脸面上有些过意不去,但其内心可能已受到伤害,以后,对方也许就会因感到自尊受到了伤害而拒绝与你交往。要让对方感觉到受到尊重,自然会对你产生好感。因此,要谨记,没有尊重就没有友谊。

我们要学会尊重每一个人的人格,尊重每个人的正当作为,包括尊重每个人的不同个性。尊重要坚持一视同仁、讲究平等,不能对上级笑脸相迎,对下级盛气凌人;尊重要具备健康心态、高尚品德,不以首长而倨傲、不以士兵而低下,不以富有而骄狂、不以贫寒而卑微。尊重是一朵开在心间的花,它用谦逊、宽厚、理解、包容和友爱来温暖人的心灵。

(二)语言上赞美对方的自我价值

建立并维持良好的人际关系,还必须懂得开口赞美他人,因为每个人内心深处最持久、最深层的渴望便是对赞美的渴望。

赞美是人际关系中感情的润滑剂,是与陌生人交往的敲门砖,它能够迅速拉近与他人的心理距离,融洽双方的关系。适当的赞美是创造良好人际关系的最好方法之一。

在社交活动中,给予别人真诚的赞美和夸奖,别人会感到喜悦和兴奋,而你自己也会从中感到快乐甚至幸福,从而加深双方的友谊,也会创造了和谐的人际关系。

(付秋霞)

复习思考题

扫一扫
测一测

1. 影响人际关系的因素主要有哪几种?
2. 人际冲突分为哪几种类型?
3. 当代大学生人际关系构建中出现的问题有哪些?

第十章

语言沟通技巧

学习要点

1. 掌握语言沟通的含义、语言沟通的技巧、冲突的分析与处理的运用原则。
2. 熟悉使用语言沟通中言谈、演说、倾听与表达等技巧的运用与注意事项。
3. 熟悉语言冲突的原因、种类及处理应对策略。
4. 掌握医疗美容纠纷防控与预防的基本要求。

第一节 语 言 沟 通

一、语言沟通的含义

美容医学是通过手术和非手术手段，来再塑以及修复人体美，从而提高患者的生活质量。非手术手段有多种方式，但有效的语言沟通能够让患者了解手术的效果以便达到的预期目标，有助于提高患者的治疗信心，满足患者的需求，排除患者的担忧、焦虑和抑郁情绪。可见语言沟通在医学美容中具有重要作用。

（一）语言的定义

语言是一种特殊的社会现象，是人类最重要的交际和思维工具。语言有广义和狭义之分。广义语言除有声语言外，还包括书面语言和体态语言。狭义的是指有声语言（口语），是由语音、词汇、语法三要素组成的音义结合的符号系统。

（二）语言的功能

交际功能是语言的最基本的社会功能，包括口语、书面语和体态语，其中口语具有使用方便、容量巨大、表达效果好等优点，但也有留存时间短、传播时空有限的缺点；书面语言利用书写符号标记语言，不仅破解口语留存时间段、传播空间有限的缺点，又产生视觉效果。体态语是指非语言性的身体信号，包括目光与面部表情、身体姿势与仪表、身体之间的空间距离等，恰当的体态语有助于交流的相互理解和感情表述，是对口语交流的补充、升华与延伸。语言又是人类思维的工具，人们都有这样的体会，当我们思考问题时，脑子会有一个默语的过程，默语使用的语言与人们口头表达所说的语言的含义、词组、语法使用基本相同。语言能力实际是人类思维能力的反映。正如马克思所说"语言是思想的直接现实"。

（三）语言沟通的含义

语言沟通是人与人借助文字语言和口头语言,以全方位信息互换建立了解互信、分享利益、化解困惑、思想感情交流,达成共识并发展关系的过程,以期达到交往、生活和工作的目标。语言沟通是信息传递和被了解的过程。

它包括三个要点:

1. 通常发生在两个人和两个人以上团体之间。

2. 包括信息传递。

3. 通常有其理由　在性质上,语言沟通的内容是双方的有关信息和观点,是关于某一事物、某一过程的描述和结论,具有抽象性。人们必须借助于各种媒介如语言、表情、动作姿态、行为方式把所知信息、看法和态度传递给他人。在语言沟通中其语言、表情、动作姿态、环境等,无一不在向对方传达某种信息、感情和态度。

二、语言沟通的性质及功能

（一）语言的性质

结合国内外学者的观点,语言的性质特征主要包括以下四点。

1. 语言是一种符号系统　语言需要借助语音来表达语义,因而语言与语音的关系十分紧密。语言借助于语音这种物质形式而存在,正是因为语音,人类才能够感知到语言本身,语言也因此具有了意义。

2. 语言是一种交际工具　在人类文明的发展过程中,人们的交际方式有很多种,比如语言和态势语等,其中语言所起到的作用是最为重要的。在不同的社会场景和社会活动中,人们需要借助语言进行交流,并通过语言达到认识和改造世界的目的。

3. 语言是一种思维工具　事实上,语言和人类思维之间存在相互依存的关系,人类的思维需要借助语言的外衣进行阐释,而语言不能脱离思维而单独存在。如果没有思维的存在,那么语言本身就丧失了原本的意义。正是由于思维和语言之间的关联,所以也有学者指出思维层次的高低对个体语言能力有着直接的影响。

4. 语言是文化的载体　语言是在人类文明发展过程中而形成的,因而其也被视作文化现象的一种。语言与文化相互影响,文化需要语言加以记载和传承,而语言会随着文化不断改变和丰富。

（二）语言沟通功能

正常人生来具有语言能力,在家庭环境、学校环境和社会环境的影响下掌握一种或多种语言。正是由于语言的这种"易得性"和"平常性",普通人很少认真思考语言的功能与作用。语言学家罗曼·雅各布森研究发现,语言至少具有六种功能:指示功能、意动功能、诗歌功能、表情功能、呼应功能、元语言功能。儿童语言具有七种功能:工具功能、调节功能、交往功能、个体功能、启发功能、想象功能、信息功能;成人的语言功能要比儿童的语言功能更加复杂,形成相互交叉的三大纯理功能:概念功能、语篇功能和人际功能。语言学家从不同角度阐述了语言的功能和作用。但除了交际工具外,我们还应该关注语言的其他功能。例如,语言的民族功能,我们经常听到民族群众这样说:如果不会民族语言,这个民族就不存在了。由此可见,在民族群众心目中,语言是民族身份的重要象征。另外,文学、诗歌等形式的民族文化都是以本民族语言为载体世代流传的。如果失去了语言,民族文化传承必将毁灭。

由此可见,至少应该把语言的功能分为两大类:

1. 语言的工具性功能　语言的工具性功能是指语言用作交流、思维、思考等人类活动的一种工具。

2. 语言的文化性功能　语言的文化性功能是指语言是文化的一部分或特定文化的表现形式,通常与语言使用者的民族身份、民族认同交织在一起,表现在语言习得、语言使用、语言态度、语言行为、语言倾向等方面。

语言的工具功能和文化功能不是截然分开的,而是交织在一起,呈现出"你中有我、我中有你"的状态。仔细观察以上二分法对语言功能的划分,我们会发现两者在对待语言保护的问题上存在矛盾和冲突。如果仅考虑语言的工具性,似乎当今世界范围内的语言趋同是一种良性发展势头,因为任何人都有权利选择"最便捷""最有效"的交际工具,以便与更多人交流,获取更多有价值的信息。目前就全国范围来看,这种"最便捷""最有效"的工具是汉语普通话;就世界范围来看,则是英语。从这一角度来说,我们完全没有必要保护语言文字多样性,全世界使用一种语言是最理想的选择。另一方面,语言具有文化性,每种语言都是语言使用者与自然界斗争的智慧和经验的结晶。为了满足民族认同感,维系本代人与上一代甚至祖先的联系,各民族都希望保护和发展自己的民族文化,希望这个世界上的语言和文化能够一直丰富多彩。也就是说,我们需要保护语言文化的多样性。然而,语言功能的内在矛盾性又使得语言保护变得愈发困难。

三、语言沟通的类型

语言沟通类型大致分为以下两种:语言沟通和非语言沟通。语言沟通建立在语言文字的基础上,又可分为口头沟通和书面沟通两种形式。非语言沟通是指通过某些媒介或具体行为而不是讲话或文字来传递信息,其内容包括肢体语言沟通、行为沟通。美容医学语言沟通基本类型有以下几种:

(一)美容医学口语沟通

医学口语是医生与患者进行交流的最基本、最普通、应用最广泛的一种手段和工具,是医生与患者之间思想、情感相互沟通的桥梁。其目的是相互理解、增进共识、密切合作、融洽关系、治疗疾病。从内容性质上看,有以下几种类型:

1. 询问性语言　旨在了解需求对患者进行调查研究,为确定诊疗方案夯实基础。其方法是对患者有目标的询问,掌握关键点;对表达不清的适时提问,对背离主题的话题要适时引导。同时注意个人的隐私,对不同文化背景的人要区分对待尽量使用通俗语言,必要时可使用方言,促进沟通顺畅。

2. 信息性语言　是指医务人员在为患者诊治的过程中,有针对性地对疾病知识、治疗方案、治疗情况、治疗效果、风险程度、术后保障等情况进行详细介绍说明,以便患者进行治疗选择并保障其知情权,让患者明了检查项目、治疗手段、药物反应等,在医患互动中争得患者的理解以配合,增加对医生的信任,建立良好的关系。

3. 指令性语言　是医务人员根据病情做出的诊断和治疗的专业性医嘱,对患者带有一定的要求,需要患者执行。它反映医务人员的职业素养,切忌命令式语气,口气死板,伤害患者,用语一定要清晰明确。

4. 抚慰性语言 是医务人员对患者进行安慰鼓励性的语言。这样有助于安慰患者的情绪、调节其心态，构建和谐。

5. 交际性语言 是医务人员与患者交流时，为和谐关系、增进情感的社交式语言。在交际中，医务人员应注意运用礼貌语，克服各种禁忌语，做到称呼恰当、请字当先、语言文雅不粗俗、不到之处致歉、神情专注等，以期构建新型医患尊重关系。

（二）美容医学书面语沟通

医学书面语是美容临床医疗过程中以书面的形式记录病情、诊断和处置意见的专用语言。依据性质不同美容医学书面语可分为以下种类：

1. 记述性医学书面语 是指美容医务人员记录患者病情时所运用的语言。包括医生记录问诊所得的现病史、既往史、体检情况、入院记录、病程记录、护理记录、出院记录等，基本上使用的都是记述性语言。

2. 结论性医学书面语 是指美容医务人员在获取必要的疾病资料后，结合自己的经验，对具体患者所作的关于疾病种类、性质和程度的判断性意见，主要包括医生的诊断结论、辅助检验报告等。医务人员运用医学知识和技能对患者的病情、伤情、死亡等原因进行检测后，做出的医疗鉴定，也属于此类。

3. 处置性书面语 是指美容医务人员根据病情需要下达的、供医务人员或患者遵照执行的有关治疗的书面意见，主要包括医嘱和处方等。

第二节 语言沟通技巧

"美容"是人的一种特殊的审美要求，具有特殊的心理学内涵。临床实践证明，心理美容是生理美容成功的重要前提。因此，美容护理比一般性治疗护理更为复杂，与就诊者充分的沟通是美容护理的重要环节。

一、言谈礼仪

（一）言谈礼仪要求

无论在医院、家庭或其他场所，都要时刻体现出文明、平等、真诚、坦诚的言谈礼仪规范，因此言谈要注意以下要求：

1. 以诚相待，神情专注 交谈时要态度诚恳，大方自然，语言和蔼可亲，避免一些不礼貌的行为和举动，比如不要随便打断对方的谈话等。交谈时要全神贯注，积极配合，给人以尊重，不要神情分散，左顾右盼，适时表示认同和理解，形成双方呼应、愉快和谐的谈话氛围。

2. 相互尊重，平易近人 交谈时要注意区分对象，对长辈、师长等要尊重礼貌，对下级、晚辈要平易近人以礼相待，对同事要平等待人。

3. 求同存异，宽以待人 社交礼仪有一条"不得纠正"原则，即对交往对象的所作所为，应求大同、存小异，只要不涉及原则问题如触犯法律、违反伦理道德、侮辱国格人格、危及生命安全等。不必要争论是非曲直，给人尴尬，要以宽阔的胸怀和气度，包容他人的缺点和错误，遇事冷静三思而后行。

4. 双向共感，适可而止 交谈中应遵循双方共感原则，一是要注意双向交流，使交谈围绕对象进行，不可忽视对方的存在；二要建立共感共鸣的氛围，彼此有共同话语、共同感受、共同兴趣,双方在愉悦中实现言谈的目标。

(二) 言谈的基本技巧

言谈是人们交流思想、达到相互了解、协调行为的重要工具和手段,它能最有效地传递信息、表情达意。它具有五个属性:①普遍性:言谈无时无刻不约束着人们的行为规范,反映人们对真善美的追求与愿望。②规范性:这是交际礼仪的本质属性。它告诉人们应该怎样做,不应该怎样做,人们无论做什么事情都要运用礼貌语言。③时代性:时代的特殊对文化冲击的烙印是巨大的,每个时代的文化是时代变迁的缩影。比如中国人见面由"吃了吗"转变为"最近去哪里旅游了"。④地域性:大的说中国人的礼仪与西方礼仪的不同,小的方面看我国 56 个民族其礼仪也不尽相同。⑤发展性:随着社会的进步礼仪规范更加国际化,礼仪文化也不断进步。良好的语言交流能使人心情舒畅、利于沟通,达到最佳的交流效果。不良的语言交流则会使人厌恶反感,影响交流的成功。更重要的是,懂得言谈艺术和技巧,在交流中更加得心应手,易获得别人的好感和欢迎,也能达到言谈的效果和目标。因此,学习掌握言谈交流的艺术和技巧就显得至关重要。

1. 言谈准确恰当　交谈中,首先吐字要清晰、发音标准让人听懂听明白;其次音量适中,使人听了感觉柔和悦耳。

2. 言谈文明礼貌　使用准确、文明、礼貌的语言,是建立良好交流的基础,更能彰显一个人的文化、知识和教养,易获得听者的好感、尊敬和信任;粗俗、脏话和怪话,常常使言谈中断甚至产生误解和冲突。常用的礼貌语很多,如问候语"您好",安慰语"请多保重"。其他的还有祝福、致谢、致歉等。

3. 言谈要谦和　言谈中,说话语调要强弱适中,语气要亲切谦虚体现平和近人的态度,切忌盛气凌人、高高在上、打官腔。

4. 言谈要简明易懂　运用语言交流时,要力求做到言简意赅,简明扼要,尽量使用口语,切忌说话拖泥带水、重复啰唆。

5. 言谈要突出主题　主题明确便于使双方明确需解决的问题,做到有的放矢,事半功倍。

6. 言谈要掌握分寸　言谈中要了解被谈话者的身份、知识、文化、职业等方面的情况,一是把握好谈话内容的分寸,做到尊重对方;二是把握说话形式的分寸,言谈要文明,态度要和蔼,构建平等友好谈话氛围;三是注重体态的分寸,谈话时应相互正视,相互倾听,切忌指手画脚、东张西望、大惊小怪等。

7. 善于运用赞美的语言　无论什么人都喜欢、希望得到别人的赞美和肯定。使用恰到好处的赞美语常常达到意想不到的效果。常用的赞美法有:直接夸奖、肯定夸奖、目标夸奖、反向夸奖、意外夸奖等。使用这些方法时,要做到适时、自然,恰到好处,切不可不合时宜,弄巧成拙。

8. 其他言谈技巧　幽默法是指在一定的语境下,以诙谐、愉悦、超出人们预料的方式来传递信息,实现预期目标的一种语言表达方式。言谈中运用幽默的技巧,可以缓和或活跃紧张的气氛,润饰和调节人际关系。适度的幽默,既能礼貌周到、不伤人自尊,又能发人深省,富有情趣。幽默还可以用于对别人的善意批评和自我解嘲。暗示法是人们为了某种目的,在无法对抗的情况下,通过语言、手势、表情、行为或某种符号,用含蓄、间接的方式发出一定信息,使人接受所示意的观点、意见,或按所示意的方式进行活动。有直接暗示、自我暗示、反暗示等方法。上述这些方法属于非语言沟通技巧在此不做详细赘述。

二、演说技巧

演说是一种言语传播活动,演说者通过口腔发声运用特定的语词和语法结构及各种辅助手段,向受传者进行信息的交流。从字面意义上理解,"演说"中的"演",具有表演发挥的意思,"说"则是讲述。

演说是最高级、最完美、最具有审美价值的口语表达方式,一般要运用讨论、抒情、叙述和说明的手段来完成。演讲者必备以下要素和技巧:

(一)演说的基本要求

1. 以理服人 演说的目的是向人们进行宣传,并使他们心悦诚服地接受自己的观点。演说时要用感人的实例、真实的材料、重要的数据、严密的推理、形象的描述、生动的比喻、巧妙的提问、悬念的设置、高潮的渲染,使听者产生鲜明的影响和强烈的共鸣。

2. 以情感人 演说者不仅要说实话,还要吐真情,以自己的热情,点燃听者的感情,让听者与自己同喜、同乐、同怒、同哀。在催人泪下、激人奋进中,把情感贯穿演说始终,充分发挥演说的鼓励作用。

3. 以声悦耳 演说时给人听觉上美的感触与快乐,做到语言清晰、语调自然、通俗易懂。注重语言的抑扬顿挫,做到声情并茂,于情于理。

4. 以形悦目 用自己的仪表、风度、表情动作来增加演说的感染力。做到服饰端庄大方,姿态自然得体,动作和谐优美来感染、感动听者。

5. 以稳应变 面对演说时出现的复杂情况,一定要保持冷寂,积极思考应对,稳中求胜。

(二)演说的基本技巧

1. 演说目的明确 演说时一是明确不同的听者、不同的背景、不同的场合。通俗地讲就是知道"我是谁""为了谁""为了啥",方能抓住要害,切中主题,才能做到有的放矢,语不虚发。比如一个小字辈的演说者,在演说时充长辈,用语言不当,就会给人滑稽可笑的感觉。二是演说目的明确。假如推介医疗美容产品,就必须把产品的性能、作用、效果、安全指数等信息加以详细介绍;再如演说的目的是建立感情,演说者就必须以叙述友情,加深友谊为重点。

2. 观点鲜明清晰 其实质就是演说时"说什么",是阐述某种观点并使之发扬光大,还是驳斥某种观点,树立自己正确的观点。做到这一点,就必须对自己提出的观点有清晰的认识,并注意前后一致,切忌自相矛盾。有充分坚实的论据、翔实可靠的理论和事实材料支撑,演说逻辑关系严谨,演说才会有不可辩驳的力量。

3. 用心境和情绪感染听者 演说者的心境和情绪是演说活动中重要的影响因素。在社交活动中,演说者在演说时所表现出的情绪如高兴、激动、兴奋等将对演讲对象起到鼓舞的作用,要想取得理想的演讲效果,必然要让受众感知到演说者的情绪,并能够随着演说者的言辞一起体验到与演说者一致的心理体验。

4. 巧妙利用心理诉求 在演说中,演说者针对不同听众的心理诉求,采用不同的言语策略实现说服。常见的心理诉求有:亲和、从众、求善、受尊重和同理心等。依据演说对象的心理诉求,演说者做出有针对性的修辞。

5. 发挥演说的感召力 一是说,即把握好语言的运用。演说时,用语力求准确、简洁,不用模糊的词语,让听者易于理解,听起来轻松自然;同时要对音量、语调、节奏等进行有效把握,从而在演说中起到制造、强化、改变气氛的作用。二是演,它是表情、动作、语言的综合体现。演说者的表情、动作、语调、语音、服饰等因素发挥着巨大的感召作用。非语言因素运用好,会取得"此处无声胜有声"的理想效果。

三、倾听与有效表达技巧

倾听是指专注听取诉说者表述自己的意愿。它是人获得各种信息的重要途径。古语说"愚者善说,智者善听"。向人说自己的事情是人的本能,听人说他的事情是一种修养。倾听是艺术也是技巧。

(一)影响倾听的因素

1. 环境因素 封闭性:空间、光线、噪声、私密性等;氛围;心理状态;对应关系:一对一、一对多、多对一、多对多。

2. 技术因素 过分简单;不适当的语言;专业术语;时间点信息量大;口语与体语不符;口语与方言运用不当。

3. 态度、情感因素 倾听者的理解力;知识水平、文化素质、职业特征、生活阅历、接受能力等;倾听者态度:排斥异议、急于发言、厌倦等;倾听者的生理心理状况;生理差异(听视觉障碍)、重事实忽视情感、考虑回答忽视倾听等。

(二)倾听与有效表达技巧

1. 少说为好 鼓励对方先表述,减少自己的话语,适时插言,引导诉说。

2. 了解对方 试着从对方的角度看问题,在倾听了解中给予关心,建立和谐关系。

3. 持感兴趣的态度 倾听时要适时用目光、微笑、点头等方式示意对方,让其感受到你在倾听。

4. 慎下判断 面对诉说者不要急于下结论,待事实清晰,证据确凿之时再表态。

5. 转换角色 在倾听中,倾听者与诉说者的角色常常在转化。有效的倾听者能够使说者和听者相互转换。

6. 真心感人 在倾听中,听者要用感情技巧,动之以情,晓之以理,在关心的情感中触及对方的心灵,让说者在真情中感受听者的理解与支持。

四、批评与赞美的技巧

(一)批评

在工作和生活中,批评是不可缺少的方法,是我们与他人沟通的目的之一。批评也是艺术,作为谈话的重要一环,如果运用得当,谈话往往能事半功倍,不仅是被评者接受良好的教育,而且能使工作顺利进行。

1. 批评技巧的原则

(1)尊重性原则:批评时要就事论事,不要夸大其词;正确意见要虚心接受,不正确的意见要耐心解释;尊重对方的人格,不歧视、不挖苦、不伤自尊心。

(2)诚实性原则:批评语言和态度要真诚,表达的是关怀、是善意。

（3）宽严相济原则:批评时严中有宽容,宽容中有严格要求,做到软硬兼施。做到公平公正,严格与情理交融。

2. 批评的技巧

（1）批评必须惟真惟实:首先,实施批评要慎重,要调查了解实际情况,不能偏听偏信,对错误做出正确判断,要尊重事实,对事不对人,选择适当的方式、时机,诚恳、坦诚地进行教育引导。其次,要先听听对方的辩白。犯错误,总是有主观原因,也有客观原因。先听听对方的辩白有利于了解事情的真相,也有利于掌握被批评者的态度。再次,批评时态度要端正。抱着关心爱护的愿望进行批评,让对方感受到是关怀,不是与自己过不去。最后,批评要明确指出错误的所在、错误的原因、纠正的方法。

（2）批评用语要恰当:批评要言之有理,就是摆事实、讲道理,以理服人。不夸大事实,不捕风捉影,不歪曲;批评要言之有度,表达要温和,勿失尊重,可以把同种意思表达得中听些。良药未必都要"苦口",忠言也不一定非得逆耳。把批评别人的话,讲得动听一些,利己又利人,何乐而不为呢?

（3）批评必须把握规律:一是选准时机,掌握火候,不宜过急,给当事人一个自我反省的机会,过急则欲速不达。二是区分情况,因人施治。对不同人与事应采取不同的方式。如商讨、直率、提醒、渐进、引导等方法。三是"批""评"并重,搞好引导。批之后要评,批即指出缺点和错误,评就是点评,即提出改正的意见,只有告诉错误指出怎么做,才能取得良好效果。

（4）批评要区分场合:声势场合宁小勿大,尽可能不要当众批评别人,当众批评别人,难免会让其自尊心备受伤害。不但在批评他人时不要讲粗话、怪话、难听的话,而且尽量不要当众斥责他人,其原因都是为了尊重被批评者,而不使其难堪。

（5）批评要懂得"抓大放小":什么是"大"?原则是大、价值观是大、绩效目标是大,违背了或者做不到这些,那要坚决追究。但同时也一定要懂得放小,不要把小节看得太重。

（6）批评时间要及时:批评同处理事情一样,如果失掉了适当时机效果就要减半或收到反效果。

（7）批评必须注重实效:善于运用"心有灵犀一点通"的艺术,批评适可而止,点出问题,表示适当的宽容与谅解,达到心照不宣,领会意思,保全面子,心存感激,改正错误的目的;多实施表扬。一棒子打死,心理就会失去平衡,影响批评效果。先给对方赞扬,再委婉批评,可缓解抵触情绪,使之正确评价自己,从而产生克服缺点,改正错误的决心和勇气。

（二）赞美

赞美是发自内心深处的对别人的欣赏,然后回馈给对方的过程,赞美是对别人关爱的表示,是人际关系中种良好的互动过程,是人和人之间相互关爱的体现。从心理学角度来说,赞美也是一种有效的交往技巧,能有效地缩短人与人之间的心理距离。渴望被人赏识是人最基本的天性,既然渴望赞美是人的一种天性,那我们在生活中就应学习和掌握好这一生活智慧。

1. 赞美的原则

（1）出自内心,源于真心:古语说:"精诚所至,金石为开。"只有真诚赞美一个人,才能使人感觉到你是在发现他的优点,而不是以种功利性手段去分享他的利益,从而达到赞美的最高目的。要有真实的情感体验,这种情感体验包括对对方的情感感受和自己的真实情感体验,要有发自内心的真情实感,这样的赞美才不会给人虚假和牵强的感觉。带有情感体验的赞美既能体现人际交往中的互动关系,又能表达出自己内心的美好感受,对方也能够感受到你对他真诚的关怀。

（2）知己知彼,投其所好:赞美别人之前,必须对被赞美者的基本情况有所了解。比如,对方的优点、缺点。知己知彼,方能百战不殆。了解一个人的弱点,才能利用别人的弱点,用其弱点的反向去赞美他,实现他内心的满足。

（3）符合当时的场景:往往在某种情境下,一句和对方想法合拍的赞美就能带来很好的效果。

（4）用词要得当:注意观察对方的状态是很重要的一个过程,如果恰逢对方情绪特别低落,或者有其他不顺心的事情,过分的赞美往往让对方觉得不真实,所以一定要注重对方的感受。

（5）不要赞美别人的讳忌,不要太夸张:过分地赞美别人就会变成阿谀奉承。不要陈词滥调,不要冲撞别人的讳忌。

2. 赞美的技巧

（1）赞美要真诚:赞美要情真意切,虽然人都喜欢听赞美的话,但并非任何赞美都能使对方高兴。能引起对方好感的只能是那些基于事实、发自内心的赞美。相反,你若无根无据、虚情假意地赞美别人,他不仅会感到莫名其妙,更会觉得你油嘴滑舌、诡诈虚伪。

（2）赞美要合乎时宜:赞美的效果在于相机行事、适可而止,真正做到"美酒饮到微醉后,好花看到半开时"。当别人计划做件有意义的事时,开头的赞扬能激励他下决心做出成绩,中间的赞扬有益于对方再接再厉,结尾的赞扬则可以肯定成绩,指出进一步努力的方向。

（3）赞美要因人而异:人的素质有高低之分,年龄有长幼之别。因人而异,突出个性,有特点的赞美比一般化的赞美能收到更好的效果。老年人总希望别人不忘记他"想当年"的业绩与雄风,同其交谈时,可多称赞他引为自豪的过去;对年轻人不妨语气稍微夸张地赞扬他的创造才能和开拓精神,并举出几点实例证明他的确能够前程似锦;当然这一切要依据事实,切不可虚夸。

（4）赞美要翔实具体:在日常生活中,人们有显著成绩的时候并不多见。因此,交往中应从具体的事件入手,善于发现别人哪怕是最微小的长处,并不失时机地予以赞美。赞美用语愈翔实具体,说明你对对方愈了解,对他的长处和成绩愈看重。

（5）赞美也有保质期:赞美是有有效期的,否则,过期作废。及时送上赞美才是锦上添花,不及时的赞美显得画蛇添足、出力不讨好。

（6）综合运用赞美法:一是直接赞美。直白的赞美,会让人心情愉悦、信心大增,如"您是行家啊,从您身上确实学到很多知识"。二是间接赞美,借助第三方传达自己对别人的赞美,对方容易接受,也显得更真诚、更可信,如"我听某某说你能力很棒"。三是类比赞美法,即通过用已知事物与跟它有某些相同特点的事物进行比较类推来赞美别人的方法。四是欣赏赞美法。渴望被欣赏是人的本性,而赞美是欣赏的表现,所以赞美无疑是滋养他人自信的一剂良药。五是否定式赞美法,是指用反语或否定的语言来赞美某人或某事的形式,可达到实则褒扬的赞美作用,往往会收到很理想的效果。

五、拒绝与表达礼仪

（一）拒绝

在与人沟通的过程中,我们总会遇到被人拒绝或拒绝别人的时候。拒绝是对他人意愿或行为的间接否定,在有必要拒绝他人时,应考虑不要把话说绝,别让他人感到难为情,可以用适当的形式表达出来。

1. 拒绝的方法

（1）"位置置换法"：有的时候要拒绝对方时,可以朋友的口吻相待,将自己的难处讲出,请对方站在自己的角度体察和谅解。只要你态度诚恳,对方便不会再计较。

（2）"先肯定再否定"：当对方提出的问题需要你明确地表示"否定",你可先选取一个局部的枝节方面予以肯定,然后再对问题的主要方面提出否定,因为不是采用一口否定的形式,使对方有一个下台阶的机会,对方也就比较容易接受了。

（3）"让我考虑一下"：拒绝别人时,最好不要太快,稍微拖延段时间,让气氛缓和些较好,若能避免当面拒绝则更好。这样做,不仅可以避免当面拒绝时的尴尬,又可使对方觉得你对他提出的问题,确实是经过慎重考虑才做出了回答。

2. 拒绝的语言运用

（1）直接拒绝：就是将拒绝之意当场明讲。采取此法时,重要的是应当避免态度生硬,说话难听。在一般情况下,直接拒绝别人,需要把拒绝的原因讲明白。可能的话,还可向对方表达自己的谢意,表示自己对其好意心领神会,借以表明自己通情达理。有时,还可为之向对方致歉。

（2）婉言拒绝：就是用温和曲折的语言,去表达拒绝本意。与直接拒绝相比,它更容易被接受。因为它更大程度上顾全了被拒绝者的尊严。

（3）沉默拒绝：就是在面对难以回答的问题时,暂时中止"发言",一言不发。当他人的问题很棘手甚至具有挑衅、侮辱的意味,"拔剑而起,挺身而斗",未必勇也。不妨以静制动,一言不发,静观其变。这种不说"不"字的拒绝,所表达出的无可奉告之意,常常会产生极强的心理上的威慑力,令对方不得不在这一问题上"遁去"。

（4）回避拒绝：就是避实就虚,对对方不说"是",也不说"否",只是搁置此事,转而议论其他事情,"王顾左右而言他"。遇上他人过分的要求或难答的问题时,均可相机一试此法。

（二）表达

表达是将思维所得到的成果用语言反映出来的方式。表达是交往中的重要沟通形式之一。人和人交往需要相互表达,表达清楚、明了、简洁,既可以节约时间,也能起到很好的交流效果,表达方式也是多种多样的。在美容工作中,表达能力是医护人员必需的基本能力之一。如何提高表达能力,主要有以下几点：

1. 努力学习和掌握相关的知识　仅就口才论口才是远远不够的,君不见那些伶牙俐齿的"巧舌媳妇",尽管能说会道,但却登不了"大雅之堂"。出色的口头表达能力其实是由多种内在素质综合决定的,它需要冷静的头脑、敏捷的思维、超人的智慧、渊博的知识及一定的文化修养。为此,需要努力学习和积累有关理论、知识和经验。如学习演讲学、逻辑学、论辩学、哲学、社会学、心理学等。

2. 努力学习和掌握相应的技能技巧 例如,在讲课、讲演时做到准备充分。写出讲稿,但又不照本宣科;以情感人,充满信心和激情;以理服人,条理清楚,观点鲜明,内容充实,论据充分;注意概括,力求用言简意赅的语言传达最大的信息量;协调自然,恰到好处地以手势、动作、目光、表情帮助说话;表达准确,吐字清楚,音量适中,声调有高有低,节奏分明,有轻重缓急、抑扬顿挫;恰当地运用设问、比喻、排比等修辞方法及谚语、歇后语、典故等,使语言幽默、生动、有趣;尊重他人,了解听者的需要,尊重听者的人格,设身处地为听者着想,以礼待人,不带教训人的口吻,注意听众的反应,及时调整讲话方式。学习表达技巧,在表达时候要注意表达技巧,比如重要的事情先说,然后再进行细节描述,先说最近发生的事情,再追溯到以前。

3. 运用多种表达方式 在进行语言表达的时候要注意多种方式并用,除了语言、语气和眼神外,你的手势和表情同样也在传达信息,要注意多种表达方式的应用。

4. 积极参加各种能增强口头表达能力的活动 例如,演讲会、辩论会、班会、讨论会等活动,要多讲多练。

5. 注意文字逻辑性和条理性,对重要的地方要加上强调性的说明。

6. 表达对表达对象的关切 在进入正式沟通之前,通常应有一个启动阶段,如寒暄等。

实践 语言沟通训练

实训内容:美容医师如何提高语言沟通技巧训练?

据相关调查结果显示,良好的医患沟通和交流对提升患者满意度、避免医患纠纷事件发生具有积极意义。美容者属于社会特殊群体,美容医师如何培养自身的沟通交流能力,推动临床诊疗提高美容医疗质量,非常重要。

实训目的:美容医师提高语言沟通技巧训练。

对美容医师展开语言沟通技巧训练。确定美容医师 3~5 名,平均年龄为(17~28)±(2~21)岁,满足训练需求。

实训方法:

(1)语言沟通技巧训练管理:制定管理计划,包括医患沟通技能理论和实践知识两方面内容,比如沟通知识包括美容者需求及疑惑等重点。

(2)熟练掌握评估美容者基本资料的技巧:准确评估与美容者进行交流的沟通环境,包括宗教信仰、物理环境、同理思考、时间限制、宣教内容和沟通效果评价等。

(3)注意实施要点,与美容者进行交流期间,需要保持礼貌、衣着整洁、微笑、温暖的状态,可适当运用握手、拥抱等情感肢体语言,加深与美容者的互动交流。

(4)定期对美容医师展开管理考核,改进美容医师现存的沟通弱点,强化美容医师与美容者的沟通交流能力。

观察指标:

实训考察:

采用自制的美容者满意度调查问卷统计管理前后美容者的满意度,评分项目包括美容医师语气亲切、医师能表现同情心、医师交代病情清晰完整、患者能得到尊重、综合沟通能力五方面内容,单项目评分 0~20 分,满分 100 分,每个条目包含 4 个问题,每个问题分为 5 个等级:很满意,5 分;满意,4 分;一般,3 分;较差,2 分;非常不满意,1 分,各项目评分 ≥16 分视为满意,剔除答题不规范、字迹不清项目,统计各项目满意度。

第三节　冲突的分析和处理

语言冲突是以语言为手段获取利益从而引发冲突的一种方式,通常包括不同语言之间的冲突、官话和方言的冲突、少数民族语言冲突、母语和外语之间的冲突等。就语言交流产生的冲突看,是人们为解决某种问题在言论上的争执、争端等不和谐现象。

一、冲突产生的原因

社会冲突的原因虽然多种多样,但归根到底是利益的差异和对立,实质上是一种利益冲突行为。语言冲突是社会冲突的一部分,人们在交流时产生的冲突,就是利益冲突的具体表现。而语言常被作为争夺利益的挡箭牌和工具。由此可见,人与人之间交流总会发生不同的矛盾冲突根源是利益冲突。

二、冲突的类型与作用

(一)冲突的类型

冲突的产生总是语言利益和很多非语言利益综合作用的结果,甚至在有些情况下,导致语言交流冲突的真正原因是隐藏在语言背后的利益。这种非语言利益大致包括精神、物质、政治、文化、思想等方面,具体的冲突类型有下面几种。

1. 观念冲突　由于人的价值观、政治理想、社会理想、生活阅历、文化素养等方面存在差异,对事物看法这就会形成不同的观念,势必会产生冲突。

2. 利益冲突　人际交往中,由于自身想达到所求利益,满足诉求,就会发生冲突。

3. 见解冲突　不同的人,对同一事物会有不同的见解和看法,各执己见易造成冲突。

4. 认知冲突　对事物认知不同、看法不一、理解有差异就会产生冲突。

5. 方式冲突　交谈中持不同的看法,冲突就不一。如情绪激动、语言过激等。

6. 习俗冲突　不同的个人习惯、民族习惯、地域习俗之间的冲突。

7. 个性冲突　指人与人不同性格之间的冲突,张扬与内敛、开朗与内向、活泼与沉寂等的不同性格、气质、心理之间的冲突,都属个性冲突。个性相容,工作互补,这是与人合作共事的基本原则,要想成就一番事业,就要有容人的雅量。

8. 情绪冲突　人在某种情绪状态下会莫名其妙地发牢骚、泄私愤、无端指责别人等,都属于情绪冲突。

(二)冲突的作用

语言交流冲突具有正负功能,好的方面人们在冲突中由于双方的理智、素养、文化和自控能力较强,可把问题辩论清晰,在双方的情绪得以释放,心理上求得安慰的同时,更有利于了解对方的所思所求,找准解决问题的方法,形成"不打不相识"的和谐关系。但是在很多情况下,冲突双方由于争执、反驳、争吵、反对、争论,往往很难达成共识,要么强势的一方对弱势一方的要求置之不理,要么其中的一方"欲壑难填",在这种情况下,冲突难以解决,甚至激化矛盾,导致对立和隔阂。由此可见,语言交流冲突也是一把双刃剑,绝对积极和绝对消极的语言交流冲突是没有的,语言冲突的正负功能总是相互交织一起。

三、冲突的处理

语言交流是一种复杂的心理活动,涉及人对语言信息的获取、转化、储存、衍生及表达。在语言交流过程中任何一个环节的损害均可导致语言功能的缺失,出现语言交流障碍,产生冲突。应对冲突的处理体现交流者的整体素质和掌控交流顺畅的能力。

1. 无条件尊重对方　在价值、尊严、人格等方面与对方平等,把对方作为有思想感情、内心体验、生活追求和独特性与自主性的活生生的人去对待,体现对对方现状、价值观、人格和权益的接纳、关注和爱护。

2. 恰当运用倾听、赞美、劝慰技巧　让对方释放所思、所想、所得、所求,促其心理平衡,构建共鸣语言交流环境。

3. 控制好自己的情绪　批评,拒绝要委婉、含蓄、幽默;说话用词要得体,表述要清楚,避免产生误会;语调不要太强势,避免产生质问的语气;调控自身情绪,表达要有礼貌,不适用刺激或侮辱人格的语言,给对方留余地,向对方表示友好。

4. 掌握对方的基本情况　交流前或交流中善意了解并掌握对方的基本情况、基本诉求、文化素养、价值观念、心理情绪等,做到心中有数,应变有备。

四、在医疗美容纠纷中的防控对策

随着医疗美容技术的突飞猛进,医疗美容术不断被社会和世人认可、接受,由医疗美容导致的纠纷也频繁发生,又使得人们对于"医疗美容"产生了阴影。了解医疗美容纠纷产生原因,怎样进行风险防控和预防,已迫在眉睫。

(一) 医疗美容纠纷成因分析

医疗美容纠纷产生的原因是复杂的,并存在诸多因素。

1. 医源性因素　首先是医疗美容机构方面的原因,表现为受医疗美容行业巨额利润的影响,导致受术者的体验和手术结果不甚关注;管理不善、制度不全、技术薄弱、设备简陋、虚假宣传等。其次是美容医务工作者的原因,表现为服务态度差,缺乏与美容就医者沟通,医师技术不精,经验缺乏,医德缺失等原因。

2. 非医源性因素　首先是就医者自身原因,术前对美容手术期待过高,手术后效果不理想,就医者便会产生失落感;在就医过程中有意无意隐瞒病情或病史,导致意外情况的发生;美容受术者缺乏医疗美容知识,术后未能遵循医嘱,护理不当,导致毁容等不良效果;有恶意嫁祸栽赃医方而引起纠纷,达到拖欠或拒付医疗费甚至索赔的目的。其次是社会方面的原因,行业主管部门监管不力,导致医疗美容机构泛滥,留下隐患。法律制度不健全,媒体的不当报道引起人们的误解误判等。

（二）医疗美容纠纷的防控对策

美容医疗单位乃至全社会都要重视医疗安全工作,做好美容医疗纠纷的防范。具体对策:

1. 加强监管与管理　卫生主管部门要加强日常监督,依据国家医疗美容相关法律法规,建立并完善相应规章制度,规范美容医疗行业行为;加强美容市场的监管,建立公正的美容医疗事故鉴定机制,将生活美容与医疗美容做出严格界定,杜绝无资质人员从事医学美容;建立美容医疗纠纷仲裁机构,从法律层上对遏制医疗美容纠纷发生;在加强立法、完善法律法规的前提下,由行政主管部门依法管理,卫生、公安、工商等部门协作配合、协同管理,通过行政监管不断规范美容市场,使合法经营、正规运作的美容医疗机构得以健康发展。同时对违法经营的机构及时通过行政手段依法坚决予以取缔,加大违法机构及个人的违法成本;切实开展卫生法规培训,组织认真学习《执业医师法》《医疗事故处理条例》等法律法规有利于美容医务人员自我保护、自我约束、自我发展以及自身素质的提高;分期对医院院长和医务人员进行卫生政策法规、从业要求、专业技能提升培训,教育美容从业者加强行业自律,树立正确的价值观和人生观,恪守医学职业伦理道德。

2. 强化医院管理

(1)严格美容医疗查对制度:要求医务人员把查对意识和医疗责任结合在一起,贯彻于医疗活动中,成为医护人员的基本素质。比如病房最经常的是求医者服药,医生开医嘱就要求准确的药名、剂量等,护士转抄医嘱要查对,摆药要查对,直到发药到美容就医者手中,每个环节都要查对。

(2)执行美容医疗检诊制度:严格执行接诊、三级检诊、大查房、会诊以及病案讨论等制度,会使误诊、漏诊率大大减低。

(3)健全美容临床病案管理制度:美容医院如能严格执行病案管理制度,可减少美容医疗纠纷。

(4)完善美容医疗仪器设备检修制度:仪器设备是由人管理使用的,仪器出了问题影响治疗,应该由医务人员承担责任。预防这类意外纠纷的发生,在于严格执行仪器保养检修制度,维持仪器的良好状态和足够的附件。

(5)坚持美容医学保密制度:即要为美容就医者保密和对美容求医者保密。

(6)认真做好美容手术前的谈话制度:①指明一个目的:就是告诉美容就医者家属手术的目的。②分析两种结果:就是告诉美容就医者家属手术有顺利成功的结果,但也有发生严重并发症及某些意外的可能。③介绍三个水平:一是要向美容就医者家属介绍当前国际上该种美容项目的最高水平和最新动态;二是要向美容就医者家属介绍目前国内的美容手术水平;三是介绍本院的美容医疗水平。其中尤以第三条最重要。

(7)签订美容手术协议书和进行美容手术公证制度:手术公证有利于美容医疗纠纷的调解。即美容医院与求医者就病情、手术方案、风险及责任承担等达成的书面协议。从司法角度看,正是由于公证书可以为医疗纠纷的处置提供有力的法律证据,从而使这类纠纷得以顺利解决。

3. 重视医德医风建设　加强美容医务人员医德教育,提高医疗美容服务质量。对美容医务人员进行敬业的思想教育和医学伦理教育,不断提高美容医学医师的医技和道德水平,培养他们审美及良好的沟通能力,医院方面,要贯彻"以患者为中心"的理念,要彻底改变旧的医患关系,建立新的医学伦理,即医务人员与患者是双向性的对等关系。高度重视医疗美容安全工作的日常监督管理,建立防范风险的目标责任制及责任追究制;把关心爱护、体谅就医者的行为,转化为对美容就医者贴心服务、平等对待,赢得美容就医者对医务人员的信任度。

4. 建立良好的沟通关系　创建医患信息交互平台,提供畅通的沟通渠道促进医患沟通。通过医患间双向信息交流,解决患者提出的问题,提高患者满意度。接待产生纠纷的美容就医者要讲究接待艺术,要有"三情":热情、同情和有感情;强调"三基":基本理论、基本技能、基本操作;"三严":严格要求、严格执行、严肃检查;做到"四要":医心要赤诚、医风要正派、语言要亲切、行医要廉洁。解释病情要科学,签字手续要完善,执行制度要严格,说话办事要谨慎。力求"三高":高标准、高效益、高质量。

5. 提高业务水平　重视基础理论和基本功的培养,认真进行住院医师和技师培训,明确带教老师,责任到人,定期考核。建立科室学术氛围,加强业务学习,及时了解和掌握最新学术动态。对纠纷病例整理并集中讨论,总结经验,提高技术水平。

6. 加大宣传力度　对美容就医者进行美容医疗保险宣传、美容医学知识的宣传,使其了解医疗美容手术的风险。美容术前履行告知义务,使美容就医者明确隐瞒病史所应承担的责任。

7. 修订医疗法规　尽快建立美容医疗责任保险制度,尽快建立和完善美容医疗责任保险、美容医疗意外保险及美容医事赔偿保险制度。一旦发生美容医疗纠纷,按法规和制度处理,既可以使美容就医者的合法权益得到保护,又可以使美容医疗机构不负担过重。

8. 加强与媒体和社会的沟通　为美容医疗机构创造一个良好的社会环境,首先要消除社会新闻媒体对医院工作认识上的偏差和误解,从多种渠道与新闻媒体加强沟通,搞好关系,同时要加大对医院的正面宣传报道,树立医院良好形象。美容医疗机构在获悉病家投诉于某新闻媒介之后,应及时派出有权威性的代表主动上门介绍纠纷产生的原因、过程、结果以及院方的初步处理意见。这样,有助于记者对纠纷全面、客观的了解。美容医疗机构在聘请"社会监督员"队伍中有几位新闻记者,以增加他们对医疗机构的了解和理解。

小　结

　　本章阐明了一个人在社会中要想生存、发展都不可避免地要与他人进行交往,没有交往就很难合作、发展。围绕美容工作中交往礼仪的相关内容,介绍了基本交往礼仪的内容及美容工作过程中与不同患者及其家属交往的方法,与医护同行之间的交往礼仪及禁忌。同时,又介绍了沟通礼仪在美容中的应用,旨在期望学生学会与人建立相互尊重和信任的人际关系,学会建立良好的医患关系。

(刘洋　夏曼)

扫一扫
测一测

复习思考题

1. 简述语言沟通的性质和功能。
2. 语言沟通的类型有哪些?
3. 运用言谈礼仪应注意哪些事项?
4. 批评时怎么巧妙运用赞美的方法?
5. 语言交流冲突产生的原因、类型及作用有哪些?
6. 语言冲突应注意哪些礼仪?
7. 谈谈你对防控医疗美容纠纷对策的把握。

第十一章

非语言沟通技巧

学习要点

1. 掌握非语言沟通的概念、作用。
2. 熟悉非语言沟通的形式和特点。
3. 熟悉非语言沟通在医疗美容工作中的意义。

第一节　非语言沟通

　　语言是人类最重要的交际工具,是人们进行沟通交流的表达符号,是人类最方便快捷的沟通媒介,但不是唯一的。除了语言沟通之外,非语言沟通在表达思想、交流情感方面起到重要的补充和促进作用。非语言沟通是伴随语言行为发生的,是生动的、持续的,可更直观形象地表达语言所不能表达的思想情感,比语言行为更接近事实。

　　非语言沟通在临床医学工作中发挥着不可替代的作用。医院服务对象是患者,当患者无法用语言来表达自己的感受和愿望时,就需要医护人员充分了解、掌握非语言沟通的特点、规律和作用,更好地利用非语言沟通方式洞察病情,为患者提供服务,提高医疗护理质量,减少医疗纠纷。

知识链接

非语言沟通的起源

　　早在古罗马时代,哲学家卢修就说:"人类首先是借用手势和姿态,然后才用音节分明的言语来表达自己的思想感情。"柯林伍德指出:"每一种语言或语言体系都是起源于全身姿势的原始的一个分支;在这种原始语言中,身体各部分的每一个动作和每一个固定姿态,都和口语具有相同的意义。"20世纪30~40年代,查理·卓别林出色的无声表演以及叶斯·法斯特《人体语言》的出版,使人们认识到非语言沟通在人际交往中的重要作用。

一、非语言沟通的含义与类型

　　人与人的信息交流除了语言沟通外,还存在着大量的非语言沟通形式。许多不能用语言形容和表达的思想感情都可以通过非语言沟通来完成。美国传播学家艾伯特·梅拉比安曾提出一个公式:信息的全部表达＝7%言语＋38%声音＋55%肢体语言,充分揭示了非语言沟通的重要性。

非语言沟通是指不以自然语言为载体进行信息传递而是以人的仪容仪表、行为举止、空间距离、面部表情等非语言信息作为沟通媒介进行信息传递的沟通方式。非语言沟通借助非语言符号来传递信息、交流思想、表达情感,以求达到某种目的。非语言沟通是伴随语言行为发生的,是生动的、持续的,可更直观形象地表达语言所不能表达的思想情感,比语言行为更接近事实。非语言行为在沟通中可以起到支持、修饰、替代和否定语言行为的作用,具有较强的表现力和吸引力,又可跨越语言不通的障碍。

非语言沟通是连续的,通过声音、视觉、嗅觉、触觉等多种渠道传递信息,绝大多数是习惯性的和无意识的,在很大程度上是无结构的,并且是通过模仿学到的。非语言沟通的分类包括:标记语言,例如聋哑人的手语、旗语,交通警的指挥手势,裁判的手势,以及人们惯用的一些表意手势,如"OK"和胜利的"V"等。动作语言,例如饭桌上的吃相能反映出一个人的修养,一位顾客在排队,如果不停地把口袋里的硬币弄得叮当响,这清楚地表明他很着急;在柜台前拿起又放下显示出主意不定。物体语言,总把办公物品摆放很整齐的人,能看出他是个干净利落,讲效率的人;穿衣追求质地,不跟时尚跑,这样的人一定有品位有档次。

二、非语言沟通的特点及作用

（一）非语言沟通的特点

案例导入

沙扬娜拉——赠日本女郎

徐志摩

最是那一低头的温柔,
像一朵水莲花不胜凉风的娇羞,
道一声珍重,道一声珍重,
那一声珍重里有蜜甜的忧愁——沙扬娜拉!

我国现代诗人徐志摩创作的文学作品《沙扬娜拉——赠日本女郎》。全诗共五句,每句都没有名词性主语,全由描述性句子构成,描述一种瞬间的神态,尤其"最是那一低头的温柔",用女子的体态感受"像一朵水莲花不胜凉风的娇羞",一语道出了女子柔弱的美丽,成为文学史上的经典。

可见,非语言沟通在人际沟通中具有不可替代的特殊地位,是由它的特点决定的。非语言沟通主要有以下特点:

1. **广泛性**　在人类沟通过程中,非语言沟通具有简便快捷的优越性,只要人们开口说话,不管他是否意识到,都会运用非语言辅助口语传情达意。如在临床,我们询问病人病情时,他们会一边述说,一边手势辅助,用手指着自己的头说"我这里很疼",用手揉着膝盖说"只要一动,这里就不舒服"。有人对婴儿进行过试验,发现当人们对他们微笑,表示接纳时,他们也会用微笑来回应。非语言在医患关系交际中使用频率高、范围广,是其他任何一种辅助性交际手段所不及的。

2. 真实性　很多沟通专家认为,非语言行为比语言行为更真实。著名心理学家弗洛伊德说:"没有人能保守秘密,如果他的嘴保持沉默,他的手尖却在喋喋不休地说着,他浑身的每一个毛孔都渗出对他的背叛。"在语言沟通中词语的选择可以有意识地控制,而非语言行为是人的真实思想的表露,常常是无意识的。越是无意识的表露,真实性就越强。医护人员在观察病人病情的时候,可通过非语言掌握真实病情信息,为治疗和医疗护理提供依据。

3. 本能性　本能性非语言行为是个人对外界刺激的本能反应,基本是无意识的直接反应。弗洛伊德说过,没有人可以隐藏秘密,假如他的嘴唇不说话,则他会用指尖说话。

4. 普遍性　非语言沟通的运用是极为广泛的,即使是在语言背景差异很大的情境中,人们也可以通过非语言信息了解对方的想法和感觉,实现有效的沟通。无论哪个国家,哪个民族,无论男女老少,都可以用同样的非语言符号来表达同一种情感。例如人们用笑来表达高兴和喜悦的心情,用哭来表达痛苦和悲伤的情绪。

5. 持续性　非语言沟通是一个不间断的过程。在人际交往中,自始至终都有非语言载体在自觉或不自觉地传递着信息。可以说,从沟通开始,双方的仪表、举止就传递出行为者的有关信息,双方的距离、表情、身体动作就显示着各种特定的关系。

6. 情境性　不同的沟通情境左右着非语言符号的含义。相同的非语言符号,在不同的情境中,会有不同的含义。同样是拍桌子,可能是"拍案而起",表示怒不可遏;也可能是"拍案叫绝",表示赞赏至极。同样是哭泣,既可以表达悲伤、生气、委屈;也可以表达幸福、高兴、满足、感激等完全对立的情感。因此,在实际运用中,只有联系具体的沟通情境,才能了解其确切的含义,使非言语符号运用更准确、适当。

7. 模糊性　非语言沟通的模糊性是由沟通双方共同造成的。一种情况是由于行为举止本身的不明确,比如:微笑可能表示友善,可能是表示紧张,可能意味着满不在乎,也可能只是因为心里想到了一件愉快的事。另一种情况是由于接受者的理解,对于同一个表情动作,不同的接受者会理解成不同的含义。某种动作究竟表示什么思想感情,只有当事人自己知道。

(二) 非语言沟通的作用

在人际交往中,非语言沟通具有非常重要的作用,主要体现在以下五个方面:

1. 表达情感　久别重逢的朋友,紧握对方的双手、紧紧拥抱对方,以此来表达激动、愉悦的心情。临床实践中,医生、护士、患者及其家属也常常通过非语言沟通来表达内心情感。例如:母亲在患儿身边紧皱眉头、满眼泪水、传递出她内心的焦虑和恐惧;护士紧握患者的手表示安慰和鼓励;对年老体弱者主动搀扶一把;对进行康复锻炼的患者投以鼓励的目光,此时虽没有语言行为,但却更能让患者感到安慰,得到鼓励。同样,患者一个赞许的目光、手势也可以使医护人员消除身体疲劳,感受到工作的价值。

2. 显示关系　面带微笑、声音柔和传递的是友好和热情的关系,而冷漠的面孔和生硬的语调传递的则是疏远的关系。如在医疗工作实践中,医、护患沟通时医生、护士靠近患者坐着,这种体位显示了双方比较平等亲切的关系。另外,非语言信息可以准确地传递身份、地位和亲疏关系,如参加宴会时人们很容易从宴席的落座位置判断宾主的关系。

3. 调节作用　非语言符号时常用来协调和控制人与人之间的语言交流状态。如点头、摇头、注视、皱眉、变换体位等，都从不同侧面动态地暗示交谈者调节沟通的节奏。例如护士在倾听患者诉说病史病情时，若微笑着点头，便表示鼓励患者继续说下去，若频繁地看手表，则暗示患者该停止谈话了。又如护士为患者进行健康教育时，患者总是东张西望，说明患者对交谈的内容听不懂或不感兴趣，此时应及时转换话题或暂时停止沟通。

4. 验证信息　人们常常通过观察对方的表情、眼神、动作行为来获得一些信息。如患者通过护士的非语言行为来判断医生对其病情的真实想法，焦急等待手术结果的患者家属，通过观察医生护士进出手术室的面部表情、步态获得一些信息线索。同样，护士在观察患者时，也应注意其语言和非语言信息表达的情感是否一致，从而掌握患者的真实情况，实现有效沟通，提高服务质量。

5. 补充代替　在人际沟通中，人们遇到词不达意或难以言表的时候，需要使用非语言行为来辅助或弥补语言的局限，使自己的意图得到更充分更完善的表达。

三、非语言沟通的形式及表达

一直以来人们运用非语言符号传递信息、沟通思想、交流感情。心理学家研究发现，人的面部表情大约可以表现出 25 万种不同的信息，学校老师在课堂有 700 多种手势，这些非语言符号都有着丰富的含义。"此时无声胜有声""抒情何必三寸舌"，一个眼神、一个动作都是表现内心情感的绝好手段。非语言沟通的表现形式多种多样，非语言符号表达的含义纷繁复杂。根据非语言符号的不同表现形式，将非语言沟通的形式概括为动态语言、静态语言和辅助语言与类语言三大类。

（一）动态语言

1. 首语　也称头语。是通过头部活动表达信息的沟通方式。通常点头表示赞同，摇头表示否定。

2. 手势　是通过手的动作表达信息、传递情感。手势是体态语言的主要形式。手势使用频率高，形式多样，因而有较强的表现力和感染力，能准确表达人们丰富多彩的思想感情。

3. 面部表情

案例导入

一名烧伤昏迷患者入院。护士为其插鼻导管时，发现患者双眉紧锁，表情痛苦，头偏向对侧，拒绝给氧，于是立即停止插管。经检查发现患者呼吸道烧伤，因鼻导管刺激鼻黏膜，感到不适与疼痛，通过面部表情表现出来，由于护士的细心观察，及时发现问题、处理问题减轻患者的痛苦。

面部表情是人类情绪情感的表露，给人直观的印象，能感染人、影响人，是有效沟通的世界通用非语言符号，不同国家或不同文化的人对面部表情的理解具有高度的一致性。人类的各种情感都可以非常灵敏地通过面部表情反映出来。面部表情的变化是十分迅速、敏捷和细致的，能够真实、准确地反映感情，传递信息。面部表情是身体语言的一种特殊表现。研究表明：在解释相互矛盾的信息时，人们更加看重的是面部表情而不是语言内容。许多细微复杂的情感，都能通过面部表情来传递，并且能对口语表达起解释和强化作用。同样是笑，微笑、憨笑、苦笑、奸笑，在嘴、唇、眉、眼和脸部肌肉等方面都表现出许多细微而复杂的差别。因此，要善于观察面部表情的各种细微变化，并且要善于灵活驾驭自己的面部表情，使面部表情能更好地辅助和强化口语表达。

4. 眼神　眼睛，是心灵的窗户。它能表达许多语言所不易表达的复杂而微妙的信息和情感。眼神与语言之间有一种同步效应。通过眼神，可以把内心的激情、学识、品德、情操、审美情趣等传达给别人，达到互相沟通的目的。不同的眼神，给人以不同的印象。眼神坚定明澈，使人感到坦荡、善良、天真；左顾右盼，显得心慌意乱；翘首仰视，露出凝思高傲；低头俯视，露出胆怯、羞涩。眼神往往能透露人们真实的内心和隐秘的情感。

5. 触摸　即人体接触。是人与人之间通过接触抚摸的动作来表达情意传递信息的一种非语言行为。包括抚摸、握手、搀扶、拥抱等。美国哈佛医学院精神病学教授约翰·瑞特伊解释人体接触的重要性时说"人类对触摸和被触摸有一种本能的需求，它是驱动人类开发与改造世界的动力之一。"人体接触是人们通过身体接触来感知世界的沟通方式，也是一种最有力和最亲密的沟通力量。

(二) 静态语言

1. 仪容　仪容是指人的外貌或容貌。通常是由发型、面容以及人体未被服饰遮掩的肌肤所组成。"质于内而形于外"，注意仪容修饰既是自尊自爱的表现，也是尊重他人的表现。医生、护士仪容要求端庄、大方、整洁、得体。面部应干净整洁，日常工作、生活可着淡妆，切忌浓妆艳抹。发型符合工作特性与职业的需要。一般情况下应该选择端庄、文雅、适宜工作环境的发型。不要选择过于前卫或可能影响操作的发型，也不要把头发染成艳丽的流行色。此外，还应做好自身头发的日常护理，勤洗发，勤整理，保持整洁。

2. 仪表　即人的外表。仪表的协调，是指一个人的仪表要与年龄、体形、职业和所在的场合相吻合，表现出一种和谐，这种和谐能给人以美感。在人际交往的初级阶段，仪表最能引人注意，它不仅给人视觉上的享受，也给人人格上的尊重。医生、护士高雅大方的仪表既能维护个人和医院的形象，也能给患者以庄重、亲切、信赖的感觉。

知识链接

帽子与非语言沟通

帽子是文化的载体。在英国，帽子的作用远不止于防晒和保暖，它同时是一种配饰，适用于很多庆典场合。它更是一个人的职业、宗教信仰和社会地位的象征。戴帽不仅是礼仪上的要求，更是身份的象征。英国的淑女们利用帽子恣意表达求新、追求时尚的态度。女士帽种类繁多，有罩着轻纱的，有插羽毛的，还有的只有巴掌大小。不同的式样、不同的戴法也很有讲究。参加各种活动，包括婚礼、葬礼、生日聚会，甚至看歌剧、看演讲、看划船比赛，都要戴帽子。男士戴帽也是绅士风度的象征之一，最典型的就是波乐帽(bowler hat)。戴一顶黑色又新又挺直的波乐帽，能体现出一个英国男子良好的社会地位。男士到朋友家做客，进屋后要首先脱下帽子。在街上遇到熟人，要脱帽施礼，以示尊敬。

3. 距离　在此特指人际距离,是指人与人之间的空间距离。在人际交往中,处于不同的空间距离,体现出不同的人际关系,传递不同的信息。尊重人们对空间距离的要求,有利于缓解心理压力、提高沟通的有效性和舒适感。

人际距离的划分:美国学者 ET 霍尔提出了距离学的理论来阐述人际距离影响沟通的问题。根据人与人之间空间距离的长短,他把人际距离划分为四个区域:

(1)亲密距离:空间距离为 0~0.46m,在这个区域内交往的人,彼此关系是亲密的,一般是家人、情侣之间沟通时的距离。

(2)熟人距离:空间距离为 0.46~1.2m 之间,一般是朋友、同事、同学、关系融洽的邻居、师生等进行沟通时的距离。

(3)社交距离:空间距离为 1.2~3.6m 之间,通常正式社交活动、外交会议时人们保持这种距离。

(4)公共距离:空间距离一般在 3.6m 以上。在公共场所人与人之间的距离就属于这个区域。

4. 时间　作为非语言沟通的形式是人们可以根据沟通者对待时间的态度来判断其性格、观念、做事方式,从而达到有效沟通。不同民族不同文化的人对时间的态度可能会有所区别,但对于守时都认为是诚信的表现。

5. 环境　环境也能传递不同的信息。在熟悉的、非正式的环境中沟通可以轻松愉快地进行,与亲朋好友在家庭环境中交谈。在陌生、严肃的环境中沟通可能会产生紧张情绪,如公务谈判、面试、领导找下属谈话。

自然环境条件也直接影响沟通效果。如房间光线昏暗,沟通者看不见对方的表情,室温过低或过高以及难闻的气味等,会使沟通者精神涣散,注意力不集中。简单庄重的环境布置和氛围,有利于集中精力进行正式而严肃的会谈,但也容易使沟通者感到紧张压力。色彩亮丽活泼的环境布置,可使沟通者轻松愉快,有利于随意交谈。

(三) 类语言与辅助语言

类语言是指有声音而无固定语意的发声,如呻吟声、叹息声、哭泣声、笑声等。辅助语言是指声音的音调、音量、节奏、变音转调、停顿、沉默等。在沟通过程中,类语言与辅助语言起着十分重要的作用,由于说话者的音调不同,同一句话的语意就截然不同。在日常生活中,我们往往能够单凭说话者的声音就可大致判断出他的性格特点、情绪状态、心情状况。在临床工作中学会识别患者类语言、辅助语言的含义,有助于更好地为患者服务。

四、非语言沟通的策略和礼仪

非语言沟通可以替代语言交流,辅助语言沟通,美化人的形象,获得语言沟通所达不到的效果。但是非语言沟通也只能通过人的主观感觉来体会沟通内容的内涵,它受到沟通对象、环境、文化、民族等多方面因素的限制,运用不当,不但收不到预期的效果,反而会弄巧成拙。因此,如何去理解和运用非语言沟通,是我们人际沟通中必须引起重视的。一般而言,非语言沟通运用的策略和礼仪应注意以下几个方面:

(一) 通俗准确

眼神、表情、姿态等的含义有些是人们约定俗成的,有些则是因特定情境而定的,所以它的使用有一定的时空范围。同样一个肢体动作在不同的民族,不同的国度,不同的时代,有着不同的含义。例如,当我们伸开食指和中指时,一般是表示数目二。自从英国首相丘吉尔利用这个手势表示"victory"后,几乎全世界都用这个手势表示"胜利"及"和平"。所以,准确地运用体态语言,就必须根据表达内容的需要,既要通俗易懂,又要注意时代特征和一定的社会习惯。

(二)协调自然

受口语所制约的体态语言,应该与口语表达配合协调默契,如果体态语言的表达与口语表达互相错位,用得太早或太迟,都会显得滑稽可笑。只有协调各种动作姿势,并与其他非语言动作如眼神、面部表情、手势紧密配合,使各种表现手段协调一致,才能达到良好的沟通效果。

(三)温和适度

非语言沟通要做到端正、高雅,符合生活美学的要求,符合大众的审美心理,就要把握适度。凡事"过犹不及",优美的举止总是自然适度的。超过一定限度,就会发生质变,由美变丑。例如,手势动作不可过大或过小,过大显得张牙舞爪,过小又显得"缩手缩脚"。服饰、举止也应该适度,如果蓬头垢面,衣着随便,鞋帽肮脏,举止粗鲁,势必使人反感。而服装与身份、职业、环境背离,过分追求华丽也会引人非议。

(四)灵活应变

在人际沟通中,我们会碰到一些意想不到的事情,例如自己发言失态、对方反应不如预料的好、或是周围环境出现了没有考虑到的因素等。尴尬状况的出现,往往是刹那间的事情,如果缺乏镇静,大惊失色,就会更加手足无措,乱上添乱。要做到在心理上保持平衡与稳定,神色不改,镇静自若地面对出现的问题。不动声色,才有可能巧妙机智地应付尴尬。

案例分析

　　明天王小姐就要进行胆结石手术,因为是第一次手术且为上腹部手术,王小姐十分紧张。眉头紧皱。责任护士小代(用柔和的目光注视王小姐):"王小姐,您好,您感觉还好么?"王小姐:"护士,明天手术我现在就开始紧张了。"责任护士小代(轻轻地将手放在王小姐的肩膀上):"您不要紧张,明天的手术我们全部都为您准备好了。"王小姐(没有力气地点点头):"嗯。"责任护士小代(微笑着看着王小姐拿出体温表,替王小姐擦净腋下,测量体温):"王小姐,您不要紧张,明天为您主刀的可是我们做胆结石手术最好的李医生,而且您这是择期手术,准备都是很充分的。"王小姐(用舌头舔了一下干裂的嘴唇):"所以手术应该会顺利的对吧?"责任护士小代(立刻倒了一杯水,将水递到王小姐手中):"当然,您放心,您今晚好好休息,不要太紧张。"王小姐(低头喝完水,放下杯子):"那好,我休息了。"责任护士小代(帮忙放好杯子,帮王小姐掖好被子):"王小姐安心休息吧,有事情请随时按铃叫我。"王小姐频频点头,面上有了微笑。

　　分析:护士小代在此案例中用了哪些非语言的沟通技巧?

五、非语言沟通对医疗美容工作的意义

在医疗护理工作中,非语言沟通对建立和维护良好的医患关系、医护关系、护患关系有着非常重要的作用。准确理解沟通对象的非语言行为,能够获得更准确的沟通信息,对促进良好人际关系建立和促使患者配合遵从治疗方案等起着非常重要的作用。

（一）有利于建立良好的医护关系

医护关系是医生与护士在为患者提供治疗和护理服务时所形成的一种互动关系，其共同目的是为患者的健康服务。医护人员由于工作较为繁忙，没有更多时间进行语言沟通交流。在这种情况下，非语言沟通就有着不可或缺的作用，能增进医护间的相互理解、支持与配合。在一些紧急情况下，医护人员之间的一个眼神、一个手势都可以达到传递信息的目的，如抢救危重患者时，为争分夺秒挽救患者生命，医护人员之间常通过快速眼神交流或点头示意等表情动作进行沟通。因此，非语言沟通也是建立良好医护关系的重要途径。

（二）有利于建立良好的护患关系

医院的医疗护理设施、疾病的不适症状使患者和家属产生极大的恐惧和不安。患者有时认为医护人员对他们的病情告知不是完全诚实的，为减轻这种焦虑，患者和家属会特别留心周围环境的信息和医护人员的非语言暗示，并以此作为患者检查治疗效果的推断。如焦急等待手术结果的患者家属通过观察医护人员进出手术室的表情、步态来推测患者手术状况；等待病理检查报告的患者通过观察医护人员眼神、面部表情、语速来推测肿瘤的良恶性质等。

在医疗护理工作实践中，护士也可以通过患者的非语言行为来了解患者的病情和心理状态，增进与患者的沟通和交流并适当调整沟通方式以期达到更好的治疗效果。如有经验的护士通常可以通过患者的啼哭声、表情、身姿来判断患者是否出现病情变化或是有何生理需求；对于昏迷患者、聋哑患者，护士也主要通过其表情动作判断治疗效果，并及时报告医生调整治疗方案。

因此，正确理解运用非语言沟通方式能建立良好护患关系，有利于提高患者的满意度和配合程度，创造积极的护患关系，为顺利开展护理工作有较为重要的意义。

第二节　书面语言沟通

一、书面语言概念

书面沟通是指人们通过文字分享信息、思想和情感过程，是以文字形式标注的有声语言，是将有声语言从"可听性"向"可视性"的延伸和扩展。在医疗护理工作中，护患之间及医护人员之间通过文字或图表等形式进行的沟通就是护理书面语沟通。护士借助书面语言的沟通手段，可以有效地收集病人的相关资料，制订护理计划，并形成医疗文件。通过书面语言沟通，还能建立良好的护患关系、医护关系等。因此，它是医疗护理工作应用广泛的沟通方式之一。

二、书面语言沟通的作用原则

医疗护理工作中的书面语言既要具有一般写作的方法和规律，又要具有护理学科的专业特点。因此，医生、护士在进行书面语言沟通时应遵循一定的原则。

（一）科学、及时

医生、护士在进行书面语言沟通时要坚持实事求是的工作态度，客观真实、及时准确地反映病人的病情变化、治疗效果及护理措施;不要主观臆断和无端猜测与推理尽量不要追记或补记;用数字或数据表示时应反复核对。总之,书写医疗护理文件不能违背护理专业本身的科学原理和规则。此外,在撰写护理文案时更要遵守科学规律,未经验证的材料一律不要采用。

(二)正确、规范

要求医疗护理文件的内容必须准确可靠,客观、真实地描述病人的主诉和行为,以保证信息传递的准确性。

(三)完整、简洁

完整的原则是由书面语言沟通的特点所要求的。书面沟通的最大优势就是可以有充分的时间思考问题,从而完整地表达想要表达的思想、观点,完整地陈述事实。如医嘱单上医嘱要有药品的名称、用药的时间、剂量、用法、医生签名,否则护士将无法执行,同时护士执行完后也需签字签名。因此,在进行文字书写时,应遵循完整原则对所写的材料反复检查思考,避免遗漏。

简洁原则要求书写文字要精练,文字要言简意赅、重点突出。如是书写医疗护理记录应尽量使用医学术语和公认的缩写,将琐碎的、没有实际意义的文字删减掉。既要把握好完整的意义,又要将想要表达的思想、观点完整地表达出来。

三、书面语言沟通在医疗美容工作中的应用

在医疗护理工作中,书面语可用于护患交流和医护交流。医疗护理书面语言可为护理工作提供依据,为医生诊断提供信息,为病人复诊提供参考,为医疗纠纷提供依据。常用书面沟通的医疗护理文件及书写要求如下:

1. 医嘱单　是医生根据病人病情的需要,拟定治疗、检查等计划的书面嘱咐,由医护人员共同执行。它是为病人诊断、治疗方案的记录,也是处理医疗纠纷的重要凭据。因此,要求医护人员要以严肃认真的态度一丝不苟地进行填写,没有涂改并签全名。在医疗护理工作中,护理人员一般情况下只执行医生的书面医嘱,不执行口头医嘱。

2. 护理观察记录单　凡危重、抢救、大手术后、特殊治疗和需要严密观察病情的患者,须做好书面医疗护理记录。病情危重、大手术后需特护的病人,24 小时均有专人护理,并要求随时记录病情、治疗方案、护理措施等,这些是反映病情的原始资料,可为诊断、治疗和护理提供依据,以便及时了解和全面掌握患者情况,观察治疗或抢救后的效果。

3. 病室报告　是值班护士针对值班期间病室情况及病人病情动态变化等书写的工作记录和交班的主要内容,也是向下一班护士交代的工作重点。由白班、小夜班、大夜班护士负责书写,内容主要为病人流动情况、重点观察对象的病情变化及医疗、护理措施的效果等,要求做到准确、完整、连贯、重点突出、没有涂改。通过阅读病室报告,接班护士可全面了解病室全天工作动态、病人的身心状况、需继续观察的问题和实施的护理措施。

4. 护理病历　在临床应用护理程序过程中,有关患者的健康资料、护理诊断、护

理目标、护理措施、护理记录和效果评价、出院小结及出院指导等，均应有书面记录，这些记录就构成护理病历。

5. 个案护理病历与个案护理报告　个案护理病历是护理人员在护理某些疑难、典型病例时，为了学习、探索护理规律和总结护理经验所写的较为完整的病案资料。

第三节　体姿语言

一、体姿语言含义

体姿是人举止的重要部分，在某种程度上也反映了一个人的精神面貌和身心状态。体姿语言，亦称"人体示意语言""身体言语表现""态势语""动作语言"等，是人际交往中一种传情达意的方式。在日常人际交往中，体姿语言是有一定规律可循的。了解这一点，不仅有助于理解别人的意图，而且能够使自己的表达方式更加丰富，表达效果更加直接，进而使人与人之间更和谐。

二、体姿语言沟通技巧

在医疗护理工作中，良好的体姿语言的运用，可以拉近医护、护患之间的情感，增进沟通的效果，在人际交往过程中具有重要意义。

（一）手势

手势又叫手姿，是指用手和手指的动作来传递信息的一种非语言沟通形式，是体态语言之一。德国心理学家冯特曾指出，远古的时候，人们最初是用手势语表达意思，声音只用来表达感情。如招手致意，摆手拒绝，拍手称赞，拱手答谢，挥手告别，合手祈祷，举手称赞，握手问好，垂手听命，袖手旁观等。在医疗护理工作中恰当地使用手势语，可以达到意想不到的作用，如当病室很喧哗时，护士可以对着患者用手指压嘴唇的手势，比用口语批评更有效。

手势语在语言沟通中，可以用来强调、加强或澄清某些语言信息。例如用手拍拍胃部表示"我吃饱了"；竖起大拇指表示夸奖；用手环成杯状，做喝水动作表示"我渴了"等。在不能用语言沟通的情况下，手势可以起到良好的沟通效果。

（二）首语

首语是靠头部的动作来表达信息的非语言沟通方式。常见的有点头、摇头、扭头、晃头等。医生、护士应认真观察，仔细分析患者的首语，从中判断患者所要表达的信息，尤其对儿童、老年或无法用语言和其他肢体语言沟通的特殊患者，有着很重要的辅助作用。

1. 点头　基本含义是同意或赞成，也可以表示问候、感谢、满意、表扬、尊敬等，也可以表示"是我""到我这儿来"等信息。

2. 摇头　基本含义是表示否定或不赞成，也可以表示"不能说""我不接受""我不懂"等信息。

3. 低头　表示不感兴趣或内心否认，不赞同。此外也含有内心胆怯、羞愧、内疚、焦虑的意味。

4. 头微侧　将头的一侧倾斜到另一侧,可以让人感受到你的"关注"。头微侧面带微笑,表示"感兴趣",头微侧目光直视,表示"怀疑"。

此外,头向前表示倾听、关注;头向后表示惊讶、退让、恐惧;头向上扬表示藐视;拍头表示懊悔;甩头表示让人快走。

（三）身体姿势

良好身体姿态会传递给对方被接纳和尊重的信息,有利于沟通的有效进行,相反,不良的姿态传递给对方的则可能是抵触的、不尊重或是有歧义的信息。例如沟通时侧转身体并斜视对方表示否定、轻蔑和厌恶;双臂在胸前交叉表示拒绝和自我防卫;如果沟通中一方身体后仰表示无所谓和轻慢;坐着跷二郎腿并抖动小腿,会给人一种很随意、无所谓、满不在乎的感觉。

医生、护士与患者交谈的过程中要正确运用体姿,才能更好地得到患者的尊重,更好地体现医生、护士真诚的态度。与患者当面沟通时,与患者的距离不要太近也不要太远,保持适宜即可。太近容易引起患者紧张,直接面对面的方式患者也很容易有紧张情绪,推荐使用90°的坐位方式。对于卧床患者,不要站着与其进行沟通,最好能够坐在病床旁边,保持视线与患者病床同高的水平为好。

实践　语言的沟通与非语言沟通训练

实训内容1:

【实训目的】通过实训使学生掌握书面语言沟通的原则和医疗护理文件书写要领。

【实训方法】

1. 收集一些常用的书面沟通的医疗护理文件,如病史报告、医嘱单、护理记录单、护理病历等,分发给同学们。

2. 学生们进行讨论、分析,归纳讨论结果,每组派组员先全班汇报讨论结果,教师指导。

实训内容2:

小王是新上任的护士长,平时工作积极主动,办事效率高。这天小王刚上班,电话铃就响了,小王一边接听电话一边记录,这时病人老李走到护士站,想要询问自己的病情,而小王接完电话后又往外拨电话,老李欲言又止;好不容易等到打完电话,老李准备和她讲话,刚喊了一声,她却大声喊其他护士,吩咐事情;然后一脸严肃地问老李有什么事,还没等老李回答,小王又忙着接听下一个电话。

【实训目的】通过实训了解语言沟通在建立良好人际关系中的意义;学会应用非语言沟通与人交流;掌握首语、目光语、辅助语言的应用技巧。

【实训方法】

1. 每4人为一组,先讨论案例,指出案例中不恰当的非语言沟通形式,确定正确的非语言沟通形式,再分角色两人扮演,另外两人观察;交换练习。

2. 随机抽取小组表演,其他同学观看,指出不足。

3. 教师归纳总结。

（蒋 丹）

扫一扫
测一测

复习思考题

1. "大多数姿体语言交流是无意识行动的结果,是个人心理活动最真实的流露。"该句话描述是否正确?

2. 如何理解面部表情在非语言沟通中的运用?

3. 如何理解距离在非语言沟通中的作用?

4. 当一位母亲严厉斥责她的孩子时,面带微笑,这种行为正确吗?

5. 在医疗护理过程中,姿体语言交流与口头语言交流相比较有哪些优势?

主要参考书目

1. 鲁鹏程. 女孩的礼仪书[M]. 北京:北京理工大学出版社,2013.
2. 罗盘. 你的礼仪价值百万[M]. 上海:立信会计出版社,2012.
3. 关彤. 社交礼仪[M]. 海口:南海出版公司,2010.
4. 齐锐. 礼仪常识[M]. 北京:中国华侨出版社,2017.

复习思考题答案要点和模拟试卷

《美容礼仪与人际沟通》教学大纲